中经"精品课程"系列

中经新文科·财经类系列规划教材

大数据基础会计

主　编：汤小晶　林佳丽　刘纯超
副主编：杨　芳　梁　盈　杨春霞
　　　　麦晓雨　顾淑霞　吴平花

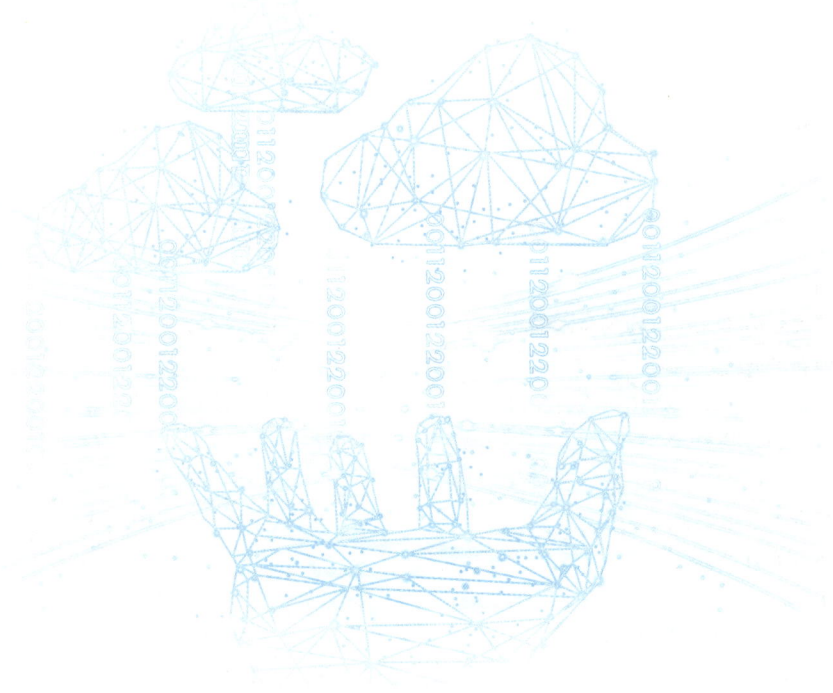

·北京·

图书在版编目（CIP）数据

大数据基础会计 / 汤小晶，林佳丽，刘纯超主编.
北京：中国经济出版社：中国石化出版社，2025.6.
ISBN 978-7-5136-8214-5

Ⅰ.F232

中国国家版本馆 CIP 数据核字第 2025YC4199 号

选题策划　雷　生
责任编辑　彭　欣
责任印制　李　伟
封面设计　任燕飞

出版发行　中国经济出版社
印 刷 者　宝蕾元仁浩（天津）印刷有限公司
经 销 者　各地新华书店
开   本　889mm×1194mm　1/16
印   张　12.25
字   数　311 千字
版   次　2025 年 6 月第 1 版
印   次　2025 年 6 月第 1 次
定   价　59.00 元
广告经营许可证　京西工商广字第 8179 号

中国经济出版社　网址 http://epc.sinopec.com/epc/　社址 北京市东城区安定门外大街 58 号　邮编 100011
本版图书如存在印装质量问题，请与本社销售中心联系调换（联系电话：010-57512564）

版权所有　盗版必究（举报电话：010-57512600）
国家版权局反盗版举报中心（举报电话：12390）　　服务热线：010-57512564

PREFACE 前言

在互联网与大数据深刻重塑经济形态的时代，会计作为商业活动的通用语言，正经历从传统核算向智能决策的转型。云计算、人工智能等技术的应用，使会计信息的获取、处理与分析更加高效精准，同时为从业者提出了数据思维与业财融合的新要求。本书立足这一时代背景，致力于培养高职学生符合现代企业需求的会计基础能力。

本书紧密围绕高职会计专业人才培养目标，严格按照最新会计和税法等方面的准则法规，系统讲解会计工作全流程核心技能。本书以制造业企业典型业务为主线，重点培养学生规范处理筹资、采购、生产、销售、分配环节经济业务的能力；同时，融入大数据理念，旨在提高学生对财务大数据的认知水平，使学生在学习会计基础知识的同时形成大数据思维，为"财务会计""财务管理"等后续课程奠定基础。

本书共有十一个项目，分别为：认识会计、会计要素与会计等式、会计科目与会计账户、会计记账方法、企业主要经济业务的核算、会计凭证、设置和登记会计账簿、账务处理程序、财产清查、编制财务报表、财务大数据。

在编写过程中，本书突出了以下特点。

1. 内容精练实用

本书以项目为基本单元进行教学引领，以任务为板块进行教学驱动。以"必需、够用"为原则，剥离冗长理论，聚焦典型制造业企业业务场景。

2. 思政融合创新

本书秉承能力和德育同向同行，将职业道德、法治意识等理念融入技能教学，实现价值塑造与能力培养同步。

3. 数字资源丰富

本书配套了丰富的教学资源，包括习题检测、教学大纲、教案、优质课件等。

4. 案例贯穿始终

本书案例设计紧扣高职学生认知水平，聚焦中小企业真实业务场景，切实培养学生处理基础会计业务的核心能力。

本书由高职一线教师与行业专家联合编写，力求语言简明、逻辑清晰，助力学生快速掌握会计工作核心技能。

由于编写人员水平有限，书中难免存在疏漏，敬请广大读者批评指正。

CONTENTS 目录

项目一　认识会计　001

任务一　会计的概念、职能和目标　002
一、会计的概念和特征　002
二、会计职能　002
三、会计目标　004

任务二　会计的基本假设、会计基础和会计信息质量要求　005
一、会计基本假设　005
二、会计基础　007
三、会计信息质量要求　008

任务三　会计人员职业道德规范　012
一、会计职业道德的概念　012
二、会计职业道德的内容　012

项目二　会计要素与会计等式　015

任务一　会计要素　015
一、会计要素的概念与分类　015
二、会计要素的确认　016
三、会计要素的计量属性及其应用原则　022

任务二　会计等式　023
一、会计等式的表现形式　023
二、经济业务对会计等式的影响　025

项目三　会计科目与会计账户　029

任务一　会计科目　030
- 一、会计科目的概念和分类 …………………………………………………… 030
- 二、会计科目的设置 …………………………………………………………… 031

任务二　会计账户　033
- 一、会计账户的概念 …………………………………………………………… 033
- 二、会计账户的分类 …………………………………………………………… 033
- 三、会计账户的基本结构 ……………………………………………………… 033
- 四、会计账户的金额要素 ……………………………………………………… 034
- 五、会计科目与会计账户的联系和区别 ……………………………………… 034

项目四　会计记账方法　036

任务一　会计记账方法介绍　036
- 一、单式记账法 ………………………………………………………………… 037
- 二、复式记账法 ………………………………………………………………… 037
- 三、单式记账法和复式记账法的比较 ………………………………………… 037

任务二　借贷记账法　037
- 一、借贷记账法的概念 ………………………………………………………… 037
- 二、借贷记账法的账户结构 …………………………………………………… 038
- 三、借贷记账法的记账规则 …………………………………………………… 040
- 四、借贷记账法下的账户对应关系与会计分录 ……………………………… 040
- 五、借贷记账法下的试算平衡 ………………………………………………… 041

项目五　企业主要经济业务的核算　046

任务一　企业主要经济业务概述　046

任务二　资金筹集业务　048
- 一、所有者权益筹资 …………………………………………………………… 048
- 二、负债筹资 …………………………………………………………………… 053

任务三　固定资产购置业务　057
- 一、固定资产的概念和特征 …………………………………………………… 057
- 二、固定资产的入账成本 ……………………………………………………… 057
- 三、账户设置 …………………………………………………………………… 058
- 四、固定资产的取得 …………………………………………………………… 059

五、固定资产折旧⋯⋯⋯⋯⋯⋯⋯⋯⋯⋯⋯⋯⋯⋯⋯⋯⋯⋯⋯⋯⋯⋯⋯⋯⋯ 063
　任务四　材料采购业务的核算⋯⋯⋯⋯⋯⋯⋯⋯⋯⋯⋯⋯⋯⋯⋯⋯⋯⋯⋯⋯⋯ 068
　　一、材料的采购成本⋯⋯⋯⋯⋯⋯⋯⋯⋯⋯⋯⋯⋯⋯⋯⋯⋯⋯⋯⋯⋯⋯⋯ 069
　　二、账户设置⋯⋯⋯⋯⋯⋯⋯⋯⋯⋯⋯⋯⋯⋯⋯⋯⋯⋯⋯⋯⋯⋯⋯⋯⋯ 069
　　三、材料采购的账务处理⋯⋯⋯⋯⋯⋯⋯⋯⋯⋯⋯⋯⋯⋯⋯⋯⋯⋯⋯⋯⋯ 073
　任务五　生产过程业务⋯⋯⋯⋯⋯⋯⋯⋯⋯⋯⋯⋯⋯⋯⋯⋯⋯⋯⋯⋯⋯⋯⋯⋯ 082
　　一、生产费用的构成⋯⋯⋯⋯⋯⋯⋯⋯⋯⋯⋯⋯⋯⋯⋯⋯⋯⋯⋯⋯⋯⋯⋯ 083
　　二、账户设置⋯⋯⋯⋯⋯⋯⋯⋯⋯⋯⋯⋯⋯⋯⋯⋯⋯⋯⋯⋯⋯⋯⋯⋯⋯ 084
　　三、账务处理⋯⋯⋯⋯⋯⋯⋯⋯⋯⋯⋯⋯⋯⋯⋯⋯⋯⋯⋯⋯⋯⋯⋯⋯⋯ 085
　任务六　销售过程业务⋯⋯⋯⋯⋯⋯⋯⋯⋯⋯⋯⋯⋯⋯⋯⋯⋯⋯⋯⋯⋯⋯⋯⋯ 089
　　一、收入的确认和计量⋯⋯⋯⋯⋯⋯⋯⋯⋯⋯⋯⋯⋯⋯⋯⋯⋯⋯⋯⋯⋯⋯ 090
　　二、账户设置⋯⋯⋯⋯⋯⋯⋯⋯⋯⋯⋯⋯⋯⋯⋯⋯⋯⋯⋯⋯⋯⋯⋯⋯⋯ 093
　　三、账务处理⋯⋯⋯⋯⋯⋯⋯⋯⋯⋯⋯⋯⋯⋯⋯⋯⋯⋯⋯⋯⋯⋯⋯⋯⋯ 096
　任务七　利润形成和分配业务⋯⋯⋯⋯⋯⋯⋯⋯⋯⋯⋯⋯⋯⋯⋯⋯⋯⋯⋯⋯⋯ 098
　　一、利润的构成和计算⋯⋯⋯⋯⋯⋯⋯⋯⋯⋯⋯⋯⋯⋯⋯⋯⋯⋯⋯⋯⋯⋯ 099
　　二、利润形成过程的核算⋯⋯⋯⋯⋯⋯⋯⋯⋯⋯⋯⋯⋯⋯⋯⋯⋯⋯⋯⋯⋯ 100
　　三、利润分配业务的核算⋯⋯⋯⋯⋯⋯⋯⋯⋯⋯⋯⋯⋯⋯⋯⋯⋯⋯⋯⋯⋯ 108

项目六　会计凭证　　115

　任务一　认识会计凭证⋯⋯⋯⋯⋯⋯⋯⋯⋯⋯⋯⋯⋯⋯⋯⋯⋯⋯⋯⋯⋯⋯⋯⋯ 115
　　一、会计凭证的种类⋯⋯⋯⋯⋯⋯⋯⋯⋯⋯⋯⋯⋯⋯⋯⋯⋯⋯⋯⋯⋯⋯⋯ 116
　　二、会计凭证的作用⋯⋯⋯⋯⋯⋯⋯⋯⋯⋯⋯⋯⋯⋯⋯⋯⋯⋯⋯⋯⋯⋯⋯ 116
　任务二　填制和审核原始凭证⋯⋯⋯⋯⋯⋯⋯⋯⋯⋯⋯⋯⋯⋯⋯⋯⋯⋯⋯⋯⋯ 117
　　一、原始凭证的种类⋯⋯⋯⋯⋯⋯⋯⋯⋯⋯⋯⋯⋯⋯⋯⋯⋯⋯⋯⋯⋯⋯⋯ 117
　　二、原始凭证的基本内容⋯⋯⋯⋯⋯⋯⋯⋯⋯⋯⋯⋯⋯⋯⋯⋯⋯⋯⋯⋯⋯ 119
　　三、原始凭证填制和取得要求⋯⋯⋯⋯⋯⋯⋯⋯⋯⋯⋯⋯⋯⋯⋯⋯⋯⋯⋯ 119
　　四、原始凭证的审核⋯⋯⋯⋯⋯⋯⋯⋯⋯⋯⋯⋯⋯⋯⋯⋯⋯⋯⋯⋯⋯⋯⋯ 120
　任务三　填制和审核记账凭证⋯⋯⋯⋯⋯⋯⋯⋯⋯⋯⋯⋯⋯⋯⋯⋯⋯⋯⋯⋯⋯ 120
　　一、记账凭证的基本内容⋯⋯⋯⋯⋯⋯⋯⋯⋯⋯⋯⋯⋯⋯⋯⋯⋯⋯⋯⋯⋯ 120
　　二、记账凭证的分类⋯⋯⋯⋯⋯⋯⋯⋯⋯⋯⋯⋯⋯⋯⋯⋯⋯⋯⋯⋯⋯⋯⋯ 121
　　三、专用记账凭证的填制方法⋯⋯⋯⋯⋯⋯⋯⋯⋯⋯⋯⋯⋯⋯⋯⋯⋯⋯⋯ 122
　　四、记账凭证的审核⋯⋯⋯⋯⋯⋯⋯⋯⋯⋯⋯⋯⋯⋯⋯⋯⋯⋯⋯⋯⋯⋯⋯ 123
　任务四　传递与保管会计凭证⋯⋯⋯⋯⋯⋯⋯⋯⋯⋯⋯⋯⋯⋯⋯⋯⋯⋯⋯⋯⋯ 124
　　一、会计凭证的传递⋯⋯⋯⋯⋯⋯⋯⋯⋯⋯⋯⋯⋯⋯⋯⋯⋯⋯⋯⋯⋯⋯⋯ 124
　　二、会计凭证的保管⋯⋯⋯⋯⋯⋯⋯⋯⋯⋯⋯⋯⋯⋯⋯⋯⋯⋯⋯⋯⋯⋯⋯ 125

项目七　设置和登记会计账簿　128

任务一　认识会计账簿 …… 128
　　一、会计账簿的基本内容 …… 128
　　二、会计账簿的作用 …… 129
　　三、会计账簿的种类 …… 129

任务二　登记会计账簿 …… 133
　　一、会计账簿的启用 …… 133
　　二、会计账簿的登记要求 …… 133
　　三、对账与结账 …… 134

任务三　查找和更正错账 …… 135
　　一、错账查找方法 …… 135
　　二、错账更正方法 …… 136

任务四　更换和保管会计账簿 …… 139
　　一、账簿的更换 …… 139
　　二、账簿的保管 …… 139

项目八　账务处理程序　141

任务一　认识账务处理程序 …… 141
　　一、会计账务处理程序的概念 …… 141
　　二、设计会计核算组织程序的意义 …… 142
　　三、设计会计核算组织程序的要求 …… 142
　　四、会计账务处理程序的种类 …… 142

任务二　运用账务处理程序 …… 143
　　一、记账凭证账务处理程序 …… 143
　　二、汇总记账凭证账务处理程序 …… 143
　　三、科目汇总表账务处理程序 …… 144

项目九　财产清查　147

任务一　财产清查的概念、意义和种类 …… 147
　　一、财产清查的概念 …… 147
　　二、财产清查的意义 …… 148
　　三、财产清查的种类 …… 148

目 录
CONTENTS

任务二　财产清查的内容和方法 ········· 149
一、货币资金的清查方法 ················· 149
二、实物资产的清查方法 ················· 151
三、往来款项的清查方法 ················· 152

任务三　财产清查的业务处理 ············ 153
一、财产清查结果的处理步骤 ············ 153
二、财产清查结果的账务处理 ············ 153

项目十　编制财务报表　　161

任务一　认识财务报表 ···················· 161
一、财务报表的概念 ······················ 161
二、财务报表的种类 ······················ 162
三、财务报表编制的基本要求 ············ 162

任务二　编制资产负债表 ················· 163
一、资产负债表的概念 ··················· 163
二、资产负债表的结构 ··················· 163
三、资产负债表的编制 ··················· 165

任务三　编制利润表 ······················ 169
一、利润表的概念 ························ 169
二、利润表的结构 ························ 169
三、利润表的编制 ························ 171

任务四　现金流量表 ······················ 172
一、现金流量表的概念 ··················· 172
二、现金流量表的内容和结构 ············ 172

项目十一　财务大数据　　176

任务一　财务大数据的介绍 ··············· 177
一、财务大数据分析的概念 ··············· 177
二、财务大数据分析的主要内容 ·········· 177
三、财务大数据分析的重要性 ············ 178
四、财务大数据分析工具 ················· 179

任务二　大数据技术下财务数字化转型 ··· 180
一、财务数字化转型下的财务共享 ········ 180

二、财务数字化转型下的管理会计 …………………………………………… 180
三、财务数字化转型下的业财管融合 ………………………………………… 181

任务三　大数据背景下财务人员需要具备的能力 …………………………… 182
一、积极树立自我转型意识 ……………………………………………………… 182
二、提升业财管融合的能力 ……………………………………………………… 182
三、熟练使用数据分析工具的能力 ……………………………………………… 182
四、提高团队协作能力 …………………………………………………………… 183
五、具有大局意识 ………………………………………………………………… 183
六、持续学习的能力 ……………………………………………………………… 183

项目一
认识会计

项目导言

会计产生于经济管理的需要，并随着经济管理的发展不断地发展和完善。人类要生存，社会要发展，就必须进行物质资料的生产。为了创造出尽可能多的物质财富，达到减少劳动耗费、提高经济效益的目的，必须对生产活动的劳动消耗和劳动成果进行记录和计算，并将消耗与成果加以比较和分析，以便掌握生产活动的过程和结果。因此，会计是随着社会生产和经济管理需要产生并不断得到发展和完善的。

本项目主要介绍会计的基本概念和理论知识，包括会计的概念、职能和目标，会计的基本假设、会计基础和会计信息质量要求，以及会计人员职业道德规范等。

学习目标

德育目标

1. 培养学生诚实守信的做人原则。
2. 培养学生认真负责的工作态度。

知识目标

1. 理解会计的概念和基本职能。
2. 描述会计核算的基本前提和会计信息质量要求。
3. 明了会计核算的记账基础及方法。

技能目标

1. 运用权责发生制计算收入、费用、利润。
2. 运用收付实现制计算收入、费用、利润。

任务一　会计的概念、职能和目标

一、会计的概念和特征

（一）会计的概念

会计是以货币为主要计量单位，采用专门方法和程序，对企业和行政、事业单位的经济活动过程及其结果进行准确完整、连续、系统的核算和监督，以如实反映受托责任履行情况和提供有用经济信息为主要目的的经济管理活动。

（二）会计的基本特征

1. 会计是一项经济管理活动，属于管理范畴

会计通过对经济活动的核算、监督和分析，为企业经营管理提供决策支持，帮助企业提高经济效益，实现可持续发展。

2. 会计对象是特定单位的经济活动

会计对象是指会计核算和监督的内容，即会计工作的对象，指社会再生产过程中的资金及资金运动。

3. 会计的基本职能是核算和监督

会计核算职能是指会计通过确认、计量、记录和报告，反映企事业等单位的经济活动，为经营管理提供经济信息。会计监督职能是指会计人员对经济活动的真实性、合法性和合理性进行审查，作为会计工作的质量保证。

4. 会计以货币为主要计量单位

会计以货币为主要计量单位，可以使经济活动统一表现为货币资金的运作，能够全面、完整地反映单位的财务状况、经营成果及变动情况。

5. 会计采用一系列专门的方法

会计通常采用方法包括会计核算、会计分析、会计监督、会计预测、会计控制和会计决策等。这些方法共同构成了一个完整的会计方法体系，用于反映和监督会计对象，完成会计任务，并充分发挥会计作用。

二、会计职能

会计职能是指会计在经济管理过程中具有的功能。会计具有会计核算和会计监督两项基本职能，还具有预测经济前景、参与经济决策、评价经营业绩等拓展职能。

（一）会计的基本职能

1. 会计核算职能

（1）会计核算职能是指会计以货币为主要计量单位，对特定主体的经济活动进行确认、计量、记录和报告。会计核算的步骤如图1-1-1所示。

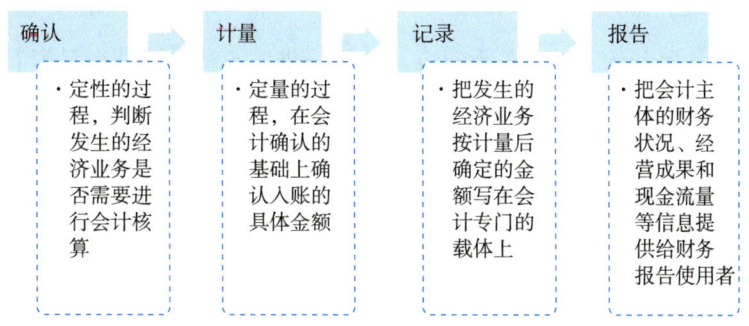

图1-1-1 会计核算的步骤

（2）会计核算的内容主要包括：

①资产的增减和使用；

②负债的增减；

③净资产（所有者权益）的增减；

④收入、支出、费用、成本的增减；

⑤财务成果的计算和处理；

⑥需要办理会计手续、进行会计核算的其他事项。

2. 会计监督职能

（1）会计监督职能是指会计机构、会计人员对特定主体经济活动和相关会计核算的真实性、完整性、合法性和合理性进行审查，使之达到预期经济活动和会计核算目标的功能。会计监督职能如图1-1-2所示。

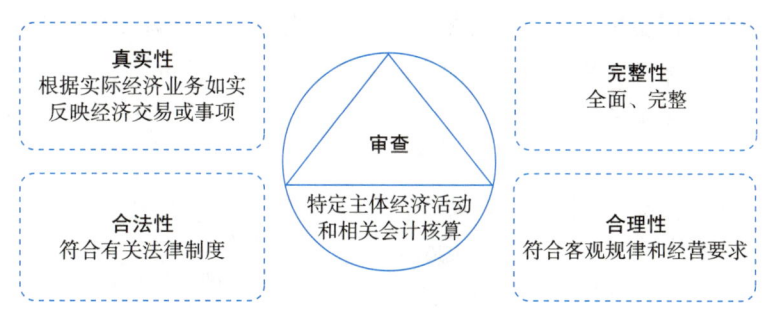

图1-1-2 会计监督职能

（2）会计监督的主要内容有：

①对原始凭证进行审核和监督；

②对伪造、变造、故意毁灭会计账簿或者账外设账行为，应当制止和纠正；

③对实物、款项进行监督，督促建立并严格执行财产清查制度；

④对指使、强令编造、篡改财务报告行为，应当制止和纠正；

⑤对财务收支进行监督；

⑥对违反单位内部会计管理制度的经济活动，应当制止和纠正；

⑦对单位制定的预算、财务计划、经济计划、业务计划执行情况进行监督等。

3. 会计基本职能之间的关系

会计核算是会计监督的基础，若没有会计核算提供的各种系统性会计资料，会计监督就失去了依据；会计监督是会计核算质量的保障，若只有会计核算没有会计监督，则难以保证会计核算提供信息的质量。因此，会计核算与会计监督两种职能密不可分、相辅相成、辩证统一。

（二）会计的拓展职能

（1）预测经济前景；

（2）参与经济决策；

（3）评价经营业绩。

会计的拓展职能具体如表1-1-1所示。

表1-1-1　会计的拓展职能

拓展职能	含义
预测经济前景	是指为了达到指导和调节经济活动、提高经济效益的目的，利用财务报告等提供的相关信息，定量或定性地判断和推测经济活动的发展变化规律
参与经济决策	是指采取定量分析与定性分析方法，利用财务报告等提供的相关信息，对备选方案进行经济可行性分析，从而为企业经营管理等提供与决策相关的信息
评价经营业绩	是指利用财务报告等提供的会计资料，采用恰当的方法，按照相应的评价标准，对企业一定经营期间的经营成果，进行定量和定性对比分析综合评价

三、会计目标

会计的基本目标是向财务报告使用者提供企业财务状况、经营成果和现金流量等有关的会计资料和信息，反映企业管理层受托责任履行情况，有助于财务报告使用者做出经济决策，达到不断提高企事业单位乃至社会整体经济效益和效率的目的及要求。

会计目标如图1-1-3所示。

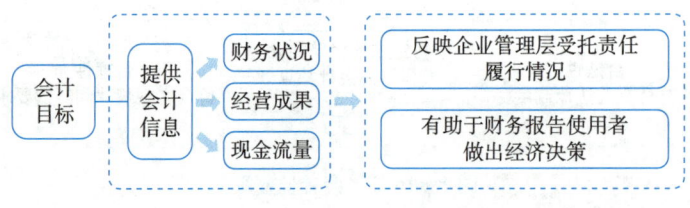

图1-1-3　会计目标

【小贴士】

财务报告的使用者：投资者、债权人、企业管理人员、供应商、政府及相关机构、社会公众等。

任务二　会计的基本假设、会计基础和会计信息质量要求

一、会计基本假设

（一）概念

会计基本假设是对会计核算时间和空间范围以及采用的主要计量单位等做出的合理假定，是企业会计确认、计量、记录和报告的前提。

（二）会计基本假设的主要内容

会计基本假设包括会计主体、持续经营、会计分期和货币计量，如图1-2-1所示。

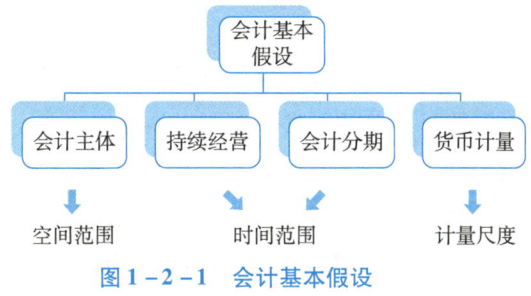

图1-2-1　会计基本假设

1. 会计主体

（1）会计主体的概念。

会计主体是指会计工作服务的特定对象，是企业会计确认、计量、记录和报告的空间范围。

在会计主体假设下，企业应当对其本身发生的交易或事项进行会计确认、计量、记录和报告，反映企业本身从事的各项生产经营活动和其他相关活动。

【例1-1】背景资料：A企业向B企业采购大豆20万元，A企业向C银行借款80万元，投资人甲向A企业投资30万元，投资人甲个人向银行借款10万元。请写出会计主体A、B、C各自需要处理的经济业务。

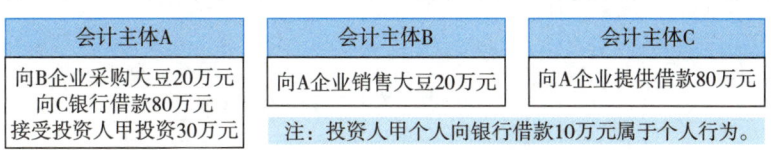

【小贴士】

给谁做账，谁就是会计主体。

（2）会计主体和法律主体的关系。

会计主体不同于法律主体。会计主体用于界定会计工作的空间范围和对象，而法律主体用于界定在法律关系中的权利和义务承担者。一般来说，法律主体一定是会计主体，但会计主体不一定是法律主体。会计主体和法律主体的关系如图1-2-2所示。

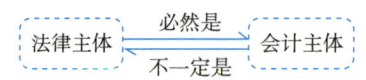

图 1-2-2 法律主体和会计主体的关系

【小贴士】

法律主体 vs 会计主体

法律主体是指具有民事权利能力和民事行为能力的组织或个人，能独立承担民事责任。常见的法律主体包括有限责任公司、股份有限公司等法人企业。法律主体在进行经济活动时，必须进行会计核算，以确保其经济活动的合法性和透明度。因此，法律主体一定是会计主体。

会计主体不一定是法律主体。只要对某一空间范围进行单独核算，这个空间范围就是一个会计主体，如一个门市、一个部门尽管不能成为法律主体，但是可以成为会计主体。因此，要成为会计主体很容易。

2. 持续经营

持续经营是指企业会计确认、计量和报告应当以持续、正常的生产经营活动为前提。它假设企业的生产经营活动将按照既定的目标持续下去，在可以预见的将来，不会面临清算。这是绝大多数企业所处的正常状况。持续经营为会计的核算规定了时间范围。例如，企业以 15 万元购进了一台设备，预计可用 5 年，按持续经营假设，企业正常的生产经营活动能长期进行下去，即在可以预见的 5 年内不会破产。因此，这台投入 15 万元的设备按照 5 年进行固定资产折旧的计提。如果没有持续经营的假设，则会计核算无法正常进行。

当然，在市场经济条件下，企业破产清算的风险是客观存在的，一旦企业进入破产清算程序，以持续经营为前提的会计核算程序和方法就不再适用，而应该采用破产清算的会计程序和方法。

3. 会计分期

会计分期是指将一个企业持续经营的生产经营活动人为地划分为一个个连续的、长短相同的期间。会计分期的目的是据以分期结算盈亏，按期编报财务报告，从而及时向财务报告使用者提供有关企业财务状况、经营成果和现金流量的信息。

会计期间分为中期和年度。中期是指短于一个完整的会计年度的报告期，如半年度、季度和月度。其起讫日期均按公历日。我国的会计年度为公历的 1 月 1 日至 12 月 31 日。会计分期具体如图 1-2-3 所示。

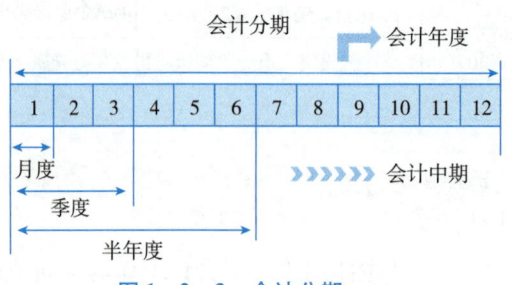

图 1-2-3 会计分期

因为有了会计分期，所以产生了本期与非本期的概念，权责发生制和收付实现制两种会计核算基础也随之产生。会计核算基础的产生如图 1-2-4 所示。

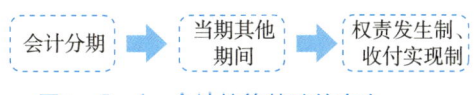

图1-2-4 会计核算基础的产生

4. 货币计量

货币计量是指会计主体在会计确认、计量、记录和报告时，主要以货币为计量单位反映会计主体的生产经营活动过程及其结果。

货币虽为会计的主要计量单位，但不是唯一的计量单位。采用货币计量单位进行会计核算和会计监督不排斥采用其他计量单位，其他计量单位可以对货币计量单位进行必要的补充和说明。

在货币计量的前提下，我国的会计核算应以人民币作为记账本位币。业务收支以外币为主的企业也可以选择某种外币作为记账本位币，但对外编送财务报告时，应折算为人民币反映。

二、会计基础

会计基础即会计核算基础，是会计工作必须遵循的基本原则，具体包括权责发生制和收付实现制。

（一）权责发生制

权责发生制是指以取得收取款项的权利或支付款项的义务为标志，确定本期收入和费用的会计核算基础。

根据权责发生制，凡是当期已经实现的收入和已经发生或者应当负担的费用，无论款项是否收付，都应当作为当期的收入和费用，记入利润表；凡是不属于当期的收入和费用，即使款项已在当期收付，也不应当作为当期的收入和费用。

权责发生制收入和费用的确认依据如图1-2-5所示。

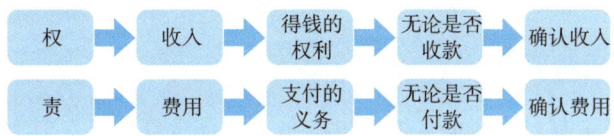

图1-2-5 权责发生制收入和费用的确定依据

【例1-2】以权责发生制为会计核算基础对收入的确认。

2024年3月5日，美华企业出售一批价值为1 000元的帽子，但尚未收到货款，假设不考虑增值税，美华企业账务处理如下。

借：应收账款　　　　　　　　　　　　　　　　　　　　　　　　　　　1 000
　　贷：主营业务收入　　　　　　　　　　　　　　　　　　　　　　　　1 000

假设美华企业出售帽子后随即收到货款，不考虑增值税，美华企业账务处理如下。

借：银行存款　　　　　　　　　　　　　　　　　　　　　　　　　　　1 000
　　贷：主营业务收入　　　　　　　　　　　　　　　　　　　　　　　　1 000

结论：美华企业已经完成帽子的销售，取得了"得钱的权利"，无论款项是否收到，都应确认收入。

【例1-3】以权责发生制为会计核算基础对费用的确认。

2024年3月5日，美华企业请电视台播放了广告，广告费1000元，但尚未支付，假设不考虑增值税，美华企业账务处理如下。

借：销售费用　　　　　　　　　　　　　　　　　　　　　　　　1 000
　　贷：应付账款　　　　　　　　　　　　　　　　　　　　　　　1 000

假设美华企业请电视台播放广告后随即支付广告费，不考虑增值税，美华企业账务处理如下。

借：销售费用　　　　　　　　　　　　　　　　　　　　　　　　1 000
　　贷：银行存款　　　　　　　　　　　　　　　　　　　　　　　1 000

结论：美华企业请电视台播放广告，已产生"付款的义务"，无论是否付款，都应该确认费用。

（二）收付实现制

收付实现制是指以现金的实际收付为标志确定本期收入和费用的会计核算基础。即凡是在本期收到的收入和支出费用，无论是否属于本期，都应作为本期的收入和费用处理；反之，即使收入取得或费用发生，没有实际款项的收付也不应作为当期的收入和费用。

根据我国《企业会计准则》，权责发生制普遍适用于企业的日常会计核算。而政府会计由预算会计和财务会计构成。其中，预算会计采用收付实现制，国务院另有规定的，依照其规定；财务会计采用权责发生制。

【小贴士】

权责发生制 vs 收付实现制

权责发生制：以权利义务的形成为核算依据——根据权利义务是否发生判断是否应该确认为当期的收入或者费用。

收付实现制："见钱眼开"——只有看见钱了才确认收入和费用，没有看到钱是不确认收入和费用的。

三、会计信息质量要求

会计信息质量要求是对企业财务报告提供会计信息质量的基本要求，是使财务报告提供的会计信息对投资者等信息使用者决策有用应具备的基本特征，主要包括可靠性、相关性、可理解性、可比性、实质重于形式、重要性、谨慎性和及时性。

（一）可靠性

企业应当以实际发生的交易或者事项为依据进行确认、计量、记录和报告，如实反映符合确认和计量要求的各项会计要素及其他相关信息，保证会计信息真实可靠、内容完整。可靠性是高质量会计信息的重要基础和关键所在。

【小贴士】
可靠性就是不能做假账！

（二）相关性

企业提供的会计信息应当与财务会计报告使用者的经济决策需要相关，有助于财务会计报告使用者对企业过去、现在或者未来的情况做出评价或者预测。

相关性以可靠性为基础，会计信息应在可靠性前提下，尽可能地做到具有相关性，以满足投资者等财务报告使用者的决策需要。

例如，交易性金融资产期末采用公允价值计量就体现了相关性。因为，公允价值计量能够更好地反映资产的真实价值和最新信息，提供更相关的信息给财务报表使用者。这种计量方式有助于投资者和其他财务报告使用者做出更准确的决策，对于评估投资风险和机会至关重要。

（三）可理解性

可理解性是指企业提供的会计信息应当清晰明了，便于财务报告使用者理解和利用。可理解性具体体现为，在会计核算中，需要会计记录清晰，填制凭证、登记账簿、编制会计报告需要数字正确、项目齐全、钩稽关系清楚等。

【例1-4】 企业存在多笔应付账款，需要通过二级科目明晰会计信息。2025年4月5日，锐骏有限责任公司向东方股份有限公司采购价值100 000元的商品，货款未付，假设不考虑增值税，锐骏有限责任公司账务处理如下。

借：库存商品　　　　　　　　　　　　　　　　　　　　　　　　　　　100 000
　　贷：应付账款　　　　　　　　　　　　　　　　　　　　　　　　　　100 000

上述分录未能清晰反映锐骏有限责任公司"应付账款"的对象，应做如下修改。

借：库存商品　　　　　　　　　　　　　　　　　　　　　　　　　　　100 000
　　贷：应付账款——东方股份有限公司　　　　　　　　　　　　　　　100 000

【例1-5】 会计记账凭证的摘要和明细科目清楚地记录了相应的产品销售情况。记账凭证摘要栏和明细科目如图1-2-6所示。

摘要	会计科目		借方金额	贷方金额	记账签章
	总账科目	明细科目			
销售产品	银行存款		21 809.00		
销售产品	主营业务收入	A288型电子器械		3 580.00	
销售产品	主营业务收入	B126型电子器械		15 720.00	
销售产品	应交税费	应交增值税（销项税额）		2 509.00	
合计金额			¥21 809.00	¥21 809.00	

记账凭证　20××年12月1日　凭证编号01　附件2张
会计主管　　审核　　出纳　　制单

图1-2-6　记账凭证

（四）可比性

企业提供的会计信息应当相互可比。

（1）同一企业不同时期可比（纵向可比），同一企业不同时期发生的相同或者相似交易或事项，应当采用一致的会计政策，不得随意变更。

（2）不同企业相同会计期间可比（横向可比），不同企业同一会计期间发生的相同或者相似交易或事项，应当采用同一会计政策，确保会计信息口径一致、相互可比，以使不同企业按照一致的确认、计量、记录和报告要求提供有关会计信息。

如果按照规定或者在会计政策变更后能够提供更可靠、更相关的会计信息,则企业可以变更会计政策。有关会计政策变更的情况,应当在财务报告的附注中予以说明。

【例1-6】现有甲、乙两公司同时投资一个相同的商店。假设一个月以来,甲取得了8万元的收入,乙取得了7万元的收入,二者都购进了3万元的货物、发生了2万元的广告费,没有其他收支。分析如图1-2-7所示。

单位：万元

项目	收入	费用	利润	备注
甲公司	8	3+2=5	8-5=3	将2万元广告费全部作为本月费用
乙公司	7	3+1=4	7-4=3	将广告费按两个月分摊,本月承担1万元

经营过程：甲＞乙
收益计算：甲＝乙 ➡ 广告费处理方法不同 ➡ 甲、乙两公司收益结果不具有可比性

如果规定广告费必须全部计入当月费用

单位：万元

项目	收入	费用	利润	备注
甲公司	8	3+2=5	8-5=3	将2万元广告费全部作为本月费用
乙公司	7	3+2=5	7-5=2	

经营过程：甲＞乙
收益计算：甲＞乙 ➡ 广告费处理方法相同 ➡ 甲、乙两公司收益结果具有可比性

图1-2-7 会计信息质量特征"可比性"举例

（五）实质重于形式

企业应当按照交易或者事项的经济实质进行会计确认、计量、记录和报告,而不是仅仅以交易或事项的法律形式为依据。

例如,企业租入的资产（短期租赁和低值资产租赁除外）,虽然从法律形式来说企业并不拥有其所有权,但是由于租赁合同规定的租赁期相当长,往往接近该资产的使用寿命,租赁期结束时承租企业有优先购买该资产的选择权,在租赁期内承租企业拥有资产使用权并从中受益等。从经济实质来看,企业能够控制租入资产创造的未来经济利益,在会计确认、计量、记录和报告中应当将租入的资产视为企业的资产,在资产负债表中填列为使用权资产。

【例1-7】背景：A企业处于创业时期,缺乏资金购买X型生产设备,向融资租赁公司提请融资。经过对A企业进行信用评估,融资租赁公司决定帮A企业自B厂家采购价值500万元X型生产设备。协议：A企业租用X型生产设备10年,每年租金80万元,租赁期满后A企业享有X型生产设备优先购买权。分析如图1-2-8所示。

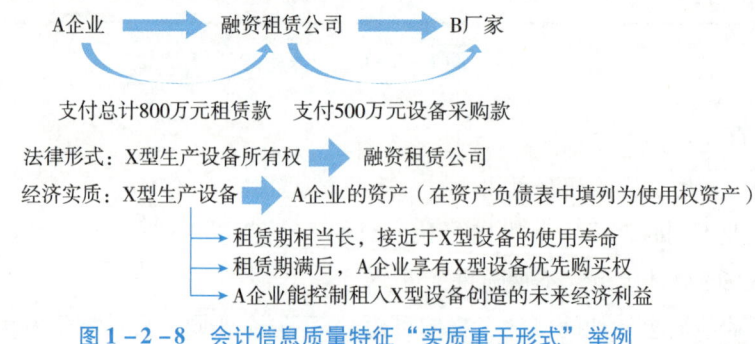

图1-2-8 会计信息质量特征"实质重于形式"举例

（六）重要性

重要性要求企业提供的会计信息能完整反映与企业财务状况、经营成果和现金流量有关的所有重要交易和事项，并将所有重要交易和事项进行完整、全面的计量、报告。

重要性的应用需要依赖职业判断，企业应当根据所处环境和实际情况，从项目的功能、性质和金额大小等多方面加以判断。企业发生的某些支出金额较小，从支出的受益期来看，可能需要在若干会计期间进行分摊，但根据重要性要求，可以一次性计入当期损益。

【例1-8】2024年1月1日，金华公司支出240元购入200支签字笔，这些签字笔可使用期间为1年。分析如图1-2-9所示。

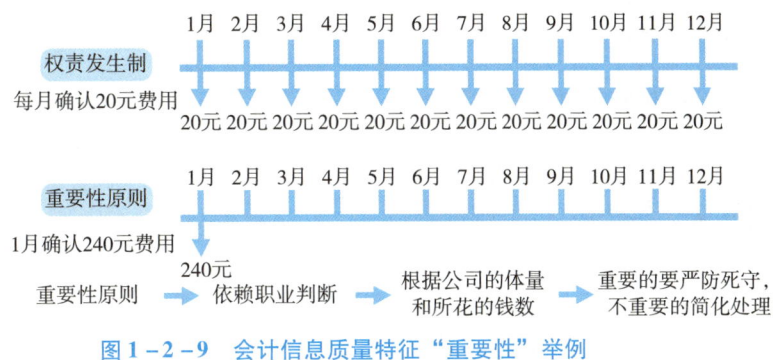

图1-2-9 会计信息质量特征"重要性"举例

（七）谨慎性

谨慎性要求企业在面临不确定性因素的情况下做出职业判断时，保持应有的谨慎，充分估计到各种风险和损失，既不高估资产或者收益，也不低估负债或者费用。但是，企业不得滥用谨慎性计提秘密准备。

以下为遵循谨慎性要求的情形：

（1）对售出商品很可能发生的保修义务和对很可能承担的环保责任确认预计负债；
（2）对应收款项计提坏账准备；
（3）对可能发生跌价的存货计提存货跌价准备；
（4）对可能发生减值的固定资产、无形资产、长期股权投资等非流动资产计提减值准备；
（5）采用双倍余额递减法和年数总和法对固定资产计提折旧。

（八）及时性

企业对于已经发生的交易或事项，应当及时进行确认、计量、记录和报告，不得提前或延后。在会计确认、计量、记录和报告过程中贯彻及时性要求的主要体现为：要求及时收集、处理、传递会计信息。

【例1-9】某企业将自行研制的集软硬件于一体的商品进行销售，销售合约约定商品销售后还将提供免费维护和免费升级服务。如果企业不考虑商品销售后提供免费维护和免费升级服务，将全部销售金额一次性确认为当期销售收入，就属于提前确认、计量、记录和报告销售收入；反之，如果企业在提供后续服务合约到期日确认全部销售收入，则属于延后确认、计量、记录和报告销售收入。正确的会计处理应当按照合理的比例在销售当期和后期维护及升级合约持续期间分配确认销售收入。

【小贴士】

及时性要求会计核算对应在合理的归属期。

任务三 会计人员职业道德规范

一、会计职业道德的概念

会计职业道德是指在会计职业活动中应当遵循的、体现会计职业特征的、调整会计职业关系的职业行为准则和规范。

二、会计职业道德的内容

会计职业道德的内容包括爱岗敬业、诚实守信、廉洁自律、客观公正、坚持准则、提高技能、参与管理、强化服务,如图1-3-1所示。

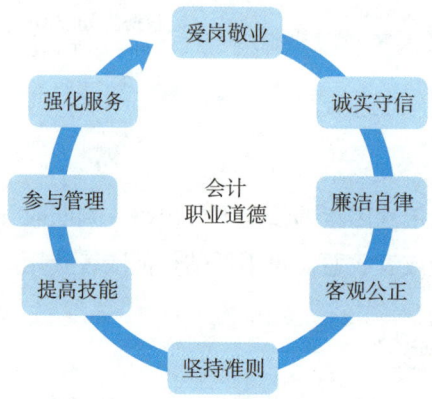

图1-3-1 会计职业道德的内容

会计职业道德各内容对会计人员的具体要求如表1-3-1所示。

表1-3-1 会计职业道德各内容对会计人员的具体要求

主要内容	对会计人员的具体要求
爱岗敬业	(1) 正确认知会计职业,树立职业荣誉感 (2) 热爱会计工作,敬重会计职业 (3) 安心会计工作和本职岗位,任劳任怨 (4) 严肃认真,一丝不苟 (5) 忠于职守,尽心尽力,尽职尽责
诚实守信	(1) 做老实人、说老实话、办老实事,执业谨慎,不弄虚作假 (2) 不为利益所诱惑,保密守信,信誉至上
廉洁自律	(1) 树立正确的人生观及价值观 (2) 公私分明,清正廉洁,不贪不占,保持清白 (3) 遵纪守法,一身正气 (4) 坚持职业标准,严格自我约束,自觉抵制不良欲望的侵袭和干扰

续表

主要内容	对会计人员的具体要求
客观公正	（1）端正态度，以客观事实为依据，依法依规办事 （2）实事求是，不偏不倚 （3）公正处理企业利益相关者与社会公众的利益关系，保持应有的独立性
坚持准则	（1）熟悉国家法律、法规及国家统一的会计制度，始终坚持按国家法律、法规及国家统一的会计制度要求进行会计核算，实施会计监督 （2）在会计准则发生道德冲突时，坚持以客观公正原则和国家法律、法规及国家统一的会计制度的要求精神，做出合理公正的职业判断，以维护国家利益、社会公众利益和正常的经济秩序
提高技能	（1）要有不断提高会计专业技能的意识和愿望，不断增强提高专业技能的自觉性和紧迫感 （2）要有勤学苦练的精神和科学的学习方法，刻苦钻研，不断进取，提高业务技能水平
参与管理	（1）广泛宣传财经法律、法规及国家统一的会计制度，充分发挥会计在企业经营管理中的职能作用，努力钻研业务，全面熟悉本单位的经营活动和业务流程，建立健全企业内部控制，促进完善企业规章制度和业务流程，保障企业生产经营活动的合法合规 （2）主动提出合理化建议，充分发挥决策支持的功能作用，积极参与管理，促进企业可持续、高质量健康发展
强化服务	树立服务意识，提高服务质量，努力维护和提升会计职业的良好社会形象

【思政小课堂】

会计职业道德：坚持诚信——以诚立身，以信立业

一、教学目标

1. 知识目标

（1）强化学生对会计信息质量特征"可靠性"的理解。

（2）引出对会计职业道德"诚实守信"的思考。

（3）如何在会计实务中做到以会计职业道德促进会计信息质量提升。

2. 能力目标

（1）让学生形成对会计诚信的基本认知，从根源上杜绝财务舞弊。

（2）培养收集相关资料、自主学习和思考的能力。

（3）培养学生运用所学专业知识分析案例、加深对会计职业道德理解。

3. 素质目标

（1）提高学生的专业认识，作为未来的会计人必须始终秉持会计职业道德，先做人后做事。

（2）弘扬诚信文化，培养学生成为表里如一、不做假账、言行一致、讲究实事求是、客观公正的会计人。

二、案例

2006年，依据《中华人民共和国证券法》（以下简称《证券法》）的有关规定，中国证监会对广东科龙电器股份有限公司（以下简称"科龙电器"）涉嫌违反证券法律法规行为进行了立案调查，并依法向当事人告知了作出行政处罚的事实、理由及依据，应当事人的要求举行了听证会，听取了当事人的陈述和申辩意见，现已调查、审理终结。经查明，科龙电器披露的2002年、2003年、2004年年度报告存在以下虚假记载、重大遗漏等违法事实。

（1）2002年至2004年，科龙电器采取虚构主营业务收入、少计坏账准备、少计诉讼赔偿金等

手段编造虚假财务报告，导致其2002年年度报告虚增利润11 996.31万元，2003年年度报告虚增利润11 847.05万元，2004年年度报告虚增利润14 875.91万元。（其余内容省略）

（2）科龙电器2003年年度财务报告现金流量表披露存在重大虚假记载。

2003年，科龙电器将产品在科龙电器及其子公司之间互相买卖，并以此贸易背景开具银行承兑票据和商业承兑票据到银行贴现，获取大量现金。科龙电器的现金流量汇总表并未如实反映上述现金流。经统计，科龙电器2003年年度报告合并现金流量表少计借款收到的现金302 550万元，少计偿还债务支付的现金213 573万元，多计经营活动产生的现金流量净额88 976万元。

根据当事人违法行为的事实、性质、情节与社会危害程度，依据原《证券法》第一百七十七条的规定，中国证监会对调查中发现的科龙电器主要责任人侵占、挪用科龙电器巨额财产等涉嫌犯罪行为进行了立案调查，已将其依法移送公安机关查处。同时，依据《证券市场禁入暂行规定》第四条，"上市公司的董事、监事、经理和其他高级管理人员有下列行为之一或对该行为负有直接责任或直接领导责任的，除依法给予行政处罚外，中国证监会将视情节，认定其为市场禁入者……"，对科龙电器及其责任人的证券违法违规行为作出行政处罚以及市场永久性禁入决定。

三、案例意义

（1）会计诚信是会计人员践行社会主义核心价值观的具体要求。会计诚信要求会计人员坚守职业道德规范，遵从会计相关法律法规，坚决拒绝财务造假。诚信与操守缺失是财务造假的根源。作为会计人要始终保持对法律法规、会计信息"可靠性"、会计职业口碑、会计信息社会影响的敬畏之心，只有这样才能养成诚信的品格，拥有优秀的职业道德。

（2）关于"可靠性"的理解。会计工作提供信息是为了满足会计信息使用者的决策需要，因此，提供会计信息应该做到内容真实、数字准确、资料可靠。在会计核算中坚持可靠性原则，就是要在会计核算时客观地反映企业的财务状况、经营成果和现金流量，保证会计信息的真实性。在开展会计工作时，应当正确运用会计原则和方法，准确反映企业的实际情况；提供的会计信息应当能经受验证，核实其真实性。

四、启发思考题

参与财务舞弊会对个人职业发展产生什么影响？

项目二
会计要素与会计等式

项目导言

本项目从会计对象入手，阐述会计要素和会计等式的具体内容，主要包括会计要素的概念与分类、会计要素的确认、会计要素的计量属性及其应用原则、会计等式的表现形式以及经济业务对会计等式的影响。

学习目标

德育目标

1. 培养、锻炼学生严谨仔细的工作作风和学习态度。
2. 培养学生发现问题、分析问题及解决问题的能力。

知识目标

1. 理解会计要素的概念、会计要素计量属性的概念和会计等式的用途。
2. 掌握会计要素的具体内容、会计要素的确认条件和分类、会计要素计量属性的分类和适用范围。
3. 重点掌握会计等式的表现形式及经济业务对会计等式的影响。

技能目标

能够分析企业经济业务对会计等式的影响。

任务一　会计要素

一、会计要素的概念与分类

会计要素是根据交易或者事项的经济特征所确定的财务会计对象和基本分类。我国《企业会计准则》将会计要素按照性质划分为资产、负债、所有者权益、收入、费用和利润六类。

会计六大要素的具体划分如图 2-1-1 所示。

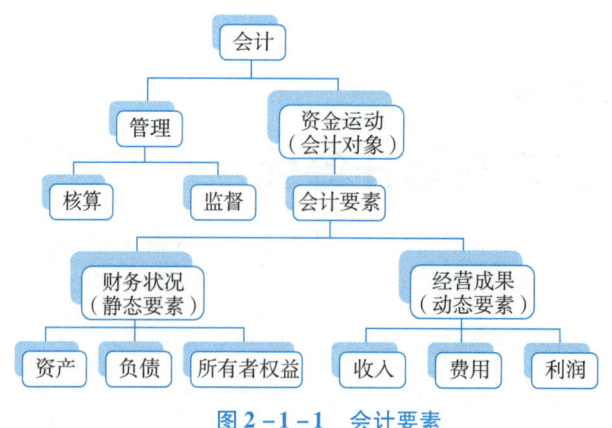

图 2-1-1　会计要素

二、会计要素的确认

（一）资产

1. 资产的定义及特征

（1）资产的定义。

资产是指企业过去的交易或者事项形成的、由企业拥有或者控制的、预期会给企业带来经济利益的资源。

（2）资产的特征。

①资产是由企业过去的交易或者事项形成的。预期的交易或事项，不能确认为资产，例如，预计在未来某个时点将要购买的设备。

②资产应为企业拥有或者控制的资源。例如，企业通过购买、自行制造等方式形成的某项设备或因销售产品而形成的一项应收账款都属于企业的资产。

③资产预期会给企业带来经济利益。例如，已经淘汰的生产线预期不会给企业带来经济利益，不能再作为资产，应予以转销。

2. 资产的确认条件

将一项资源确认为资产，不仅要符合资产的定义，还要同时满足以下两个条件：

（1）与该资源有关的经济利益很可能流入企业；

（2）该资源的成本或者价值能可靠计量。

资产的确认如图 2-1-2 所示。

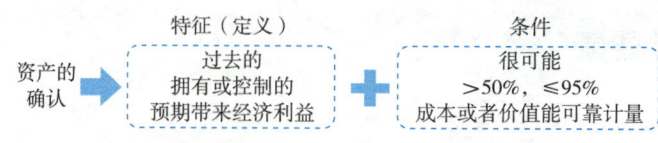

图 2-1-2　资产的确认

3. 资产的分类和内容

企业资产按流动性强弱分为流动资产和非流动资产两大类。

（1）流动资产。

流动资产是指企业可以在一年或者超过一年的一个营业周期内变现或者运用的资产。流动资产的主要特点是流动性强，能够相对容易地转换为现金或其他流动资产。

流动资产主要包括货币资金、交易性金融资产、应收及预付款项和存货等。

（2）非流动资产。

非流动资产是指流动资产以外的资产，变现或运用周期通常超过一年。非流动资产的特点是流动性相对较弱，主要用于企业的长期运营和发展。

非流动资产主要包括固定资产、无形资产、长期股权投资、长期待摊费用等。

资产的分类如图2-1-3所示。

图2-1-3 资产的分类

（二）负债

1. 负债的定义及特征

（1）负债的定义。

负债是指企业过去的交易或者事项形成的、预期会导致经济利益流出企业的现时义务。

（2）负债的特征。

①负债是由企业过去的交易或者事项形成的。

②负债预期会导致经济利益流出企业。

③负债是企业承担的现时义务。

2. 负债的确认条件

将一项现时义务确认为负债，不仅要符合负债的定义，还要同时满足以下两个条件：

（1）与该义务有关的经济利益很可能流出企业；

（2）未来流出的经济利益的金额能可靠地计量。

负债的确认如图2-1-4所示。

图2-1-4 负债的确认

3. 负债的分类和内容

企业负债按清偿期限长短可分为流动负债和非流动负债两大类。

（1）流动负债。

流动负债是指需要在一年或超过一年的一个营业周期内偿还的债务。

流动负债主要包括短期借款、应付账款、预收款项、应付职工薪酬等。

（2）非流动负债。

非流动负债是指偿还期在一年或超过一年的一个营业周期以上的债务。

非流动负债主要包括长期借款、应付债券、长期应付款等。

负债的分类如图2－1－5所示。

图2－1－5　负债的分类

【小贴士】

资产和负债的区别如表2－1－1所示。

表2－1－1　资产和负债的区别

会计要素	时间	权利或义务	经济利益流向
资产	过去的交易或事项	企业拥有或控制的资源	流入企业
负债		企业的现时义务	流出企业

（三）所有者权益

1. 所有者权益的定义

所有者权益是指企业资产扣除负债后，由所有者享有的剩余权益。公司的所有者权益又称为"股东权益"或者"净资产"。

【小贴士】

所有者权益＝资产－负债，当负债为零时，所有者权益＝资产。

2. 所有者权益的确认和计量条件

所有者权益的确认和计量主要依赖资产和负债的确认和计量。

3. 所有者权益的来源构成

所有者权益的来源包括所有者投入的资本、留存收益、直接计入所有者权益的利得和损失等。

所有者权益的来源构成如图2－1－6所示。

（1）所有者投入的资本。

所有者投入的资本具体表现为实收资本（或股本）和资本公积。

实收资本（或股本）是指企业投资者按照企业章程或合同、协议的约定，实际投入企业的资本

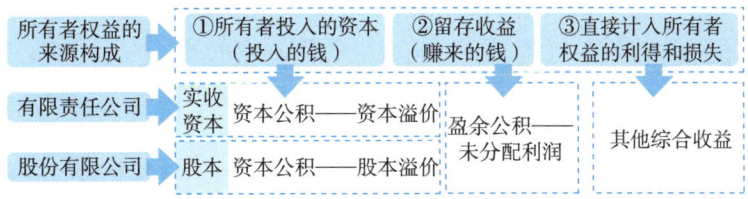

图 2-1-6 所有者权益的来源构成

金。我国实行的是注册资本制,在投资者足额缴纳资本金之后,企业的实收资本应该等于企业的注册资本。

资本公积是指企业收到投资者投入的资金超过其在注册资本中所占份额的部分,计入会计科目"资本公积——资本溢价"或"资本公积——股本溢价"。资本公积主要用于转增资本。

(2) 留存收益。

留存收益是指企业从历年实现的利润中提取或留存于企业的内部积累,包括企业的盈余公积和未分配利润两个部分。盈余公积是指企业按照有关规定从净利润中提取的积累资金。未分配利润是指企业实现的净利润经过弥补亏损、提取盈余公积和向投资者分配利润后留存在企业的、历年结存的利润。

(3) 直接计入所有者权益的利得和损失。

直接计入所有者权益的利得是指由企业非日常活动形成、不应计入当期损益、会导致所有者权益增加、与所有者投入资本无关的经济利益的流入。

直接计入所有者权益的损失是指由企业非日常活动发生、不应计入当期损益、会导致所有者权益减少、与向所有者分配利润无关的经济利益的流出。

直接计入所有者权益的利得和损失的主要内容如图 2-1-7 所示。

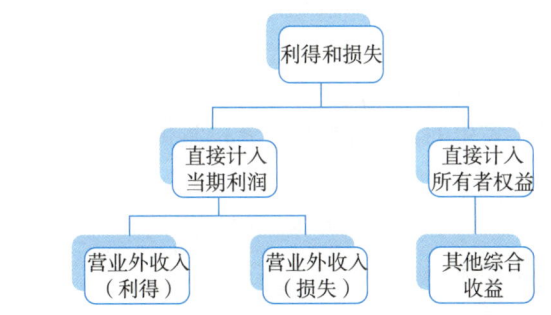

图 2-1-7 直接计入所有者权益的利得和损失的主要内容

【小贴士】

所有者权益和负债的区别

所有者权益和负债都体现了企业的资金来源,但两者有本质的不同,具体如表 2-1-2 所示。

表 2-1-2 所有者权益和负债的区别

对象	享有的权利	是否承担经营风险	获取收益类型
债权人	一部分资产的要求权	否	不参与利润分配,获取固定收益
所有者	剩余资产的要求权、企业的最终决策权	是	参与利润分配,获取变动收益

（四）收入

1. 收入的定义及特征

（1）收入的定义。

收入是指企业在日常活动形成的、会导致所有者权益增加的、与所有者投入资本无关的经济利益的总流入。

（2）收入的特征。

①收入是企业在日常活动中形成的。

②收入会导致所有者权益增加。

③收入是与所有者投入资本无关的经济利益的总流入。

2. 收入的确认条件

企业应当在履行合同中的义务时确认收入，即企业应当在客户取得相关商品控制权时确认收入。

3. 收入的分类

收入按企业经营业务的主次分为主营业务收入和其他业务收入。

主营业务收入是指企业通过主要经营活动获取的收入，包括销售商品获得的收入、提供劳务获得的收入等。

其他业务收入是指企业主营业务收入以外的其他业务产生的收入，包括但不限于原材料销售收入、以经营租赁方式固定资产出租收入、无形资产出租收入、包装物或商品出租收入、提供运输服务获得的收入、提供产品修理服务获得的收入等。

（五）费用

1. 费用的定义及特征

（1）费用的定义。

费用是指企业在日常活动中发生的、会导致所有者权益减少的、与向所有者分配利润无关的经济利益的总流出。

（2）费用的特征。

①费用是企业在日常活动中形成的。

②费用会导致所有者权益减少。

③费用是与向所有者分配利润无关的经济利益的总流出。

2. 费用的确认条件

费用的确认除了应当符合其定义外，还应当符合以下条件：

（1）与费用相关的经济利益很可能流出企业。

（2）经济利益流出企业的结果会导致资产减少或者负债增加。

（3）经济利益的流出额能可靠计量。

3. 费用的分类

费用按是否计入产品的成本分为生产费用和期间费用。

生产费用是指在产品生产过程中直接用于产品制造的成本，由直接材料、直接人工和制造费用三部分组成。

期间费用直接计入当期损益，是指企业在一定期间内发生的、与生产过程没有直接关系的费用。

费用的主要内容如图2-1-8所示。

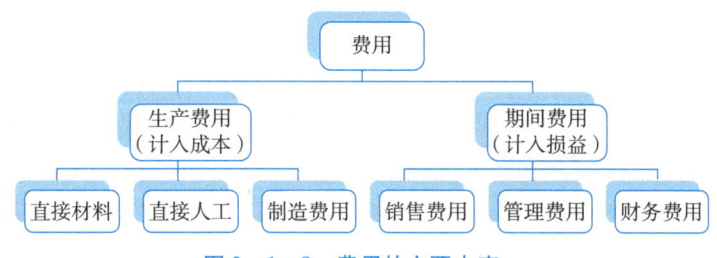

图2-1-8 费用的主要内容

（六）利润

1. 利润的定义

利润是指企业在一定会计期间的经营成果。通常情况下，如果企业实现了利润，则表明企业的所有者权益增加；反之，如果企业发生了亏损（利润为负数），则表明企业的所有者权益减少。利润是评价企业管理层业绩的指标之一，也是投资者等财务报告使用者进行决策时的重要参考依据。

2. 利润的确认条件

利润反映的是收入减去费用、利得减去损失后的净额，因此利润的确认主要依赖收入、费用、利得和损失的确认，其金额的确定也主要取决于收入、费用、利得和损失金额的计量。

3. 利润的来源构成

利润包括收入减去费用后的净额、直接计入当期利润的利得和损失等。

利润总额的构成如图2-1-9所示。

图2-1-9 利润总额的构成

【小贴士】

企业所有者权益的来源包括所有者投入的资本、留存收益、直接计入所有者权益的利得和损失等，具体推导如图2-1-10所示。

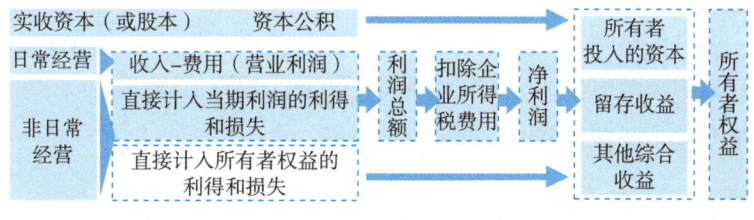

图2-1-10 所有者权益主要来源推导

三、会计要素的计量属性及其应用原则

会计计量是为了将符合确认条件的会计要素登记入账并列报于财务报表而确定其金额的过程。企业应当按照规定的会计计量属性进行计量，确定相关金额。

会计要素的计量属性主要包括历史成本、重置成本、可变现净值、现值和公允价值等。

（一）历史成本

历史成本又叫"实际成本"，是指为取得或者制造某项财产实际支付的现金或现金等价物。

在历史成本计量下，资产按照购置时支付的现金或者现金等价物的金额，或者按照购置资产时付出的对价的公允价值计量。负债按照因承担现时义务而实际收到的款项或者资产的金额，或者承担现时义务的合同金额，或者按照日常活动中为偿还负债预期需要支付的现金或者现金等价物的金额计量。

历史成本适用情形举例：固定资产、无形资产初始入账。

【小贴士】

历史成本就是将原来取得时花的钱作为入账价值。

（二）重置成本

重置成本是指按照当前市场条件重新取得同样一项资产所需支付的现金或现金等价物的金额。

资产按照现在购买相同或者相似项资产所需支付的现金或者现金等价物的金额计量，负债按照偿付该项负债所需支付的现金或者现金等价物的金额计量。

重置成本适用情形举例：固定资产盘盈。

【小贴士】

重置成本就是将现在重新取得一个相同或者相似的资产所花金额作为入账价值。

（三）可变现净值

可变现净值是指在正常的生产经营过程中以预计售价减去进一步加工成本和预计销售费用及相关税费后的净值。

在可变现净值计量下，资产按照正常对外销售所能收到现金或者现金等价物的金额扣减该资产至完工时估计将要发生的成本、估计的销售费用以及相关税费后的金额计量。

可变现净值适用情形举例：存货的期末计价——采用成本与可变现净值孰低法。

【小贴士】

可变现净值是将卖出去能拿到的钱减去为了卖出去要花的钱作为入账价值。

（四）现值

现值是指对未来现金流量以恰当的折现率进行折现后的价值，是考虑货币时间价值的一种计量属性。

在现值计量下，资产按照预计从其持续使用和最终处置中产生的未来净现金流入量的折现金额计量，负债按照预计期限内需要偿还的未来净现金流出量的折现金额计量。

现值的适用情形举例：非流动资产可收回金额计量。

【小贴士】

现值就是将未来能拿到的钱折合成现在值多少钱作为入账价值。

(五) 公允价值

公允价值是指市场参与者在计量日发生的有序交易中，出售一项资产所能收到或者转移一项负债所需支付的价格。

在公允价值计量下，资产和负债按照市场参与者在计量日发生的有序交易中，出售资产所能收到或者转移负债所需支付的价格计量。

公允价值适用情形举例：交易性金融资产的期末计量。

【小贴士】

公允价值就是将市场价作为入账价值。

在各种会计要素计量属性中，历史成本通常反映资产或者负债过去的价值，而重置成本、可变现净值、现值以及公允价值通常反映资产或者负债的现时成本或者现时价值，是与历史成本相对应的计量属性。企业在对会计要素进行计量时，一般应采用历史成本；若采用重置成本、可变现净值、现值、公允价值计量，则应当保证确定的会计要素金额能够取得并可靠计量。

【小贴士】

计量属性之"一个桃子的故事"

前天，小明买了 1 千克的桃子，花费 15 元，这个桃子的历史成本就是 15 元。之前买的桃子，小明觉得好吃，今天又去买了 1 千克，花费 20 元，重置成本就是 20 元。之后，小明发现水果生意好做，转行种植桃树。小明打算把自产的桃子在市场上出售，综合今日市场行情以 18 元/千克价格出售，公允价值就是 18 元。改变经营思路后，小明打算把桃子做成水果罐头在市场上出售，水果罐头预计售价为 45 元/瓶，加工成本需要花费 5 元/瓶，预计产生销售费用和相关税费 15 元/瓶，桃子的可变现净值为 25（45－5－15）元。小明将今年出售桃子取得的收入 10 000 元存入银行，假设一年期存款利率为 1.3%，一年后可以拿到 10 130 元，现值就是 10 000 元。

任务二 会计等式

会计等式又称"会计恒等式""会计方程式"或"会计平衡公式"，是表明会计要素之间基本关系的等式。

一、会计等式的表现形式

会计等式的表现形式有三种，即三大等式，如图 2-2-1 所示。

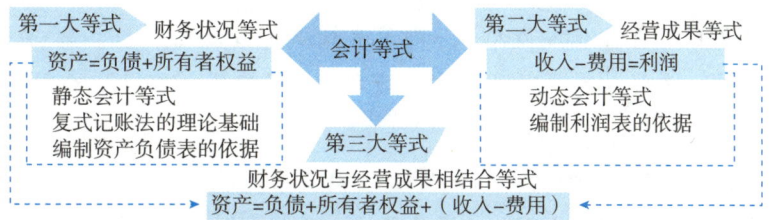

图 2-2-1 会计等式的表现形式

(一) 财务状况等式

任何企业要从事生产经营活动,都必定有一定数量的资产,这些资产可以有不同的表现和占用形态,如存货、厂房、无形资产等。企业拥有的全部资产,都是通过一定来源或渠道取得的。谁提供了资产,谁就对资产拥有要求权,这种对资产的要求权叫作"权益"。资产表明资金的形态,权益表明资金的来源,二者相互依存并在数额上存在恒等关系,这种恒等关系用公式表示为

资产 = 权益

企业的资产来源于企业的债权人和所有者,因此权益由负债和所有者权益两部分构成,因此上述公式可进一步表示为

第一大等式:资产 = 负债 + 所有者权益

这一等式叫"财务状况等式",也被称为"基本会计等式"或"静态会计等式",是复式记账法的理论基础,也是编制资产负债表的依据。财务状况等式反映了企业在某一特定时点资产、负债和所有者权益三者之间的平衡关系。

(二) 经营成果等式

企业在取得收入的同时,必然要发生相应的费用。通过收入与费用的比较,能够确定一定期间的盈利水平以及实现的利润总额。它们之间的关系用公式可以表示为

第二大等式:收入 − 费用 = 利润

这一等式叫"经营成果等式",也被称为"动态会计等式",是反映一定时期收入、费用和利润之间恒等关系的会计等式,也是编制利润表的理论依据。

(三) 财务状况与经营成果相结合等式

企业的生产经营成果必然影响所有者权益,即企业获得利润会导致所有者权益增加,因此基本会计等式又演变为

第三大等式:资产 = 负债 + 所有者权益 + 利润

资产 = 负债 + 所有者权益 + (收入 − 费用)

资产 + 费用 = 负债 + 所有者权益 + 收入

这一等式将财务状况要素(即资产、负债和所有者权益)与经营成果要素(即收入、费用和利润)进行有机结合,完整地反映了企业财务状况和经营成果的内在联系。因此,这一等式又叫作"扩展的会计等式"或"动静结合等式"。

【例 2−1】会计三大恒等式举例及分析如下。

甲想成立一家公司,其个人出资 40 万元,找银行借款 60 万元,凑够 100 万元成立东方股份有限责任公司。

资产(100 万元)= 负债(60 万元)+ 所有者权益(40 万元)

甲苦心经营公司,年底结算时实现收入 50 万元。为了挣到 50 万元,公司支出 20 万元,最终年底盈利 30 万元。

利润(30 万元)= 收入(50 万元)− 费用(20 万元)

公司账户除了成立之初的 100 万元,还多了这一年挣到的 30 万元。到年底,公司总资产共有 130 万元。

资产（130万元）＝负债（60万元）＋所有者权益（40万元）＋利润（30万元）

资产（130万元）＝负债（60万元）＋所有者权益（40万元）＋收入（50万元）－费用（20万元）

二、经济业务对会计等式的影响

经济业务又称"会计事项"，是指在经济活动中使会计要素发生增减变动的交易或者事项。

按对财务状况等式的影响不同，企业经济业务可以分为以下九种基本类型：

（1）资产内部金额增减经济业务（见图2-2-2）。

资产↓↑＝负债＋所有者权益

举例：从银行提取现金2万元

分析：库存现金增加2万元，银行存款减少2万元

图 2-2-2　资产内部金额增减

（2）负债内部金额增减经济业务（见图2-2-3）。

资产＝负债↓↑＋所有者权益

举例：已到期的应付票据5万元因无力支付转为应付账款

分析：应付票据减少5万元，应付账款增加5万元

图 2-2-3　负债内部金额增减

（3）所有者权益内部金额增减经济业务（见图2-2-4）。

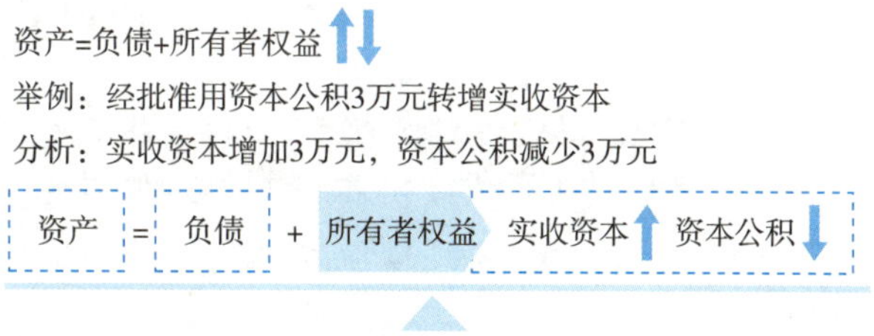

资产＝负债＋所有者权益↓↑

举例：经批准用资本公积3万元转增实收资本

分析：实收资本增加3万元，资本公积减少3万元

图 2-2-4　所有者权益内部金额增减

（4）一项负债增加、一项所有者权益等额减少的经济业务（见图2-2-5）。

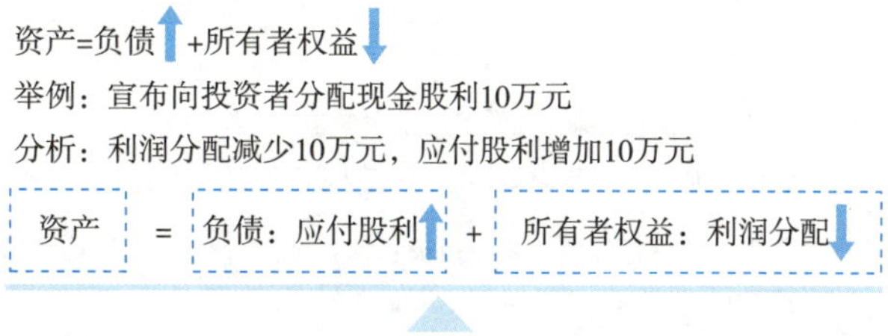

资产＝负债↑＋所有者权益↓

举例：宣布向投资者分配现金股利10万元

分析：利润分配减少10万元，应付股利增加10万元

图 2-2-5　一项负债增加、一项所有者权益等额减少

（5）一项负债减少、一项所有者权益等额增加的经济业务（见图2-2-6）。

资产=负债↓+所有者权益↑
举例：经批准，将已发行的公司债券4万元转为实收资本
分析：应付债券减少4万元，实收资本增加4万元

| 资产 | = | 负债：应付债券↓ | + | 所有者权益：实收资本↑ |

图2-2-6　一项负债减少、一项所有者权益等额增加

（6）一项资产增加、一项所有者权益等额增加的经济业务（见图2-2-7）。

资产↑=负债+所有者权益↑
举例：收到投资者投入的设备1台，价值6万元
分析：固定资产增加6万元，实收资本增加6万元

| 资产：固定资产↑ | = | 负债 | + | 所有者权益：实收资本↑ |

图2-2-7　一项资产增加、一项所有者权益等额增加

（7）一项资产减少、一项所有者权益等额减少的经济业务（见图2-2-8）。

资产↓=负债+所有者权益↓
举例：股东大会决定减少注册资本3万元，以银行存款向投资者退回其投入的资本
分析：实收资本减少3万元，银行存款减少3万元

| 资产：银行存款↓ | = | 负债 | + | 所有者权益：实收资本↓ |

图2-2-8　一项资产减少、一项所有者权益等额减少

（8）一项资产增加、一项负债等额增加的经济业务（见图2-2-9）。

资产↑=负债↑+所有者权益
举例：从银行借入期限为3个月的短期借款8万元
分析：银行存款增加8万元，短期借款增加8万元

| 资产：银行存款↑ | = | 负债：短期借款↑ | + | 所有者权益 |

图2-2-9　一项资产增加、一项负债等额增加

（9）一项资产减少、一项负债等额减少的经济业务（见图2-2-10）。

资产↓=负债↓+所有者权益
举例：以银行存款2万元偿还前欠货款
分析：银行存款减少2万元，应付账款减少2万元

| 资产：银行存款↓ | = | 负债：应付账款↓ | + | 所有者权益 |

图2-2-10　一项资产减少、一项负债等额减少

由此可见，每一项经济业务的发生，都必然引起会计等式的一边或者两边有关项目相互联系地发生等额变动，但始终不会影响会计等式的平衡关系。

【小贴士】

会计等式的恒等关系

会计等式就类似跷跷板，左边坐着一个大人，手拿着一个皮球；右边坐着两个孩子，每个孩子各拿一个皮球。

第一种至第三种情况，跷跷板的两边各玩各的，大人手里的皮球左右手互换，每个孩子手里的皮球左右手互换。第四、第五种情况属于跷跷板右边两个孩子手里的皮球互换。第六种至第九种情况，属于同时分给跷跷板两边各一个皮球，或跷跷板的两边同时分别扔掉一个皮球。跷跷板两边同时受到影响，虽然跷跷板上的总重量变化，但两边仍然平衡。

【思政小课堂】

会计人的职业道德：坚持准则，守责敬业

一、教学目标

1. 知识目标

（1）增强学生对我国会计准则制度体系的理解。

（2）理解坚持准则的必要性。

（3）理解会计职业的社会属性。

2. 能力目标

（1）让学生形成对会计职业道德"坚持准则，守责敬业"的基本认知。

（2）培养学生收集相关资料、自主学习和思考的能力。

（3）培养学生运用所学专业知识分析案例的能力，加深学生对会计职业道德的理解。

3. 素质目标

（1）增强法治意识、诚信意识，把社会主义核心价值观教育融入财务会计教育教学全过程，树立正确的世界观、方法论。

（2）做到严于律己，学法、知法、守法，公私分明，克己奉公。

二、案例

中央纪委国家监委网站通报了14起财务人员违纪违法问题案例。这几起案件违法违纪人员虽然年纪轻、职务低，犯罪时间短，但涉案金额大。其中一些基层单位年轻财务人员为追求享乐，迷失自我的问题较为突出；还有一些财务人员内心空虚，沉迷于虚幻的网络世界，为了给网络游戏购买装备、打赏网络主播、帮网络游戏中的"爱人"在现实中投资，不惜铤而走险，挪用公款。

江苏省溧阳市残疾人联合会、市残疾人劳动服务所原出纳会计"90后"张敬宜为了在朋友圈"比拼实力"，挪用129万元公款用于微整形、购买奢侈品、出国旅游消费，以维持自己在同事眼中"白富美"的人设。为了还网贷，广西壮族自治区三江县文学艺术界联合会、三江县科学技术协会原临聘财务人员唐嘉彤上班第三天便打起了公款的主意。两年时间，她从单位的4个账户挪用公款819笔，共计169.3万余元，最多的一次仅一天就挪用了19笔款项。1990年出生的王雪，是北京市东城区某离退休干部休养所原出纳员。仅一年多的时间，她利用职务便利，侵吞、骗取公款720余万元，全部用于个人奢侈消费。浙江省永康市下园朱农贸综合市场开发服务部原出纳胡春洁以发工

资、退押金、退摊位费等名义，先后12次挪用单位资金2074万余元用于投资，亏损高达1800多万元，直到案发时账户中只剩下200多万元。为了炒股，浙江省建德市委统战部原部务会议成员兼会计戚秀娟采取"蚂蚁搬家"的方式，先后83次作案，单笔金额从千余元到10万元不等，将128万余元公款放进了自己的口袋。因沉迷网络炒股，湖南省吉首市新兴城乡公路建设投资有限责任公司原出纳彭某花7个月时间挪用公款776.52万元用于网络平台投资。

三、案例意义

（1）"坚持准则，守责敬业"是会计人员的履职要求，是长期以来在会计职业活动实践中形成的职业道德要求，其对引导学生形成正确的价值追求和行为规范，调整会计人员的外在行为和内在精神世界有积极作用。

（2）对法律心存敬畏，做到自律，知法守法。树立崇高的职业目标，高度自律，明确应该做什么，不应该做什么。

（3）财务人员的岗位廉政风险管理、制度监管尤其必要。

四、启发思考题

冒着违法的风险贪图眼前一时享乐和健康持续稳固发展的职业生涯，你选择哪一个？

项目三
会计科目与会计账户

项目导言

会计要素是对会计对象的基本分类。直接利用会计要素反映企业的经济活动，显得过于宽泛。为了提供更加具体的量化指标，会计科目应运而生。会计科目是会计核算的基础，是会计对经济业务进行分类、处理和分析的工具。正确地建立和运用会计科目及其对应的账户，对于企业的财务管理和财务决策至关重要。

本项目主要介绍会计科目的概念和分类、会计科目的设置，会计账户的概念、会计账户的分类、会计账户的基本结构、会计账户的金额要素、会计科目与会计账户的联系和区别等。

学习目标

德育目标

1. 具备会计从业的职业道德。
2. 培养会计工作的服务意识。

知识目标

1. 理解会计科目与账户的概念和作用。
2. 掌握常见的会计科目和账户类型。
3. 能够运用会计科目与账户进行日常会计核算和记录。

技能目标

区分不同类型的会计科目与账户。

任务一　会计科目

一、会计科目的概念和分类

（一）会计科目的概念

会计要素是对会计对象的分类，会计科目是对会计要素具体内容进行分类核算的项目，是进行会计核算和提供会计信息的基础。

会计科目可以按反映的经济内容（所属会计要素）、提供信息的详细程度及其统驭关系进行分类。会计科目的分类如图 3-1-1 所示。

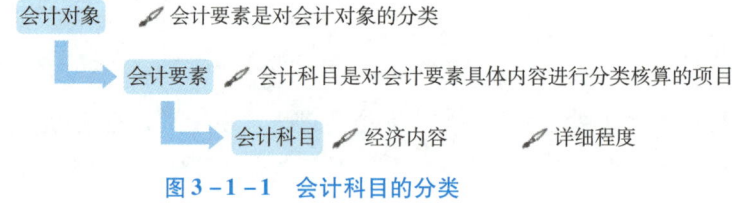

图 3-1-1　会计科目的分类

（二）会计科目的分类

1. 按反映的经济内容分类

按反映的经济内容，会计科目可分为资产类科目、负债类科目、共同类科目（略）、所有者权益类科目、成本类科目、损益类科目六大类。每一类会计科目都可以按照一定标准再分为若干个具体的科目。

（1）资产类科目。

资产类科目是对资产要素的具体内容进行分类核算的项目，按资产的流动性分为反映流动资产的科目和反映非流动资产的科目。反映流动资产的科目主要有"库存现金""银行存款""应收账款""原材料""库存商品"等，反映非流动资产的科目主要有"长期股权投资""长期应收款""固定资产""在建工程""无形资产"等。

（2）负债类科目。

负债类科目是对负债要素的具体内容进行分类核算的项目，按负债的偿还期限长短分为反映流动负债的科目和反映非流动负债的科目。反映流动负债的科目主要有"短期借款""应付账款""应付职工薪酬""应交税费"等，反映非流动负债的科目主要有"长期借款""应付债券""长期应付款"等。

（3）所有者权益类科目。

所有者权益类科目是对所有者权益要素的具体内容进行分类核算的项目，主要有"实收资本（或股本）""资本公积""盈余公积""本年利润""利润分配""库存股"等科目。

（4）成本类科目。

成本类科目是对可归属于产品生产成本、劳务成本等的具体内容进行分类核算的项目，主要有

"生产成本""制造费用""研发支出"等科目。

（5）损益类科目。

损益类科目是对收入、费用等要素的具体内容进行分类核算的项目。其中，反映收入的科目主要有"主营业务收入""其他业务收入"等，反映费用的科目主要有"主营业务成本""其他业务成本""销售费用""管理费用""财务费用"等。

2. 按提供信息的详细程度及其统驭关系分类

按提供信息的详细程度及其统驭关系，会计科目可分为总分类科目和明细分类科目。

（1）总分类科目。

总分类科目又称"总账科目"或"一级科目"，是对会计要素的具体内容进行总括分类、提供总括信息的会计科目。

（2）明细分类科目。

明细分类科目又称"明细科目"，是对总分类科目做进一步分类、提供更详细和具体会计信息的科目。如果某一总分类科目所辖的明细分类科目较多，则可在总分类科目下设置二级明细科目，在二级明细科目下设置三级明细科目，依次类推。

【小贴士】

总分类科目和明细分类科目

总分类科目一般由财政部统一制定。不是所有的总分类科目都有明细分类科目，如"本年利润"。除《企业会计准则》规定设置的以外，企业还可以根据本单位经济管理的需要和经济业务的具体内容自行设置明细分类科目。但是"应交税费"的总分类科目和明细分类科目都是由财政部统一制定的。

【例3-1】 总分类科目与明细分类科目举例和分析如图3-1-2所示。

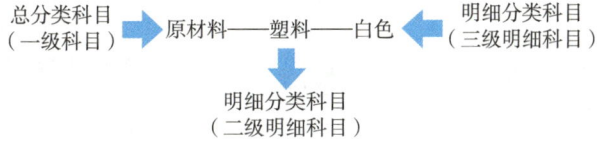

图3-1-2 总分类和明细分类科目示例

二、会计科目的设置

（一）会计科目的设置原则

1. 合法性原则

合法性原则要求企业在设置会计科目时，根据提供会计信息的要求，保证一些主要会计科目的设置及核算内容与《企业会计准则》的规定一致。

2. 相关性原则

相关性原则要求设置的会计科目为提供有关各方所需会计信息服务，满足对外报告与对内管理的要求。

3. 实用性原则

实用性原则要求设置的会计科目符合单位自身特点，满足单位实际需要。

（二）常用的会计科目

企业常用的会计科目如表 3-1-1 所示。

表 3-1-1　企业常用的会计科目

（一）资产类	（一）资产类
库存现金	累计摊销
银行存款	无形资产减值准备
其他货币资金	商誉
交易性金融资产	长期待摊费用
应收票据	递延所得税资产
应收账款	待处理财产损溢
预付账款	（二）负债类
应收股利	短期借款
应收利息	应付票据
其他应收款	应付账款
坏账准备	预收账款
材料采购	合同负债
在途物资	应付职工薪酬
原材料	应交税费
材料成本差异	应付股利
库存商品	应付利息
发出商品	其他应付款
商品进销差价	递延收益
委托加工物资	长期借款
存货跌价准备	应付债券
合同资产	未确认融资费用
长期股权投资	预计负债
长期股权投资减值准备	递延所得税负债
投资性房地产	（三）共同类（略）
长期应收款	（四）所有者权益类
未实现融资收益	实收资本（或股本）
固定资产	资本公积
累计折旧	盈余公积
固定资产减值准备	其他综合收益
在建工程	本年利润
工程物资	利润分配
固定资产清理	库存股
无形资产	生产成本

续表

（五）成本类	（六）损益类
制造费用	资产减值损失
研发支出	信用减值损失
（六）损益类	投资收益
主营业务收入	公允价值变动损益
其他业务收入	资产处置损益
主营业务成本	其他收益
其他业务成本	营业外收入
税金及附加	营业外支出
销售费用	所得税费用
管理费用	以前年度损益调整
财务费用	

任务二　会计账户

一、会计账户的概念

账户是根据会计科目设置，具有一定格式和结构，用于分类反映会计要素增减变动情况及其结果的载体。

会计账户 = 会计科目 + 格式和结构

二、会计账户的分类

会计账户是根据会计科目设置的，所以会计账户的分类和会计科目的分类具有一致性。

会计账户的分类如图3-2-1所示。

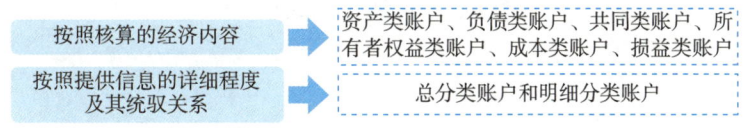

图3-2-1　会计账户的分类

三、会计账户的基本结构

会计账户结构在整体上类似于汉字"丁"和大写英文字母"T"，因此，会计账户的基本结构在实务中被形象地称为"丁"字账户或者"T"型账户。

会计账户的基本结构一般可以划分为左右两方，一方用来登记增加额，另一方用来登记减少额，如图3-2-2所示。

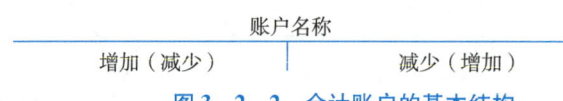

图 3-2-2　会计账户的基本结构

四、会计账户的金额要素

会计账户记载的内容分为期初余额、本期增加发生额、本期减少发生额和期末余额四项,其相互之间的关系用公式表示为

期初余额 + 本期增加发生额 − 本期减少发生额 = 期末余额

五、会计科目与会计账户的联系和区别

会计科目是会计账户的名称,也是设置会计账户的依据;会计账户是会计科目的具体运用。会计科目与会计账户主要在结构和功能上存在差异。

会计科目与会计账户的区别如下。

(1) 结构不同:会计科目仅仅是账户的名称,不存在格式和结构;而会计账户则具有一定的格式和结构。

(2) 功能不同:会计科目仅说明反映的经济内容是什么;而会计账户不仅说明反映的经济内容,还反映企业经济业务中会计要素的增减变动和结余情况。

会计科目与会计账户的联系和区别如图 3-2-3 所示。

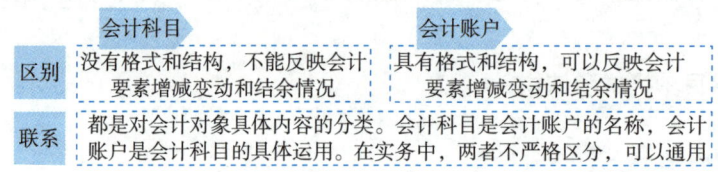

图 3-2-3　会计科目和会计账户的联系和区别

【思政小课堂】

会计职业道德:"三坚三守"

一、教学目标

1. 知识目标

(1) 强化学生对会计职业道德"三坚三守"的理解。

(2) 理解会计工作在整个经济运转体系中的重要性。

(3) 理解会计人员职业道德水平的提升和职业素养提高之间的关系。

2. 能力目标

(1) 让学生形成对会计人员自律、履职和发展三个职业道德维度的认知。

(2) 培养学生主动学习、同步更新知识体系的能力。

(3) 培养学生运用所学专业知识分析案例的能力,加深对会计职业道德的理解。

3. 素质目标

(1) 帮助学生树立遵守会计职业道德是会计人员必备的信念与自觉的价值观。

（2）帮助学生牢固树立诚信理念，以诚立身、以信立业，助推社会诚信体系建设和维护社会经济秩序。

二、案例

2019年5月8日，河南省高级人民法院刑事判决书（2019）豫刑终83号对上诉人李小强（兼职会计）的上诉作出裁决，认定上诉人李小强犯虚开增值税专用发票、用于抵扣税款发票罪，判处有期徒刑八年，并处罚金10万元人民币。

案情回顾如下：2016年2—10月，金斯敦公司、尔克利公司、美图斯公司向杭州鹏汇韵进出口有限公司等18家企业虚开增值税专用发票308份；至案发前，在税务机关已申报通过273份，价税合计25 878.703 643万元，税款数额为3 760.153 52万元。

李小强是涉案公司的兼职会计，在张媛柯、钟平波的安排下与他人进行具体联系，收发虚假的海关进口增值税专用缴款书和虚开的增值税专用发票，并到税务机关申报认证抵扣税款，负责为公司制作会计凭证等工作。涉案公司三人在无实际业务经营的情况下，利用伪造的海关进口增值税专用缴款书及他人虚开的增值税专用发票在税务机关抵扣税款，并为他人虚开增值税专用发票，虚开税款数额巨大。李小强犯罪行为均是在张媛柯、钟平波二人指使下进行，有一定的被动性，起辅助作用，被认定为从犯。

三、案例意义

（1）遵守会计职业道德是会计人员的责任担当。会计人员作为会计活动的重要行为主体，对所在单位、投资人、国家和社会公众等利益相关方都负有责任，需要遵循社会共同的价值观念。会计人员职业道德不仅是会计人员的内在自律，也是对会计人员的一种外在责任要求。

（2）会计人员具有遵守践行《会计人员职业道德规范》（以下简称《规范》）的责任。会计人员践行《规范》应贯穿个人职业生涯的始终，其中最重要的是在特定情况下的"坚守"，尤其是面临"道德困境"时的行为选择。"从实践角度看，动机、压力、机会往往会导致个人放弃他们诚信行事的义务"。动机，如获取潜在的经济回报或职业发展；压力，如来自上级的指令或个人面临的经济困难；机会，如有获得财富或发展的机会等。个人在面对这些情形时，很容易为自己的不道德或道德水准的降低找到开脱理由，比如，在压力下自我安慰"我别无选择"，在利诱下自我算计"这样选择于我更有利"。因此，会计人员遵守《规范》不仅体现在"平常日子"，更体现在"关键时刻"，要始终做到没有人监督能"自持"，面对压力能"扛住"，面对邪恶能"斗争"。

四、启发思考题

如果你是一名会计，在面对职业不当的"压力"和"机会"时，你该如何选择？

项目四 会计记账方法

项目导言

本项目主要介绍单式记账法、复式记账法、单式记账法和复式记账法的比较，借贷记账法的概念、借贷记账法的账户结构、借贷记账法的记账规则、借贷记账法下的账户对应关系与会计分录及借贷记账法下的试算平衡等内容。

学习目标

德育目标

引导学生认识到借贷记账法在会计实践中的重要性，形成严谨细致的会计思维。

知识目标

1. 理解借贷记账法的定义、特点及其在会计核算中的应用。
2. 理解账户对应关系与会计分录的编制方法。
3. 掌握复式记账法的基本原理，包括账户结构、记账规则等。
4. 掌握试算平衡表的编制与应用。

技能目标

能够根据具体经济业务，正确运用借贷记账法编制会计记录并进行试算平衡。

任务一 会计记账方法介绍

记账方法是按照一定的规则、使用一定的符号、采用一定的计量单位，记录各项经济业务的技术方法。

一、单式记账法

单式记账法是指对发生的经济业务，通常只在一个账户中进行记录的方法。

二、复式记账法

复式记账法是指对企业发生的每一项经济业务，都以相等的金额，在相互联系的两个或两个以上账户中进行记录的记账方法。

三、单式记账法和复式记账法的比较

单式记账法和复式记账法的区别如图4-1-1所示。

```
            单式记账法                       复式记账法

    ▸ 记账手续简便                ▸ 对经济业务进行相互联系
    ▸ 只反映经济业务的一个            的双重登记，能够反映经
      侧面，不能全面系统地            济活动全貌
      反映经济业务                ▸ 能够根据会计等式的平衡
                                关系，检查账户记录的正
                                确性
```

图4-1-1 单式记账法和复式记账法的区别

【例4-1】企业以银行存款10万元购入固定资产。该经济业务在单式记账法和复式记账法下有着不同的账务处理方式，具体分析如下。

单式记账法	复式记账法
银行存款：-100 000	银行存款：-100 000　固定资产：+100 000

【例4-1】中，企业用现金10万元购入一台设备，这台设备不需要安装。该笔经济业务发生后，若用单式记账法，则只在"银行存款"账户中记录支出10万元，因此只看到银行存款的减少，而无法看出这笔款项用来干什么，即无法查询资金的用途。若用复式记账法，则不仅要在"银行存款"账户中记录支出10万元，还要在"固定资产"账户中予以记录和反映，记录固定资产增加10万元。由此可见，与单式记账法相比，复式记账法要求对该项经济业务在相互联系和对应的"银行存款""固定资产"账户中以相等的金额进行记录。因此，复式记账法能清楚地反映资金的来龙去脉。

复式记账法分为借贷记账法、增减记账法和收付记账法等。借贷记账法是目前国际上通用的记账方法，我国《企业会计准则》规定企业应当采用借贷记账法记账。

任务二　借贷记账法

一、借贷记账法的概念

借贷记账法是以"借"和"贷"作为记账符号的一种复式记账法。这里的"借"和"贷"只

是记账符号，所有账户的借方和贷方按相反方向登记增加数和减少数。至于"借方"表示增加（或减少），还是"贷方"表示增加（或减少），具体取决于账户的性质和记录的经济内容。

二、借贷记账法的账户结构

（一）资产类账户和成本类账户的结构

在借贷记账法下，资产类账户和成本类账户借方登记增加额，贷方登记减少额，期末余额一般在借方。

资产类账户和成本类账户的结构如图 4-2-1 所示。

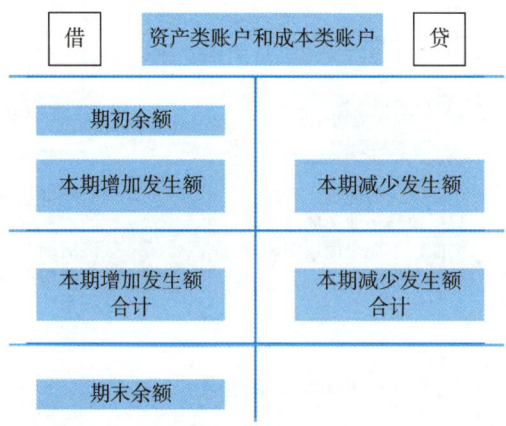

图 4-2-1　资产类账户和成本类账户的结构

资产类和成本类账户余额计算公式为

期末借方余额 = 期初借方余额 + 本期借方发生额 − 本期贷方发生额

（二）负债类账户和所有者权益类账户的结构

在借贷记账法下，负债类账户和所有者权益类账户贷方登记增加额，借方登记减少额，期末余额一般在贷方。

负债类账户和所有者权益类账户的结构如图 4-2-2 所示。

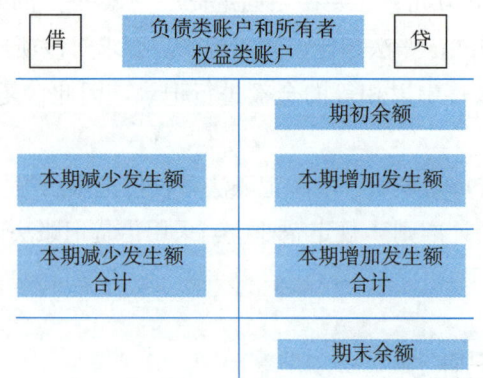

图 4-2-2　负债类账户和所有者权益类账户的结构

负债类账户和所有者权益类账户余额计算公式为

期末贷方余额 = 期初贷方余额 + 本期贷方发生额 − 本期借方发生额

(三) 损益类账户的结构

损益类账户可以分为损（费用）类账户和益（收入）类账户。

1. 损（费用）类账户

在借贷记账法下，损（费用）类账户借方登记增加额，贷方登记减少额。损（费用）类账户期末余额转入本年利润账户的借方。

损（费用）类账户的结构如图 4-2-3 所示。

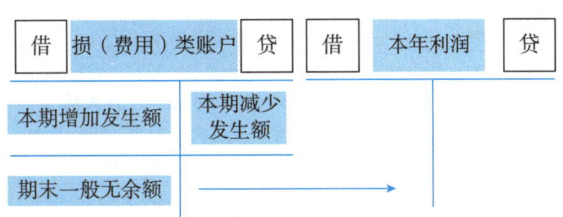

图 4-2-3 损（费用）类账户的结构

2. 益（收入）类账户

在借贷记账法下，益（收入）类账户借方登记减少额，贷方登记增加额。益（收入）类账户期末余额转入本年利润账户的贷方。

益（收入）类账户的结构如图 4-2-4 所示。

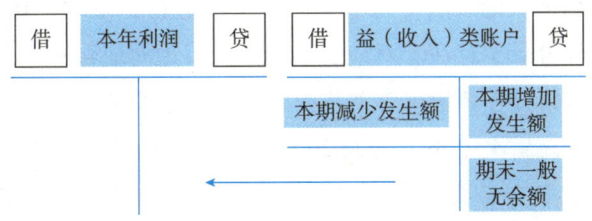

图 4-2-4 益（收入）类账户的结构

【小贴士】

运用会计三大恒等式记忆账户结构。

第三大会计恒等式：资产 = 负债 + 所有者权益 + 利润

资产 = 负债 + 所有者权益 +（收入 - 费用）

资产 + 费用 = 负债 + 所有者权益 + 收入

成本类账户与资产类账户结构类似，结合第三大等式，可以将账户结构分为两大阵营，如图 4-2-5 所示，资产类、成本类和损（费用）类账户"借增贷减"，负债类、所有者权益类和益（收入）类账户"借减贷增"。

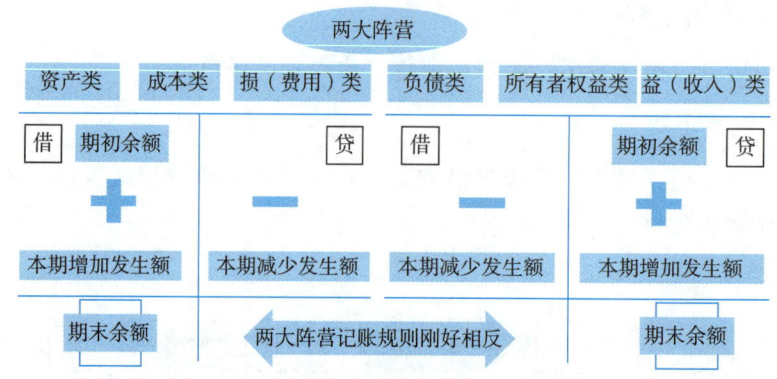

图 4-2-5 借贷记账法的"两大阵营"

三、借贷记账法的记账规则

记账规则是指采用某种记账方法登记具体经济业务时应当遵循的规律。借贷记账法的记账规则是"有借必有贷，借贷必相等"。

四、借贷记账法下的账户对应关系与会计分录

（一）账户对应关系

账户对应关系是指采用借贷记账法对每笔交易或事项进行记录时，相关账户之间形成的应借、应贷的相互关系。而在会计分录中存在着对应关系的账户互为对应账户。

【例 4-2】红云公司用银行存款偿还前欠某企业货款 20 000 元。

红云公司用银行存款偿还前欠某企业货款 20 000 元业务，应记入"应付账款"的借方和"银行存款"的贷方，这样在"银行存款"与"应付账款"两个账户间就形成了应借应贷的关系，即账户的对应关系。这一对应关系说明银行存款的减少是由于归还了货款，而应付账款的减少则是由于用银行存款进行了结算。

借：应付账款　　　　　　　　　　　　　　　　　　　　　　　　20 000
　　贷：银行存款　　　　　　　　　　　　　　　　　　　　　　　　20 000

（二）会计分录

1. 会计分录的概念

会计分录简称"分录"，是对每项经济业务列示应借、应贷的账户名称（科目）及其金额的一种记录。会计分录由应借应贷方向、相互对应的科目及其金额三个要素构成。在我国，会计分录记载于记账凭证中。

2. 会计分录的分类

会计分录分为简单会计分录和复合会计分录。简单会计分录是指只涉及一个账户借方和另一个账户贷方的会计分录；复合会计分录则由若干个简单会计分录复合而成（可以分解）。

会计分录的分类如图 4-2-6 所示。

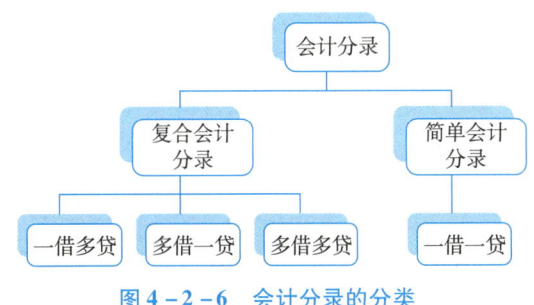

图 4-2-6 会计分录的分类

3. 会计分录的编写

会计分录的编写步骤如图 4-2-7 所示。

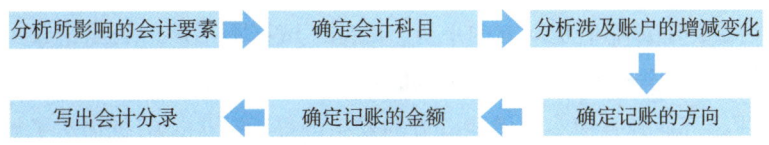

图 4-2-7 会计分录的编写步骤

【例 4-3】请编写"到银行提取现金 50 000 元"经济业务的会计分录。

会计分录编写步骤如表 4-2-1 所示。

表 4-2-1 会计分录编写步骤

基本步骤	分析	
① 分析所影响的会计要素	资产	资产
② 确定会计科目	库存现金	银行存款
③ 分析涉及账户的增减变化	增加	减少
④ 确定记账的方向	借方	贷方
⑤ 确定记账的金额	50 000 元	50 000 元
⑥ 写出会计分录	借：库存现金　　　　　　　　　　　　　　50 000 　贷：银行存款　　　　　　　　　　　　　　　50 000	

五、借贷记账法下的试算平衡

试算平衡是指根据借贷记账法的记账规则和资产与权益（负债和所有者权益）的恒等关系，通过对所有账户的发生额和余额的汇总计算与比较，检查账户记录是否正确的一种方法。

（一）试算平衡的分类

试算平衡有发生额试算平衡和余额试算平衡两种，如图 4-2-8 所示。

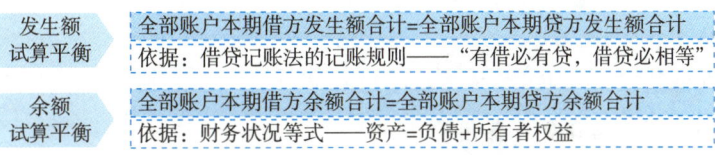

图 4-2-8 发生额试算平衡和余额试算平衡

【小贴士】

编制试算平衡表之"全部账户"

强调"全部账户"——全部账户包括没有余额或没有发生额的账户；全部账户不能仅仅是某一类账户（如资产类全部账户），而是全部类别账户。

（二）试算平衡表的编制

试算平衡表通常在期末结出各账户的本期发生额合计和期末余额后编制，试算平衡表中一般应设置"期初余额""本期发生额""期末余额"三大栏目，其下分设"借方"和"贷方"两个小栏。为了简化表格，试算平衡表也可以只根据各个账户的本期发生额编制，不填列各账户的期初余额和期末余额。

试算平衡是通过编制试算平衡表进行的。如果借贷双方发生额或余额相等，则表明账户记录基本正确，但有些错误并不影响借贷双方的平衡，因此，试算不平衡，表示记账一定有错误，但即使试算平衡，也不能表明记账一定正确。不影响借贷双方平衡关系的错误通常有：

（1）漏记某项经济业务，使本期借贷双方的发生额等额减少，借贷仍然平衡；

（2）重记某项经济业务，使本期借贷双方的发生额等额虚增，借贷仍然平衡；

（3）某项经济业务记录的应借、应贷科目正确，但借贷双方金额同时多记或少记，且金额一致，借贷仍然平衡；

（4）某项经济业务记错有关账户，借贷仍然平衡；

（5）某项经济业务在账户记录中，颠倒了记账方向，借贷仍然平衡；

（6）某借方或贷方发生额中，偶然发生多记和少记并相互抵销，借贷仍然平衡。

【例4-4】2024年1月初，甲公司各账户的期初余额如表4-2-2所示。

表4-2-2 期初余额

账户名称	期初借方余额	账户名称	期初贷方余额
库存现金	10 000	短期借款	130 000
银行存款	160 000	应付票据	120 000
原材料	200 000	应付账款	100 000
固定资产	11 000 000	实收资本	11 020 000
合计	11 370 000	合计	11 370 000

2024年1月，甲公司发生的部分经济业务（假设不考虑增值税因素）如下。

(1) 收到投资者按投资合同投入资本420 000元，已存入银行。

借：银行存款　　　　　　　　　　　　　　　　　　　　　　　　　　420 000
　　贷：实收资本　　　　　　　　　　　　　　　　　　　　　　　　　420 000

(2) 向银行借入期限为3个月的借款600 000元存入银行。

借：银行存款　　　　　　　　　　　　　　　　　　　　　　　　　　600 000
　　贷：短期借款　　　　　　　　　　　　　　　　　　　　　　　　　600 000

(3) 从银行提取现金8 000元备用。

借：库存现金　　　　　　　　　　　　　　　　　　　　　　　　　　8 000
　　贷：银行存款　　　　　　　　　　　　　　　　　　　　　　　　　8 000

(4) 购买原材料 60 000 元已验收入库，款未付。

借：原材料　　　　　　　　　　　　　　　　　　　　　　　　　60 000
　　贷：应付账款　　　　　　　　　　　　　　　　　　　　　　　　　60 000

(5) 签发 3 个月到期的商业汇票 50 000 元抵付上月所欠货款。

借：应付账款　　　　　　　　　　　　　　　　　　　　　　　　　50 000
　　贷：应付票据　　　　　　　　　　　　　　　　　　　　　　　　　50 000

(6) 用银行存款 100 000 元偿还短期借款。

借：短期借款　　　　　　　　　　　　　　　　　　　　　　　　　100 000
　　贷：银行存款　　　　　　　　　　　　　　　　　　　　　　　　　100 000

(7) 用银行存款 300 000 元购买不需要安装的机器设备一台，设备已交付使用。

借：固定资产　　　　　　　　　　　　　　　　　　　　　　　　　300 000
　　贷：银行存款　　　　　　　　　　　　　　　　　　　　　　　　　300 000

(8) 购买原材料 40 000 元，其中，用银行存款支付 30 000 元，其余货款尚欠，材料已验收入库。

借：原材料　　　　　　　　　　　　　　　　　　　　　　　　　40 000
　　贷：银行存款　　　　　　　　　　　　　　　　　　　　　　　　　30 000
　　　　应付账款　　　　　　　　　　　　　　　　　　　　　　　　　10 000

(9) 以银行存款偿还短期借款 100 000 元，偿还应付账款 60 000 元。

借：短期借款　　　　　　　　　　　　　　　　　　　　　　　　　100 000
　　应付账款　　　　　　　　　　　　　　　　　　　　　　　　　60 000
　　贷：银行存款　　　　　　　　　　　　　　　　　　　　　　　　　160 000

根据全部账户的期初余额、本期发生额和期末余额，编制总分类账户试算平衡表进行试算平衡，如表 4-2-3 所示。

表 4-2-3　试算平衡

科目名称	期初余额		本期发生额		期末余额	
	借方	贷方	借方	贷方	借方	贷方
库存现金	10 000		8 000 (3)		18 000	
银行存款	160 000		1 020 000 (1)(2)	598 000 (3)(6)(7)(8)(9)	582 000	
原材料	200 000		100 000 (4)(8)		300 000	
固定资产	11 000 000		300 000 (7)		1 1300 000	
短期借款		130 000	200 000 (6)(9)	600 000 (2)		530 000
应付票据		120 000		50 000 (5)		170 000
应付账款		100 000	110 000 (5)(9)	70 000 (4)(8)		60 000

续表

科目名称	期初余额		本期发生额		期末余额	
	借方	贷方	借方	贷方	借方	贷方
实收资本		11 020 000		420 000（1）		11 440 000
合计	11 370 000	11 370 000	1 738 000	1 738 000	12 200 000	12 200 000

注：试算平衡表中的序号对应的是甲公司发生的经济业务。

由表4-2-3可知，本期全部账户发生额借贷方合计、全部账户期末余额借贷方合计相等，表明账户记录基本正确。

【思政小课堂】

会计人的"工匠精神"

一、教学目标

1. 知识目标

（1）强化学生对精益求精的会计"工匠精神"的理解。

（2）理解"工匠精神"对于提升会计工作质量的重要性。

（3）理解扎实的专业知识学习是"工匠精神"存在的前提。

2. 能力目标

（1）培养学生尽职尽责、爱岗敬业的工作态度。

（2）培养学生勤勉、自律、积极上进的学习习惯。

（3）鼓励学生拓展阅读、寻找正能量的榜样，了解会计发展史。

3. 素质目标

（1）帮助学生树立会计人专属"工匠精神"。

（2）培养学生的会计职业理想，在工作的精益求精中实现职业尊严感和成就感。

二、案例

潘序伦出生于1893年，从小学习成绩优异，于1921年获得圣约翰大学文学学士学位，进而进入哈佛大学商业管理学院学习会计学；于1923年获得哈佛大学企业管理硕士学位；1924年，获得哥伦比亚大学经济学博士学位，回国被聘为国立东南大学附设商科大学教务主任兼会计系主任；1925年秋，应聘来到暨南大学，担任商科大学部主任，着力引进和传授西方先进的会计理论和实务。潘序伦致力于祖国会计事业长达60多个春秋，成为中国现代会计学界的泰斗，被国际会计学界尊称为"中国现代会计之父"。他一生著作极丰，专著（包括译著）40多部，学术论文百余篇，至今深有影响。潘序伦在教学和管理上一向以严谨著称，对学生的要求很高。尽管教务工作繁忙，但是他仍承担了许多骨干课程的讲授，例如"簿记""成本会计""审计学"等，并且不少课程用英文讲解，通俗易懂，对学生帮助很大，因而受到人们的拥戴。

1927年，潘序伦辞去教授职务后，在上海创办了"潘序伦会计师事务所"，并附设会计补习夜校。1928年，潘序伦先生提出："信以立志、信以守身、信以处事、信以待人、毋忘立信、当必有成"的"立信"准则，毅然把业务所和学校更名为"立信会计师事务所"和"立信会计补习学校"，形成了会计师事务、会计教育、会计出版三位一体的"立信会计体系"，在今天仍然保持着旺盛的生命力，培养了大量优秀的会计人才。潘序伦将王安石的"合天下之众者材，理天下之财者法,守天下之法者吏也。吏不良,则有法而莫守;法不善,则有财而莫理"作为会计工作的指导思想,以毕生从事的会计事业和立信会计师事务所实践,树立了会计行业的诚信和职业道德的典范。

潘序伦先生在自传中回忆说:"我总算在本国会计界里得个地位,但是在三十岁以前,尚不晓得会计是个什么东西,因之可知人们到了三十岁,即使学业无成,也断不必自觉灰心。急起直追,正还来得及呢。"他鼓励年轻人要趁早抓紧学习知识,学以致用。他在留学美国期间,怀着一颗报国之心,将时间全部用在了学业上。他这样描述两年哈佛求学生活:"我未看过一场电影,也未到餐馆吃过一顿饭。从清晨到深夜,都是在自己租赁的宿舍内或学校图书馆里度过的。有时连饭也没有工夫做,只好买个面包就着一杯温水充饥。"

【小贴士】
推荐阅读书目《潘序伦文集》《潘序伦传》。

三、案例意义

(1)"工匠精神"与会计人的职业特性完美契合。工匠喜欢不断雕琢自己的作品,不断改善工艺,使自己的作品日臻完美。会计人追求数字精确和完美,高质量地向财务报告使用者提供财务状况、经营成果和现金流量等有关的会计资料和信息,反映企业管理层受托责任的履行情况,有助于财务报告使用者做出经济决策,是企业、经济社会整体提高经济效率和效益的重要一环。从某种意义上说,会计人是更高层次的工匠,无匠气而具有匠心。账簿、报表、报告是会计人的产品,而会计准则、审计准则、财税法规的掌握程度以及构成职业判断能力的各项要素,就是会计人的工艺技能。

(2)培育会计行业的"工匠精神",对于提高会计工作水平和会计信息质量有重要意义。具备"工匠精神"的人,已经树立一种对工作执着,对所做事情和生产产品精益求精、精雕细琢的精神。只有把会计工作提升到会计职业理想的高度,形成正确的价值追求和行为规范,才能更好地形成会计从业者的内驱力。

四、启发思考题

如果你是一名会计,如何打造自己的"匠人精神"?

项目五
企业主要经济业务的核算

项目导言

企业是社会经济发展的基本单位，它的存在是通过对社会资源的再加工，从而向外部需求者提供所需的产品或服务实现的。企业发展就是在这种市场环境下不断使其拥有的资源实现增值。

按照经营过程，可以将企业分为产品制造企业、商业企业和服务性企业三类。产品制造企业的生产经营过程较为复杂，本项目主要介绍制造企业经济业务的核算。

学习目标

德育目标

1. 践行社会主义核心价值观，遵守规则，敬畏法律。
2. 培养团队合作精神及创新精神。

知识目标

1. 掌握企业主要经济业务的账户设置。
2. 掌握企业的主要经济业务。

技能目标

熟练运用借贷记账法核算企业各类经济业务。

任务一　企业主要经济业务概述

【会计地图】

本项目以制造企业的主要经济业务为例，介绍借贷记账法的应用。制造企业的经济业务主要包括资金筹集业务、供应过程业务、生产过程业务、销售过程业务、利润形成和分配业务，如

图 5-1-1 所示。

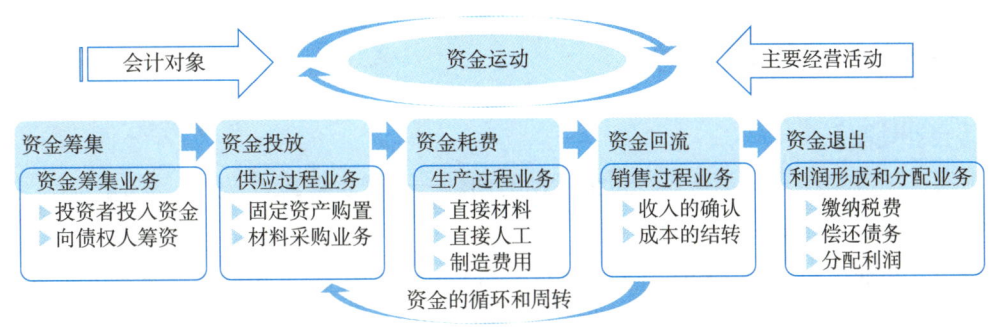

图 5-1-1 制造企业的主要经济业务

1. 资金筹集业务

企业为了进行正常的生产经营活动，必须拥有一定数量的经营资金，作为从事生产经营活动的物质基础。企业的资金主要来源于两个方面：一是投资者投入的资金，二是从金融机构或其他单位借入的资金。因此，企业在筹资过程中发生的主要经济业务包括：接受投资者的投资、从金融机构借款及支付利息。

2. 供应过程业务

供应过程业务是指企业在生产之前，进行各种生产准备工作的经济业务，主要包括固定资产购置和材料采购。

固定资产购置是指企业为了生产、经营或投资目的而购买长期使用的有形资产的行为。固定资产的购置是企业为了扩大生产规模、提高生产效率、改善工作环境等而进行的投资活动。

材料采购是指企业或机构在生产或运营过程中，为满足生产和运营需要而采购所需的原材料、辅助材料等必要物资的一项经济活动。合理的材料采购可以降低生产成本，提高生产效率，提高产品质量，增强企业的市场竞争力。

3. 生产过程业务

生产制造是制造业企业的核心业务。不同行业的制造业企业生产的产品种类和生产方式各异，但实质都是通过加工、组装、装配等手段将原材料转化为具有使用价值的成品。制造业企业需要对市场需求进行准确的预测，制订合理的生产计划，确保生产活动高效有序进行。

4. 销售过程业务

销售过程是产品价值的实现过程。在销售过程中，企业通过销售产品，并按照销售价格与购买单位办理各种款项的结算，收回货款，从而使成品资金形态转化为货币资金形态，回到资金运动的起点状态，完成一次资金的循环。

5. 利润形成和分配业务

企业在生产经营过程中获得的各项收入遵循配比的要求抵偿了各项成本、费用之后的差额，形成企业的利润。企业实现的利润，一部分要以所得税的形式上缴国家，形成国家的财政收入；另一部分即税后利润，要按照规定的程序在各有关方之间进行合理的分配。通过利润分配，一部分资金退出企业，另一部分资金继续参加企业资金的循环和周转。

任务二　资金筹集业务

【会计地图】

资金运动时间轴——资金筹集

资金筹集简称"筹资",是指企业为进行生产建设和经营活动而筹措和集中所需资金的工作。筹集资金是企业生产经营活动的首要条件,是资金运动全过程的起点。资金筹集业务如图5-2-1所示。

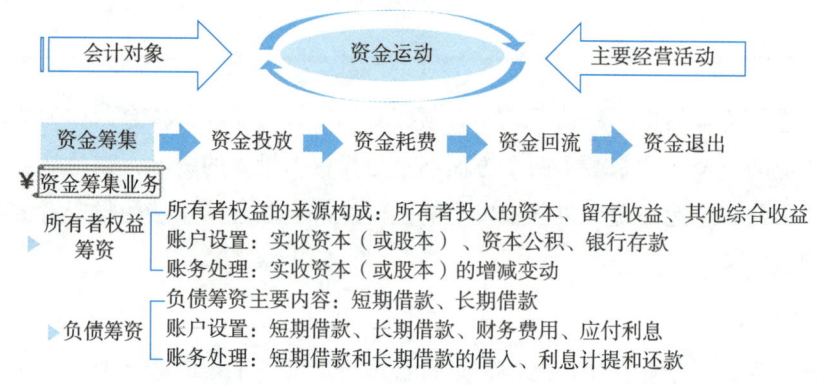

图5-2-1　资金筹集业务

对于企业而言,资金来源一般有两种途径:投资人投入和向债权人借入,如图5-2-2所示。

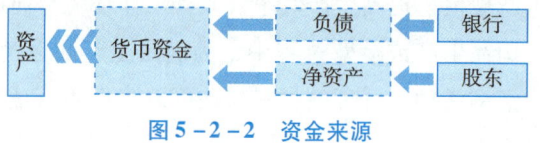

图5-2-2　资金来源

一、所有者权益筹资

(一)所有者权益的来源构成

所有者权益的来源包括所有者投入的资本、留存收益、其他综合收益等,通常由实收资本(或股本)、资本公积(含资本溢价或股本溢价)、盈余公积和未分配利润、其他综合收益等构成。

所有者权益的来源构成如图5-2-3所示。

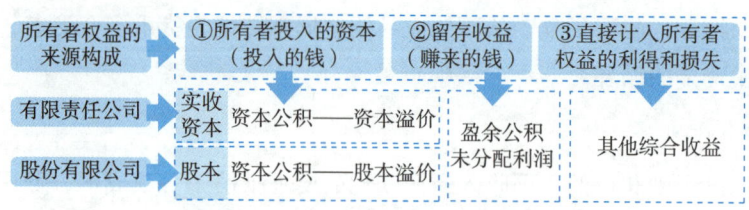

图5-2-3　所有者权益的来源构成

(二)所有者投入资本的分类

所有者向企业投入资本,即形成企业的资本金。企业可以按照经济内容、投资主体、投入资本物质形态的不同对所有者投入资本进行分类。

所有者投入资本的分类如图 5-2-4 所示。

分类方式	经济内容	投入资本的物质形态		投资主体
所有者投入资本的分类	实收资本(或股本)、资本公积	货币资金投资	非货币资金投资	国家投入资本、法人投入资本、个人投入资本、外商投入资本
		银行存款、库存现金	固定资产、无形资产、库存商品、原材料等	

图 5-2-4 所有者投入资本的分类

按照经济内容的不同,所有者投入的资本可以分为实收资本(或股本)和资本公积;按照投入资本物质形态的不同,可分为货币资金投资和非货币资金投资;按照投资主体的不同,可分为国家投入资本、法人投入资本、个人投入资本和外商投入资本。

(1) 实收资本(或股本)是指投资者按照企业章程或合同、协议的约定,实际投入企业的资本。实收资本的构成比例或股东的股份比例,是确定所有者在企业所有者权益中份额的基础,也是企业进行利润或股利分配的主要依据。

【小贴士】

企业收到实际投入企业的资本,有限责任公司记入"实收资本"账户,股份有限公司记入"股本"账户。

(2) 资本公积是指企业收到投资者出资额超出其在注册资本(或股本)中所占份额的部分,包括资本溢价(或股本溢价)等。资本公积由所有投资者共同享有,主要用途为转增资本。

【小贴士】

企业收到投资者出资额超出其在注册资本(或股本)中所占份额的部分,有限责任公司记入"资本公积——资本溢价"账户,股份有限公司记入"资本公积——股本溢价"账户。

【知识拓展】

实收资本 vs 资本公积

实收资本:创业初期,出资依据;彰显地位,分红依据。

资本公积:主要用途为转增资本。

应用举例:甲和乙各出资 100 万元创立 M 有限责任公司,M 公司"实收资本——甲"和"实收资本——乙"均为 100 万元,甲、乙所占公司份额均为 50%。假设年底公司盈利 400 万元,甲、乙按照投资比例进行利润分配,各获得 200 万元的利润。

丙在企业走上正轨后想投资 M 公司 300 万元成为股东,而公司在创立之初是经营风险最大的时候,如果此时丙投资 300 万元就直接给丙入账"实收资本——丙"300 万元,甲和乙不同意,原因推导如下。

假设丙投资 300 万元后直接给丙入账实收资本 300 万元,M 公司实收资本金额总计 500 万元,甲出资 100 万元占公司份额为 20%,乙出资 100 万元占公司份额为 20%,丙出资 300 万元占公司份额高达 60%,这直接导致在利润分配时丙的收益远高于甲和乙,如图 5-2-5 所示。

最终,经协商,丙投资 300 万元,M 公司入账"实收资本——丙 1 000 000",甲、乙、丙三

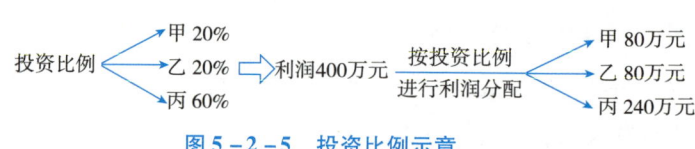

图 5-2-5 投资比例示意

位投资者所占公司份额均约为33%，而丙另外投资的200万元记入"资本公积——资本溢价"，这200万元可以用于今后M公司转增实收资本等用途。新的投资者丙在M公司经营红火后想加入企业投入300万元，只记入"实收资本——丙"100万元即拥有约33%的股份，即使付出了200万元的代价也是很愿意的，通常这种情况发生在投资者对企业未来收益比较看好的情况下。

（三）账户设置

1. "实收资本（或股本）"账户

"实收资本（或股本）"账户属于所有者权益类账户，用于核算企业实际收到的投资者投入的资本。

"实收资本（或股本）"账户贷方登记企业收到投资者的出资额；借方登记按法定程序报经批准减少的资本额；期末余额在贷方，反映企业实有的资本额。该账户应按照投资者设置明细账户，进行明细核算。"实收资本（或股本）"账户结构如图5-2-6所示。

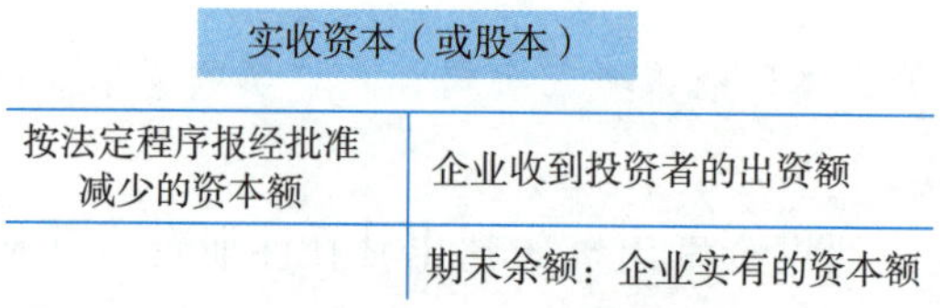

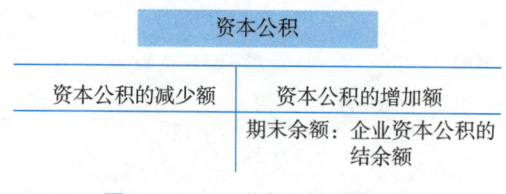

图 5-2-6 "实收资本（或股本）"账户

2. "资本公积"账户

"资本公积"账户属于所有者权益类账户，用于核算企业资本公积增减变动情况。

"资本公积"账户贷方登记资本公积的增加额；借方登记资本公积的减少额；期末余额在贷方，反映企业资本公积的结余额。该账户可设置"资本溢价""股本溢价""其他资本公积"等明细账户，进行明细核算。"资本公积"账户结构如图5-2-7所示。

图 5-2-7 "资本公积"账户

3. "银行存款"账户

"银行存款"账户，属于资产类账户，用于核算企业存入银行或其他金融机构的各种款项的增减变动情况。

"银行存款"账户借方登记银行存款的增加额；贷方登记银行存款的减少额；期末余额在借方，反映企业实际持有的银行存款余额。该账户应当按照开户银行、存款种类等设置明细账户，进行明细核算。"银行存款"账户结构如图5-2-8所示。

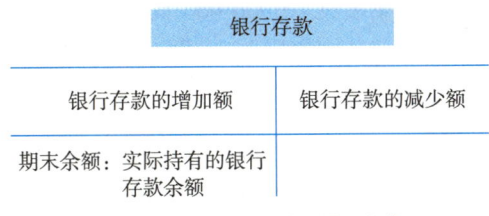

图5-2-8 "银行存款"账户

(四) 账务处理

1. 实收资本(或股本)的增减变动——外部注入

在外部注入的情况下,即接受现金资产投资和接受非现金资产投资时,企业实收资本(或股本)的增减变动账务处理如图5-2-9所示。

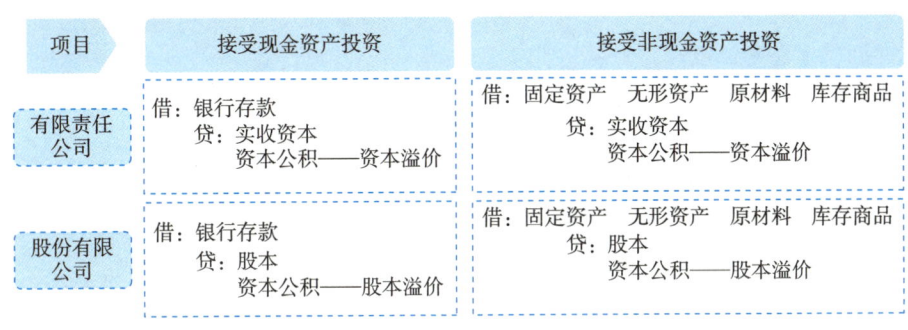

图5-2-9 实收资本(或股本)的增减变动——外部注入

【敲黑板】

股本=每股股票面值×发行股份总数

(1) 接受现金资产投资。

【例5-1】甲、乙、丙共同投资设立A有限责任公司,注册资本为2 000 000元,甲、乙、丙的持股比例分别为60%、25%、15%。按照章程规定,甲、乙、丙投入资本分别为1 200 000元、500 000元、300 000元。A有限责任公司已如期收到各投资者一次缴足的款项。A有限责任公司应编制会计分录如下。

借:银行存款   2 000 000
　　贷:实收资本——甲   1 200 000
　　　　　　　　——乙   500 000
　　　　　　　　——丙   300 000

【例5-2】A有限责任公司由两位投资者投资200 000元设立,每人各出资100 000元。一年后,为扩大经营规模,经批准,A有限责任公司注册资本增加到300 000元,并引入第三位投资者。按照投资协议,新投资者需缴入现金110 000元,同时享有该公司1/3的股份。A有限责任公司已收到该现金投资。假定不考虑其他因素,A有限责任公司应编制会计分录如下。

借:银行存款   110 000
　　贷:实收资本   100 000

资本公积——资本溢价　　　　　　　　　　　　　　　　　　　　　　　　10 000

【例5-3】B股份有限公司发行普通股10 000 000股，每股面值1元，每股发行价格5元。假定股票发行成功，股款50 000 000元已全部收到，不考虑发行过程中的税费等因素。根据上述资料，B股份有限公司应编制会计分录如下。

"资本公积"科目的金额=50 000 000－10 000 000×1=40 000 000（元）

　　借：银行存款　　　　　　　　　　　　　　　　　　　　　　　　　50 000 000
　　　　贷：股本　　　　　　　　　　　　　　　　　　　　　　　　　　10 000 000
　　　　　　资本公积——股本溢价　　　　　　　　　　　　　　　　　　40 000 000

【敲黑板】

股份有限公司股票发行费用的处理

属于溢价发行的，发行费用从溢价收入中扣除，冲减资本公积——股本溢价；溢价金额不足冲减的，或者属于按面值发行无溢价的，依次冲减盈余公积和未分配利润。即按照分录中①②③的顺序冲减。

　　借：资本公积——股本溢价　　　　　　　　　　　　　　　　　　　　　　①
　　　　盈余公积　　　　　　　　　　　　　　　　　　　　　　　　　　　　②
　　　　利润分配——未分配利润　　　　　　　　　　　　　　　　　　　　　③
　　　　贷：银行存款

【例5-4】某股份有限公司对外公开发行普通股2 000万股，每股面值为1元，每股发行价格为3元，发行手续费600 000元从发行收入中扣除，发行所得款项存入银行。该笔业务如何做会计处理？

　　借：银行存款　　　　　　　　　　　　　　　　　　　　　　　　　60 000 000
　　　　贷：股本　　　　　　　　　　　　　　　　　　　　　　　　　　20 000 000
　　　　　　资本公积——股本溢价　　　　　　　　　　　　　　　　　　40 000 000
　　借：资本公积——股本溢价　　　　　　　　　　　　　　　　　　　　　600 000
　　　　贷：银行存款　　　　　　　　　　　　　　　　　　　　　　　　　　600 000

分录可以合并为：

　　借：银行存款　　　　　　　　　　　　　　　　　　　　　　　　　59 400 000
　　　　贷：股本　　　　　　　　　　　　　　　　　　　　　　　　　　20 000 000
　　　　　　资本公积——股本溢价　　　　　　　　　　　　　　　　　　39 400 000

（2）接受非现金资产投资。

【例5-5】企业接受投资者的设备投资，双方确认的价值为100 000元。

提示：设备属于企业固定资产。

　　借：固定资产　　　　　　　　　　　　　　　　　　　　　　　　　　　100 000
　　　　贷：实收资本　　　　　　　　　　　　　　　　　　　　　　　　　100 000

【例5-6】企业接受投资者的土地使用权投资，作价3 600 000元。

提示：土地使用权属于企业无形资产。

　　借：无形资产　　　　　　　　　　　　　　　　　　　　　　　　　3 600 000

贷：实收资本　　　　　　　　　　　　　　　　　　　　　　　　　　　　3 600 000

2. 实收资本（或股本）的增减变动——内部转化

实收资本（或股本）会因为内部转化而发生增减变动，内部转化的主要方式有资本公积转增实收资本（或股本）和盈余公积转增实收资本（或股本），账务处理如图5-2-10所示。

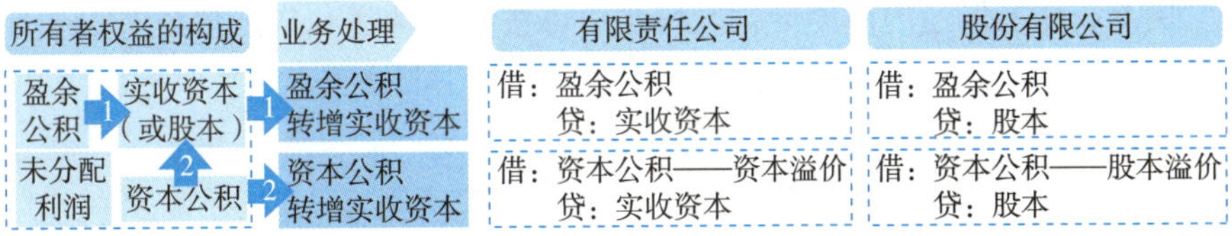

图5-2-10　实收资本（或股本）的增减变动——内部转化

【例5-7】某有限责任公司按法定程序办妥增资手续，以资本公积200 000元转增资本，同时将盈余公积300 000元转增资本。假定不考虑其他因素，该企业应该编制的会计分录如下。

　　借：资本公积　　　　　　　　　　　　　　　　　　　　　　　　　　　　200 000
　　　　盈余公积　　　　　　　　　　　　　　　　　　　　　　　　　　　　300 000
　　　　贷：实收资本　　　　　　　　　　　　　　　　　　　　　　　　　　500 000

【会数思维】

实收资本

　　实收资本是企业经营发展过程中实际收到的投资者投入的资金。这是一个重要的财务指标，反映了企业的资本实力和规模。过大的实收资本虽然可以提升公司的信誉和实力，但可能带来一些负面影响：首先，可能会增加公司的资金成本，降低资金的使用效率，造成资金闲置；其次，可能会导致公司的股本结构过于庞大，进而增加公司的管理成本和运营成本；最后，会导致股权过度分散，影响公司的决策效率和执行力，在决策过程中，股东之间可能出现分歧，导致决策迟缓或无法形成有效决议。综上所述，实收资本的大小应根据公司的实际情况和发展需求来合理设定。因此，公司在设定实收资本时，应充分考虑各种因素，做出明智的决策。

二、负债筹资

企业在生产经营过程中不仅要依靠投资人投入资本，还要通过向银行和其他金融机构借入资金弥补投入资本的不足以及满足扩大再生产的需要。企业从债权人处筹集到的资金形成企业的负债。

（一）负债筹资的主要内容

本节将以最具代表性的短期借款和长期借款为例说明借入资金业务的核算。

短期借款是企业向银行或其他金融机构等借入的期限在1年以下（含1年）的各种款项，一般是企业为了满足正常生产经营所需或者是为了抵偿某项债务而借入的资金，具有借款金额小、时间短、利息低等特点。

长期借款是企业向银行或其他金融机构借入的期限在1年以上的各种借款。一般来说，企业举借长期借款主要是为了扩充经营规模而新增各种长期耐用的固定资产。

（二）账户设置

1. "短期借款"账户

"短期借款"账户属于负债类账户，用于核算企业短期借款的取得、偿还等情况。

"短期借款"账户贷方登记取得短期借款的本金；借方登记偿还短期借款的本金；期末余额在贷方，反映企业尚未偿还的短期借款。该账户可按贷款种类和贷款单位等设置明细账户，进行明细核算。"短期借款"账户结构如图 5-2-11 所示。

短期借款	
偿还短期借款的本金	取得短期借款的本金
	期末余额：尚未偿还的短期借款

图 5-2-11 "短期借款"账户

2. "长期借款"账户

"长期借款"账户属于负债类账户，用于核算企业长期借款的取得、偿还等情况。

"长期借款"账户贷方登记取得长期借款的本金和利息；借方登记偿还长期借款的本金和利息；期末余额在贷方，反映企业尚未偿还的长期借款和利息。该账户可按贷款种类和贷款单位等设置"本金""利息调整"等明细账户，进行明细核算。"长期借款"账户结构如图 5-2-12 所示。

长期借款	
偿还长期借款的本金和利息	取得长期借款的本金和利息
	期末余额：尚未偿还的长期借款和利息

图 5-2-12 "长期借款"账户

3. "财务费用"账户

"财务费用"账户属于损益类账户，用于核算企业在生产经营过程中为筹集资金而发生的各项费用，包括企业生产经营期间发生的利息支出（减利息收入）、汇兑净损益、金融机构手续费等。

"财务费用"账户借方登记企业发生的各项财务费用，贷方登记期末转入"本年利润"的财务费用，结转后该账户无余额。该账户可按费用项目等设置明细账户，进行明细核算。"财务费用"账户结构如图 5-2-13 所示。

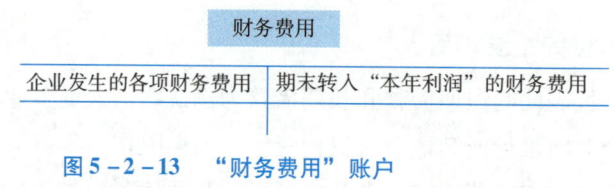

财务费用	
企业发生的各项财务费用	期末转入"本年利润"的财务费用

图 5-2-13 "财务费用"账户

【敲黑板】

如果是借入长期借款用于长期工程建设，那么工程完工前发生的利息支出应予以资本化并记入"在建工程"等账户，在工程完工达到预定可使用状态之后，产生的利息支出应予以费用化，计入当期损益（财务费用）。

4. "应付利息"账户

"应付利息"账户属于负债类账户,用于核算企业按照约定应支付的利息,包括吸收存款、分期付息到期还本的长期借款、企业债券等应支付的利息。

"应付利息"账户贷方登记按合同约定应支付的已过付息期但尚未支付的利息;借方登记实际支付的利息;期末余额在贷方,反映企业已过付息期但尚未支付的利息。该账户可按债权人等设置明细账户,进行明细核算。"应付利息"账户结构如图5-2-14所示。

应付利息	
实际支付的利息	按合同约定应支付的已过付息期但尚未支付的利息
	期末余额:已过付息期但尚未支付的利息

图5-2-14 "应付利息"账户

(三) 账务处理

1. 短期借款

短期借款只核算短期借款的本金。短期借款的利息可以先预提,后支付;也可以不预提,直接支付。利息可能按月或季支付,根据具体情况而定。

短期借款账务处理如图5-2-15所示。

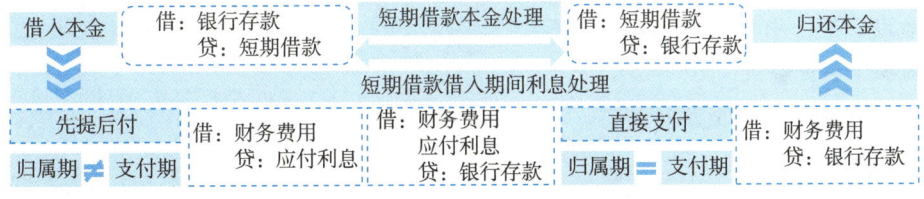

图5-2-15 短期借款账务处理

【例5-8】2024年1月1日,甲公司向银行借入一笔生产经营用的短期借款,共计1 200 000元,期限为3个月,年利率为4%。根据与银行签署的借款协议,该项借款的本金到期后一次归还;利息按季支付。

解析:

利息处理方式:利息按季支付,即"先提后付"——按照权责发生制的记账基础,1月和2月虽然不用支付利息,但是有承担借款利息的义务,所以,1月和2月需要确认利息费用,进行利息的计提。3月是支付利息的时间点,需要支付1月和2月计提的利息以及3月当期的利息。

利息的计算:每月应支付的利息金额 = 1 200 000 × 4% ÷ 12 = 4 000(元)。

财务处理见表5-2-1。

表5-2-1 甲公司短期借款账务处理

	1月		2月	

取得短期借款	借:银行存款
	  贷:短期借款
		1 200 000
		1 200 000
			计提2月利息	借:财务费用 4 000
				  贷:应付利息 4 000

计提1月利息	借:财务费用 贷:应付利息	4 000 4 000		

续表

3月		4月	
支付1月至3月利息	借：财务费用　　　　4 000 　　应付利息　　　　　8 000 　　贷：银行存款　　　　　　12 000	归还本金	借：短期借款　　　1 200 000 　　贷：银行存款　　　　1 200 000

2. 长期借款

长期借款的账务处理如图5-2-16所示。

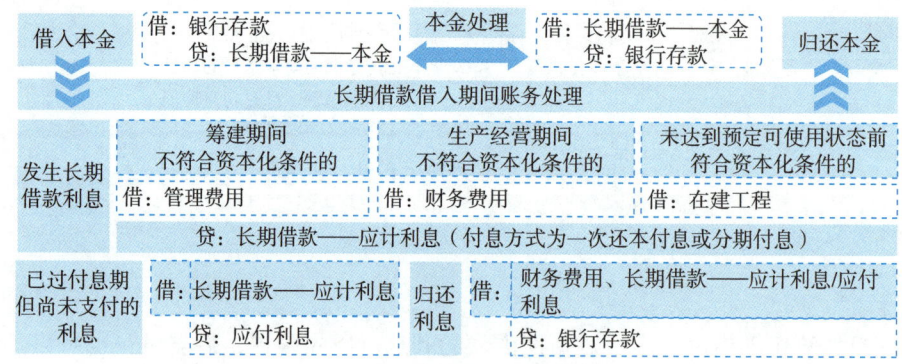

图5-2-16　长期借款账务处理

【例5-9】甲企业为增值税一般纳税人，于2023年1月1日向银行借款100万元用于日常经营，借款期限为2年，年利率为3.6%（不计复利），约定到期一次还本付息，款项已存入银行。甲企业应编制如下会计分录。

（1）2023年1月1日，取得借款。

借：银行存款　　　　　　　　　　　　　　　　　　　　　　　1 000 000
　　贷：长期借款——本金　　　　　　　　　　　　　　　　　　　　1 000 000

（2）2023年1月31日，计提长期借款利息。

2023年1月31日计提的长期借款利息=1 000 000×3.6%÷12=3 000（元）。

借：财务费用　　　　　　　　　　　　　　　　　　　　　　　　3 000
　　贷：长期借款——应计利息　　　　　　　　　　　　　　　　　　3 000

2023年2月末至2024年11月末计提利息的会计处理同上。

（3）2024年12月31日，企业偿还银行借款本息。

借：财务费用　　　　　　　　　　　　　　　　　　　　　　　　3 000
　　长期借款——本金　　　　　　　　　　　　　　　　　　　　1 000 000
　　　　　　——应计利息　　　　　　　　　　　　　　　　69 000（3 000×23）
　　贷：银行存款　　　　　　　　　　　　　　　　　　　　　　1 072 000

【会数思维】

短期借款和长期借款

没有短期借款和长期借款的企业，说明自身造血能力和业务变现能力强，不需要依赖银行及金融机构的借款发展业务，这往往是优秀企业的一种表现。但是，要警惕企业"短借长用"，"长用"意味着资金收回时间长，"短借"的偿还期对企业来说就是一个危机。如果一家企业每年都在盈利，赚的钱足以支撑企业的各项费用，并且有很大的盈余，却四处举债，大举借款（借入长期借款和短期借款），我们就要考虑这家企业是否进行了财务作假，或者这家企业是否赚的都是一些应收账款，难以兑现企业的现金流。这样的企业往往预示着较大的风险，需要谨慎对待。

任务三　固定资产购置业务

【会计地图】

供应过程是生产的准备阶段，是指企业根据市场状况和自身需求，通过采购、存储、运输等方式，获取生产所需原材料、固定资产等资源的过程。供应过程业务中固定资产购置业务如图5-3-1所示。

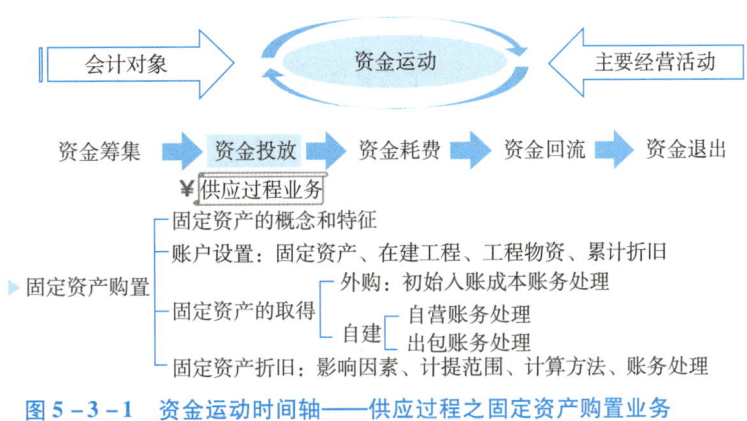

图5-3-1　资金运动时间轴——供应过程之固定资产购置业务

一、固定资产的概念和特征

（一）固定资产的概念

固定资产是指企业为生产产品、提供劳务、出租或者经营管理而持有的，使用寿命超过一个会计年度、价值达到一定标准的非货币性资产，包括房屋、建筑物、机器、机械、运输工具以及其他与生产经营活动有关的设备、器具、工具等。

（二）固定资产的特征

固定资产是有形资产，具有以下特征：

（1）为生产商品、提供劳务、出租或经营管理持有，不直接用于出售，其中，出租是指以经营租赁方式出租的机器设备等；

（2）使用寿命超过一个会计年度。

二、固定资产的入账成本

固定资产的入账成本是指企业购建某项固定资产达到预定可使用状态前所发生的一切合理、必要的支出，这些支出包括直接发生的购买价款、相关税费以及达到预定可使用状态前发生的包装费和安装费等，还有间接发生的如固定资产在建过程中应予以资本化的借款利息等。固定资产的入账成本如图 5-3-2 所示。

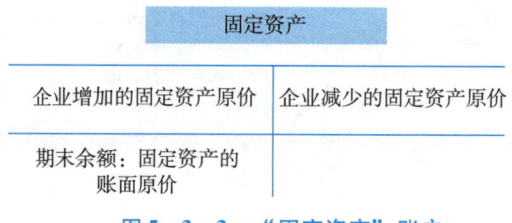

图 5-3-2　固定资产的入账成本

【敲黑板】

员工培训费不构成固定资产的入账成本，在发生时计入当期损益。

三、账户设置

（一）"固定资产"账户

"固定资产"账户属于资产类账户，用于核算企业固定资产的原价。

"固定资产"账户借方登记企业增加的固定资产原价；贷方登记企业减少的固定资产原价；期末余额在借方，反映期末固定资产的账面原价。企业可按固定资产的种类等设置明细账户，进行明细核算。"固定资产"账户结构如图 5-3-3 所示。

固定资产	
企业增加的固定资产原价	企业减少的固定资产原价
期末余额：固定资产的账面原价	

图 5-3-3　"固定资产"账户

（二）"在建工程"账户

"在建工程"账户属于资产类账户，用于核算企业基建、更新改造等在建工程发生的支出。

"在建工程"账户借方登记企业在建工程的实际支出；贷方登记企业完工工程转出的成本；期末余额在借方，反映企业尚未达到预定可使用状态的在建工程的成本。"在建工程"账户结构如图 5-3-4 所示。

在建工程	
企业在建工程的实际支出	企业完工工程转出的成本
期末余额：尚未达到预定可使用状态的在建工程的成本	

图 5-3-4　"在建工程"账户

【会数思维】

在建工程

在建工程需要关注在建工程工期是否明显异常，若是明显较长，则考虑是否存在故意不转固以避免计提折旧的问题。除此之外,在建工程很容易填塞一些本该予以费用化的支出。将本该予以费用化的支出资本化,既虚增了当期利润,又虚增了资产。

(三)"工程物资"账户

"工程物资"账户属于资产类账户,用于核算企业为在建工程准备的各种物资的实际成本。

"工程物资"账户借方登记企业购入工程物资的成本;贷方登记企业领用工程物资的成本;期末余额在借方,反映企业为在建工程准备的物资成本。"工程物资"账户结构如图5-3-5所示。

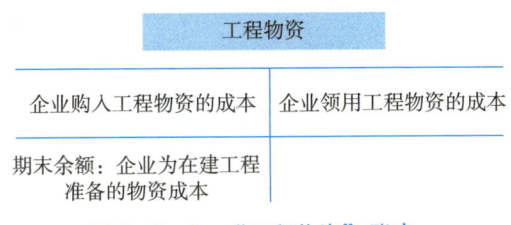

图5-3-5 "工程物资"账户

(四)"累计折旧"账户

"累计折旧"账户属于资产类账户,是"固定资产"账户的备抵账户,用于核算固定资产因磨损而减少的价值。

"累计折旧"账户借方登记固定资产转销的折旧额;贷方登记计提的固定资产折旧额;期末余额在贷方,反映企业现有固定资产已提取的累计折旧额。该账户可按固定资产的类别等设置明细账户,进行明细核算。"累计折旧"账户结构如图5-3-6所示。

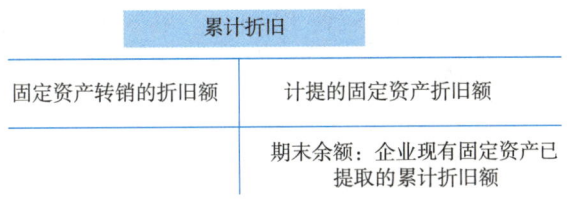

图5-3-6 "累计折旧"账户

四、固定资产的取得

固定资产的取得分为外购和自建两种方式,如图5-3-7所示。

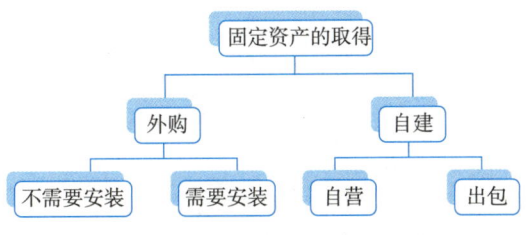

图5-3-7 固定资产的取得方式

（一）固定资产的取得——外购固定资产

1. 一般纳税人外购固定资产的账务处理

外购固定资产分为不需要安装和需要安装两种情况，账务处理如图5-3-8所示。

外购不需要安装的固定资产	借：固定资产 　　应交税费——应交增值税（进项税额） 贷：银行存款、应付账款等		说明：一般纳税人取得的增值税专用发票可以抵扣，增值税进项税额不能计入固定资产的入账成本
外购需要安装的固定资产	购入时	发生安装调试成本	耗用人工和材料等	达到预定可使用状态
	借：在建工程【1】 　　应交税费——应交增值税（进项税额） 贷：银行存款、应付账款等		借：在建工程【2】 贷：应付职工薪酬 　　原材料等	借：固定资产【1+2】 贷：在建工程【1+2】

图5-3-8　外购固定资产的账务处理

【例5-10】 2024年1月1日，甲公司购入一台不需要安装即可投入使用的设备，取得的增值税专用发票上注明的设备价款为30 000元，增值税税额为3 900元；另支付包装费并取得增值税专用发票，注明包装费700元，税率6%，增值税税额42元，款项以银行存款支付。甲公司是增值税一般纳税人，应编制如下会计分录。

借：固定资产　　　　　　　　　　　　　　　　　　　　　　　　　　　30 700
　　应交税费——应交增值税（进项税额）　　　　　　　　　　　　　　3 942
　　贷：银行存款　　　　　　　　　　　　　　　　　　　　　　　　　34 642

【例5-11】 2024年5月1日，甲公司用银行存款购入一台需要安装的设备，增值税专用发票上注明的设备买价为200 000元，增值税税额为26 000元；另支付安装费并取得增值税专用发票，注明安装费40 000元，税率9%，增值税税额3 600元。甲公司是增值税一般纳税人。

（1）购入一台需要安装的设备：

借：在建工程　　　　　　　　　　　　　　　　　　　　　　　　　　　200 000
　　应交税费——应交增值税（进项税额）　　　　　　　　　　　　　　26 000
　　贷：银行存款　　　　　　　　　　　　　　　　　　　　　　　　　226 000

（2）支付安装费并取得增值税专用发票：

借：在建工程　　　　　　　　　　　　　　　　　　　　　　　　　　　40 000
　　应交税费——应交增值税（进项税额）　　　　　　　　　　　　　　3 600
　　贷：银行存款　　　　　　　　　　　　　　　　　　　　　　　　　43 600

（3）设备安装完毕：

借：固定资产　　　　　　　　　　　　　　　　　　　　　　　　　　　240 000
　　贷：在建工程　　　　　　　　　　　　　　　　　　　　　　　　　240 000

2. 小规模纳税人外购固定资产的账务处理

借：固定资产［不需要安装的设备］
　　在建工程［需要安装的设备］
　　贷：银行存款、应付账款等

【敲黑板】

小规模纳税人外购固定资产发生的增值税进项税额不可以从销项税额中抵扣，应计入固定资产的成本。

外购固定资产取得增值税发票应计会计科目如图5-3-9所示。

外购固定资产取得增值税发票——增值税应计会计科目		
纳税主体	增值税专用发票	增值税普通发票
一般纳税人	应付税费——应交增值税（进项税额）	固定资产、在建工程
小规模纳税人	固定资产、在建工程	固定资产、在建工程

图5-3-9 外购固定资产取得增值税发票应计会计科目

【例5-12】甲公司为增值税小规模纳税人，2024年5月10日用银行存款购入一台需要安装的设备，增值税专用发票上注明的价款为100 000元，增值税税额为13 000元；另支付安装费20 000元，增值税税额为1 800元。

（1）购入设备进行安装时：

借：在建工程　　　　　　　　　　　　　　　　　　　　　　　　　　　113 000

　　贷：银行存款　　　　　　　　　　　　　　　　　　　　　　　　　113 000

（2）支付安装费时：

借：在建工程　　　　　　　　　　　　　　　　　　　　　　　　　　　21 800

　　贷：银行存款　　　　　　　　　　　　　　　　　　　　　　　　　21 800

（3）设备安装完毕交付使用时：

借：固定资产　　　　　　　　　　　　　　　　　　　　　　　　　　　134 800

　　贷：在建工程　　　　　　　　　　　　　　　　　　　　　　　　　134 800

3. 企业以一笔款项购入多项没有单独标价的固定资产

企业以一笔款项购入多项没有单独标价的固定资产，应当将各项资产单独确认为固定资产，并按各项固定资产公允价值的比例对总成本进行分配，分别确定各项固定资产的成本。

【例5-13】甲、乙公司均为增值税一般纳税人，2024年2月1日，甲公司从乙公司一次购进A、B两台设备，取得的增值税专用发票上注明的价款为48万元，增值税税额为6.24万元；另支付运输费2万元，取得的增值税专用发票上注明的税额为0.18万元，款项以银行存款支付。假设设备A、B的公允价值分别为55万元、70万元。甲公司应编制如下会计分录。

外购A、B两台设备成本＝480 000＋20 000＝500 000（元）

A设备应分配的固定资产价值比例＝550 000÷（550 000＋700 000）×100%＝44%

B设备应分配的固定资产价值比例＝700 000÷（550 000＋700 000）×100%＝56%

A设备的入账成本＝500 000×44%＝220 000（元）

B设备的入账成本＝500 000×56%＝280 000（元）

会计分录如下。

借：固定资产——A设备　　　　　　　　　　　　　　　　　　　　　　220 000

　　　　　　——B设备　　　　　　　　　　　　　　　　　　　　　　280 000

应交税费——应交增值税（进项税额）　　　　　　　　　　　　　　　64 200
　　　贷：银行存款　　　　　　　　　　　　　　　　　　　　　　　　564 200

（二）固定资产的取得——自建固定资产

企业自行建造固定资产，主要有自营和出包两种方式。

1. 自建固定资产——自营工程

自营工程是指企业自行组织工程物资采购、施工人员施工的建筑工程或安装工程。自营工程账务处理如图 5-3-10 所示。

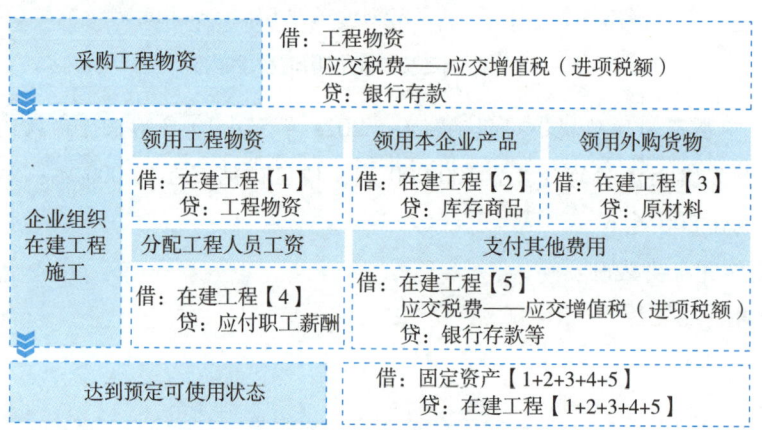

图 5-3-10　自营工程账务处理

【例 5-14】甲公司 2024 年 1 月初开始自行建造厂房一幢，购入为工程准备的各种物资花费 200 万元，增值税 26 万元，全部用于工程建设。领用本企业生产的 A 产品一批，实际成本为 50 万元（售价 80 万元），应计工程人员工资 30 万元，支付安装费 100 万元，增值税 9 万元。2024 年末工程完工。相关账务处理如下。

（1）购买工程物资时：

借：工程物资　　　　　　　　　　　　　　　　　　　　　　　　　2 000 000
　　应交税费——应交增值税（进项税额）　　　　　　　　　　　　　　260 000
　　　贷：银行存款　　　　　　　　　　　　　　　　　　　　　　　2 260 000

（2）领用工程物资时：

借：在建工程　　　　　　　　　　　　　　　　　　　　　　　　　2 000 000
　　　贷：工程物资　　　　　　　　　　　　　　　　　　　　　　　2 000 000

（3）领用本企业生产的产品时：

借：在建工程　　　　　　　　　　　　　　　　　　　　　　　　　　500 000
　　　贷：库存商品——A 产品　　　　　　　　　　　　　　　　　　　500 000

（4）分配工程人员薪酬时：

借：在建工程　　　　　　　　　　　　　　　　　　　　　　　　　　300 000
　　　贷：应付职工薪酬　　　　　　　　　　　　　　　　　　　　　　300 000

（5）支付工程发生的安装费用时：

借：在建工程　　　　　　　　　　　　　　　　　　　　　　　　　1 000 000

应交税费——应交增值税（进项税额）　　　　　　　　　　　　90 000
　　　贷：银行存款　　　　　　　　　　　　　　　　　　　　　1 090 000
（6）工程完工并达到预定可使用状态时：
　　借：固定资产　　　　　　　　　　　　　　　　　　　　　3 800 000
　　　贷：在建工程　　　　　　　　　　　　　　　　　　　　3 800 000

解析：2024年末工程完工时，记入"在建工程"科目中的累计金额＝工程物资＋自产产品＋工程人员工资＋安装费＝200＋50＋30＋100＝380（万元），需要全部结转到"固定资产"科目中。

2. 自建固定资产——出包工程

出包工程是指企业通过招标方式将工程项目发包给建造承包商，由建造承包商组织施工的建筑工程或安装工程。出包工程账务处理如图 5–3–11 所示。

结算、补付工程款	借：在建工程 　　应交税费——应交增值税（进项税额） 　贷：银行存款
工程达到预定可使用状态	借：固定资产 　贷：在建工程

图 5–3–11　出包工程账务处理

【例 5–15】甲公司 2024 年 7 月将一幢厂房的建造工程出包给乙公司承建，7 月 1 日支付工程进度款 200 万元，增值税 26 万元（税率 13%）。2024 年末，工程完工，甲补付剩余工程款 300 万元，增值税 39 万元。工程完工并达到预定可使用状态，相关账务处理如下。

（1）2024 年 7 月 1 日，支付进度款时：
　　借：在建工程　　　　　　　　　　　　　　　　　　　　　2 000 000
　　　　应交税费——应交增值税（进项税额）　　　　　　　　　　260 000
　　　贷：银行存款　　　　　　　　　　　　　　　　　　　　　2 260 000
（2）2024 年末，补付工程款时：
　　借：在建工程　　　　　　　　　　　　　　　　　　　　　3 000 000
　　　　应交税费——应交增值税（进项税额）　　　　　　　　　　390 000
　　　贷：银行存款　　　　　　　　　　　　　　　　　　　　　3 390 000
（3）2024 年末，工程完工并达到预定可使用状态时：
　　借：固定资产　　　　　　　　　　　　　　　　　　　　　5 000 000
　　　贷：在建工程　　　　　　　　　　　　　　　　　　　　5 000 000

解析：
2024 年末工程完工后，把"在建工程"科目中的金额［200＋300＝500（万元）］结转到"固定资产"科目即可。

五、固定资产折旧

固定资产折旧是固定资产在使用过程中损耗的量化表达，也是企业为维持正常生产经营活动进行的必要成本分摊。

【小贴士】

固定资产在使用过程中，价值会随着时间的推移逐渐减少，而减少的部分即为折旧。

（一）影响固定资产折旧的主要因素

影响固定资产折旧的主要因素如表 5-3-1 所示。

表 5-3-1 影响固定资产折旧的主要因素

主要因素	内容
①固定资产原值	指固定资产的初始成本
②预计净残值	指固定资产预计使用寿命结束时，可以回收的残余价值减去清理费用后的余额
③固定资产减值准备	因技术、市场、经济或法律环境等引发固定资产减值
④固定资产的使用寿命	固定资产的预期使用年限

固定资产的应计折旧额是用固定资产的原值扣除预计净残值、固定资产减值准备后的净额，如图 5-3-12 所示。

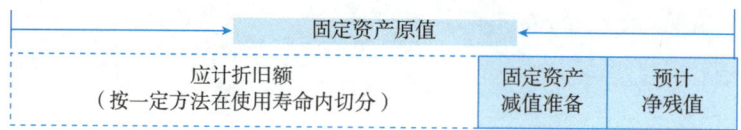

图 5-3-12 固定资产应计折旧额

（二）计提折旧的范围

1. 时间原则

固定资产应当按月计提折旧。

当月增加的固定资产，当月不计提折旧，从次月起计提折旧。

当月减少的固定资产，当月仍计提折旧，从次月起不计提折旧。

2. 空间界定

除以下情况外，企业应当对所有固定资产计提折旧：

（1）已提足折旧仍继续使用的固定资产；

（2）按规定单独计价作为固定资产入账的土地。

【敲黑板】

（1）提前报废的固定资产，不再补提折旧。

（2）已达到预定可使用状态，但尚未办理竣工决算的固定资产，应当按照估计价值确定成本，并计提折旧；待办理竣工决算后，再按照实际成本调整原来的暂估价值，但不需要调整原已计提的折旧额。

（3）因大修理而停工的固定资产需要计提折旧；改扩建期间以及更新改造过程中停用的固定资产需转入在建工程，不计提折旧。

（4）不需用、未使用的固定资产需要计提折旧。

（三）固定资产的折旧方法

企业应根据与固定资产有关的经济利益的预期消耗方式，合理选择折旧方法。

固定资产的折旧方法主要有年限平均法、工作量法、双倍余额递减法和年数总和法，如图 5-3-13 所示。

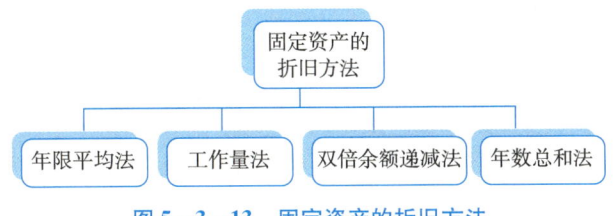

图 5-3-13　固定资产的折旧方法

1. 年限平均法

年限平均法又称"直线法"，是指将固定资产的应计折旧额均衡地分摊到固定资产预计使用寿命内的一种方法。

年限平均法的优点是，计算简单，易于理解和会计核算，在实际工作中应用广泛。然而，年限平均法忽略了固定资产在不同年份可能产生的不同效益。例如，一台新购买的机器可能在最初几年内效率更高，而随着时间的推移，效率可能会逐渐降低。

年折旧额 =（原价 - 预计净残值）÷ 预计使用年限 = 原价 ×（1 - 预计净残值率）÷ 预计使用年限

【例 5-16】一台设备原值 10 万元，净残值率 10%，预计使用年限 5 年，求年折旧额。

年折旧额 = 10 ×（1 - 10%）÷ 5 = 1.8（万元）

采用年限平均法计算累计折旧，各年折旧额相等，如图 5-3-14 所示。

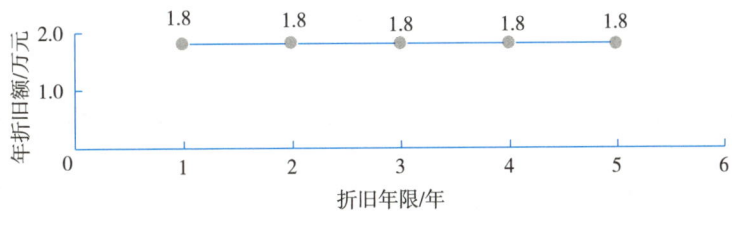

图 5-3-14　年限平均法折线

2. 工作量法

工作量法是根据实际工作量计算每期应计提折旧额的一种方法。

工作量法更适用于那些使用频率不均匀的资产，如车辆或机器设备。然而，工作量法折旧需要准确记录资产的使用情况，因此管理成本相对较高。

单位工作量折旧额 = 固定资产原值 ×（1 - 预计净残值率）÷ 预计总工作量

月折旧额 = 该固定资产当月工作量 × 单位工作量折旧额

【例 5-17】一台汽车原值 10 万元，净残值率 10%，预计可以行驶的总里程为 20 万千米，当月行使 1 000 千米，求月折旧额。

每公里折旧额 = 10 ×（1 - 10%）÷ 20 = 0.45（元/千米）

当月折旧额 = 1 000 × 0.45 = 450（元）

除了上述两种方法外，还有两种加速折旧的方法：双倍余额递减法和年数总和法。这两种方法都允许在资产使用的早期提取更多的折旧，从而更快地反映资产价值的减少，适用于那些在使用早期产生较高收益，随着使用时间增加，收益逐渐减少的固定资产。例如，计算机、通信设备、机器设备等高科技产品，此类型固定资产技术更新换代迅速，使用寿命较短，且在使用早期会产生较高的经济效益。

3. 双倍余额递减法

双倍余额递减法是在不考虑固定资产预计净残值的情况下，根据每年初固定资产净值和双倍的直线法折旧率计算固定资产折旧额的一种方法。应用双倍余额递减方法计算折旧额时，应在其折旧年限到期前两年内，将固定资产的净值扣除预计净残值后的余额平均摊销。

年折旧率 = 2 ÷ 预计使用寿命（年）× 100%

年折旧额 = 每个折旧年度年初固定资产账面净值 × 年折旧率 = （固定资产原值 - 以前年度累计折旧额）× 年折旧率

最后两年年折旧额 = （固定资产原值 - 以前年度累计折旧额 - 预计净残值）÷ 2 = （固定资产账面净值 - 预计净残值）÷ 2

【例 5 - 18】一台设备的原值是 10 万元，净残值率是 10%，预计使用年限为 5 年。采用双倍余额递减法计提折旧如下。

年折旧率 = 2 ÷ 5 × 100% = 40%

第 1 年折旧额 = （10 - 0）× 40% = 4（万元）

第 2 年折旧额 = （10 - 4）× 40% = 2.4（万元）

第 3 年折旧额 = （10 - 4 - 2.4）× 40% = 1.44（万元）

最后两年要改为年限平均法，将未提的折旧额平分：

第 4、第 5 年折旧额 = （10 - 4 - 2.4 - 1.44 - 10 × 10%）÷ 2 = 0.58（万元）

采用双倍余额递减法计算累计折旧，年折旧额呈逐年下降趋势，如图 5 - 3 - 15 所示。

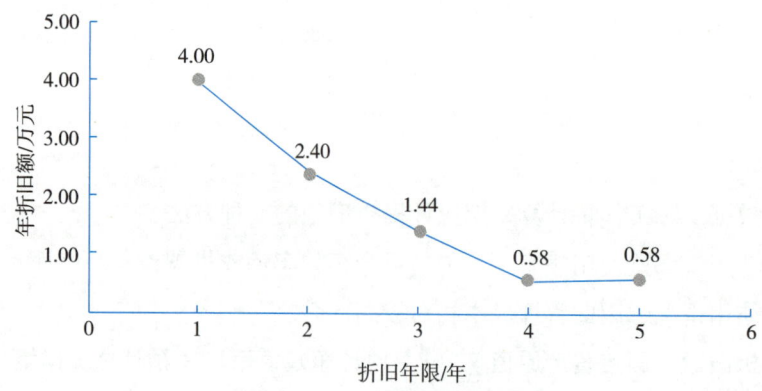

图 5 - 3 - 15　双倍余额递减法折线

4. 年数总和法

年数总和法是将固定资产的原价减去预计净残值后的余额，乘以一个以固定资产尚可使用寿命为分子、以预计使用寿命逐年数字之和为分母的逐年递减的分数，计算每年的折旧额。

年折旧率 = 尚可使用年限 ÷ 预计使用年限的年数总和 × 100%

年折旧额 = （固定资产原值 - 预计净残值）× 年折旧率

【例 5-19】一台设备原值是 10 万元，净残值率是 10%，预计使用年限是 5 年，采用年数总和法计提折旧。各年折旧额计算如表 5-3-2 所示（余额以万元为单位）。

表 5-3-2 年折旧额计算

使用年份	尚可使用年限/年	原值-预计净残值	年折旧率	年折旧额	累计折旧
1	5	9	5/15×100%＝33%	3.0	3.0
2	4	9	4/15×100%＝27%	2.4	5.4
3	3	9	3/15×100%＝20%	1.8	7.2
4	2	9	2/15×100%＝13%	1.2	8.4
5	1	9	1/15×100%＝7%	0.6	9.0

采用年数总和法计算累计折旧，年折旧额呈直线下降趋势，如图 5-3-16 所示。

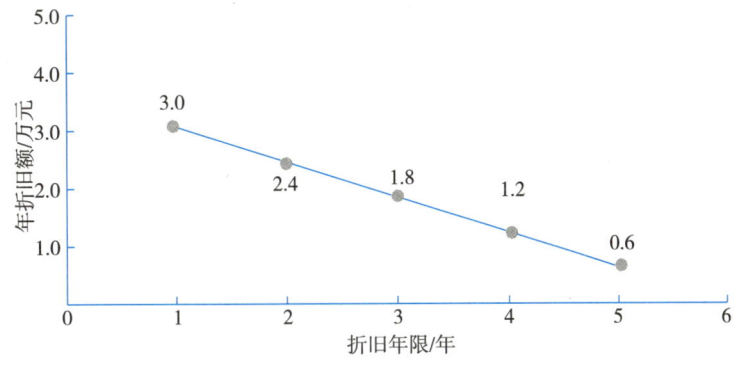

图 5-3-16 年数总和法折线

固定资产折旧方法一经确定，不得随意变更。企业应当根据与固定资产有关的经济利益的预期消耗方式，合理选择固定资产折旧方法。企业在选择折旧方法时，应充分考虑其资产的性质、使用情况以及税务处理等因素，以确保折旧方法能够准确反映资产价值的变化并符合相关法规的要求。

【小贴士】

不管采用什么折旧方法，最终固定资产在整个使用寿命期间计提折旧的总金额都等于"原值-净残值"，折旧是通过一定方法将应计提折旧金额分摊到不同的期间。

（四）固定资产折旧的账务处理

固定资产应当按月计提折旧，计提的折旧记入"累计折旧"科目，根据固定资产的用途和受益对象性质计入相关资产的成本或者当期损益。固定资产折旧的账务处理如图 5-3-17 所示。

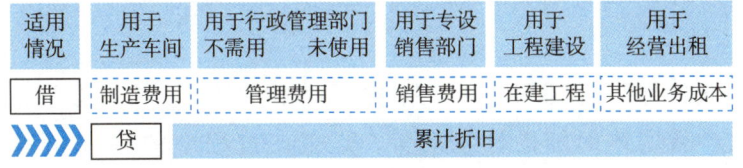

图 5-3-17 固定资产折旧的账务处理

【敲黑板】

固定资产账面原值、账面净值、账面价值的区分。

固定资产账面原值＝账面余额＝入账价值＝入账成本＝初始计量金额
固定资产账面净值＝固定资产账面原值－累计折旧
固定资产账面价值＝固定资产账面原值－累计折旧－固定资产减值准备

【会数思维】

累计折旧

固定资产折旧方法不能随意变更，折旧游戏不能随便玩——影响利润。

例如，甲企业办公用的固定资产原价500万元，预计净残值为零，预计可使用年限为5年。

采用年限平均法计提折旧：每年计提折旧100万元。

借：管理费用　　　　　　　　　　　　　　　　　　　　　　　　　1 000 000
　　贷：累计折旧　　　　　　　　　　　　　　　　　　　　　　　　　1 000 000

利润表中管理费用体现的是100万元，利润减少100万元。

采用双倍余额递减法计提折旧：第1年折旧金额＝500×（2/5×100%）＝200（万元）。

借：管理费用　　　　　　　　　　　　　　　　　　　　　　　　　2 000 000
　　贷：累计折旧　　　　　　　　　　　　　　　　　　　　　　　　　2 000 000

利润表中管理费用体现的是200万元，利润减少200万元。

采用年数总和法计提折旧，第1年折旧＝500×［5/（1＋2＋3＋4＋5）×100%］＝166.67（万元）。

借：管理费用　　　　　　　　　　　　　　　　　　　　　　　　　1 666 700
　　贷：累计折旧　　　　　　　　　　　　　　　　　　　　　　　　　1 666 700

利润表中管理费用体现的是166.67万元，利润减少166.67万元。

如果可以随意变更折旧方法，管理者就会出于各种因素的考虑将其作为利润调整的途径或者方法。例如，上述甲企业今年利润超额完成，领导认为目标已经达到，今年利润太高，明年的考核指标肯定也会提高，对其完成业绩不利，于是为了调低利润，原本采用年限平均法计提折旧，改用双倍余额递减法计提折旧后利润减少100万元。此外，折旧方法随意变更，前后的财务数据不具有可比性，不利于报表使用者了解真实可靠的会计信息。

不同折旧方法对企业利润的影响主要体现在折旧费用的计提上。企业应根据自身实际情况和会计准则的要求，选择合适的折旧方法，以准确反映固定资产的价值损耗和企业的真实财务状况。

任务四　材料采购业务的核算

【会计地图】

原材料是指企业在供应过程业务中用于制造产品并构成产品实体的购入物品，以及购入用于产品生产但不构成产品实体的辅助性物资等，是生产过程中的基础元素。材料采购业务如图5-4-1所示。

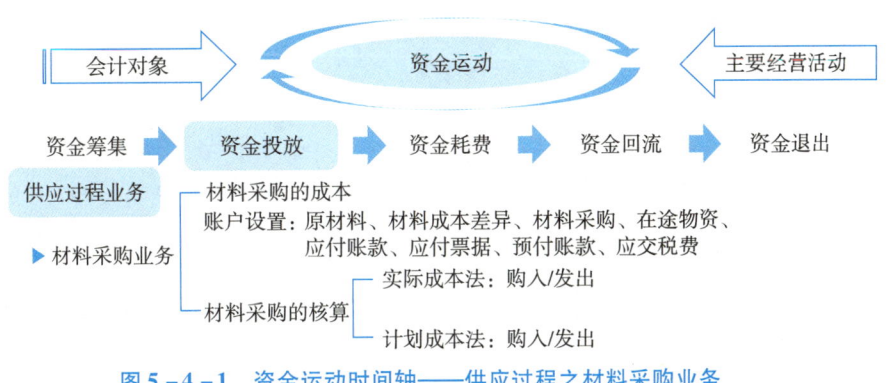

图 5-4-1 资金运动时间轴——供应过程之材料采购业务

一、材料的采购成本

材料的采购成本是指通过采购方式取得材料而实际发生的费用,包括买价、相关税费、运杂费和其他可归属于材料采购的相关费用。

材料采购的成本如图 5-4-2 所示。

购买价款	相关税费	运杂费	其他可归属的费用
	不包括可抵扣的增值税进项税额	运输费、包装费、装卸费、保险费	必要仓储费、合理损耗、入库前的挑选整理费用

图 5-4-2 材料采购的成本

【敲黑板】

必要仓储费进入采购成本非常典型的行业是酒类生产企业,酒的仓储过程本身就是生产过程。材料运输途中的合理损耗和非合理损耗见图 5-4-3。

项目	对单位成本的影响	计算方法
合理损耗	提高单位成本	计入材料采购成本:不加不减
非合理损耗	不影响单位成本	将其从材料采购成本中扣除

图 5-4-3 合理损耗和非合理损耗

【例 5-20】某企业为增值税一般纳税人,本期购入一批商品 100 千克,进货价格为 100 万元,增值税税额为 13 万元。所购商品到达后,验收发现商品短缺 25%,其中,合理损失 15%,另 10% 的短缺无法查明原因。该批商品的单位成本为多少万元?

该批商品的单位成本 = 总成本(包含合理损失、扣除非合理损失)÷ 总数量(实际数量)

= (100 - 100 × 10%) ÷ (100 - 100 × 25%)

= 1.2(万元/千克)

二、账户设置

原材料的日常收发和结存,可以采用实际成本法核算,也可以采用计划成本法核算。原材料日常收发和结存设置账户的分类如图 5-4-4 所示。

原材料日常收发和结存设置账户的分类		
实际成本法	计划成本法	共用会计账户
在途物资、原材料	材料采购、原材料、材料成本差异	应付账款、应付票据、预付账款、应交税费

图 5-4-4　原材料日常收发和结存设置账户的分类

（一）"原材料"账户

"原材料"账户属于资产类账户，用于核算原材料在采用实际成本法和计划成本法下企业库存各种材料的收入、发出与结存情况。

"原材料"账户借方登记入库材料的实际（计划）成本；贷方登记发出材料的实际（计划）成本；期末余额在借方，反映库存材料的实际（计划）成本。该账户可按材料的类别、规格等设置明细账户，进行明细分类核算。"原材料"账户结构如图 5-4-5 所示。

原材料	
入库材料的实际（计划）成本	发出材料的实际（计划）成本
期末余额：库存材料的实际（计划）成本	

图 5-4-5　"原材料"账户

（二）"材料成本差异"账户

"材料成本差异"账户属于资产类账户，用于核算企业采用计划成本进行材料日常核算时各种材料的实际成本与计划成本之间的差异。

"材料成本差异"账户借方登记入库材料形成的超支差异及发出材料应负担的节约差异，贷方登记入库材料形成的节约差异及发出材料应负担的超支差异。期末余额如在借方，则反映库存材料的超支差异；期末余额如在贷方，则反映库存材料的节约差异。"材料成本差异"账户结构如图 5-4-6 所示。

材料成本差异	
入库材料形成的超支差异及发出材料应负担的节约差异	入库材料形成的节约差异及发出材料应负担的超支差异
期末余额：库存材料的超支差异	期末余额：库存材料的节约差异

图 5-4-6　"材料成本差异"账户

（三）"材料采购"账户

"材料采购"账户属于资产类账户，用于核算企业采用计划成本进行材料日常核算而购入材料的采购成本。

"材料采购"账户借方登记采购材料的实际成本及材料入库时结转的节约差异；贷方登记入库材料的计划成本及材料入库时结转的超支差异；期末余额在借方，反映在途材料的实际采购成本。该账户可按材料种类和供应单位设置明细账户，进行明细分类核算。"材料采购"账户结构如图 5-4-7 所示。

材料采购

采购材料的实际成本及材料 入库时结转的节约差异	入库材料的计划成本及材料 入库时结转的超支差异
期末余额：在途材料的实际采购成本	

图 5-4-7 "材料采购"账户

（四）"在途物资"账户

"在途物资"账户属于资产类账户，用于核算企业采用实际成本进行材料日常核算而购入材料的采购成本。

"在途物资"账户借方登记购入在途物资的实际成本；贷方登记验收入库的在途物资的实际成本；期末余额在借方，反映在途物资的采购成本。该账户可按购入材料种类或供应单位等设置明细账户，进行明细分类核算。"在途物资"账户结构如图 5-4-8 所示。

在途物资

购入在途物资的实际成本	验收入库的在途物资的实际成本
期末余额：在途物资的采购成本	

图 5-4-8 "在途物资"账户

（五）"应付账款"账户

"应付账款"账户属于负债类账户，用于核算企业因购买材料、商品和接受劳务供应等经营活动应支付的款项。

"应付账款"账户借方登记应付未付款项的减少；贷方登记应付未付款项的增加；期末余额一般在贷方，反映企业尚未支付的应付账款。该账户可按供应单位的名称设置明细账户，进行明细分类核算。"应付账款"账户结构如图 5-4-9 所示。

应付账款

应付未付款项的减少	应付未付款项的增加
	期末余额：尚未支付的应付账款

图 5-4-9 "应付账款"账户

（六）"应付票据"账户

"应付票据"账户属于负债类账户，用于核算企业购买材料、商品和接受劳务供应而开出或承兑的商业汇票。

商业汇票是指出票人签发，委托付款人在指定日期无条件支付确定的金额给收款人或者持票人的票据。商业汇票分为商业承兑汇票和银行承兑汇票。商业承兑汇票由银行以外的付款人承兑（付款人为承兑人），银行承兑汇票由银行承兑。商业汇票的付款期限最长不得超过6个月。在实务中，企业应设置"到期应付票据备查簿"，逐笔登记每笔应付票据的详细相关信息。

"应付票据"账户借方登记支付到期商业汇票的数额;贷方登记开出或承兑商业汇票的数额;期末余额在贷方,反映企业尚未到期的商业汇票数额。该账户可按债权人设置明细账户,进行明细分类核算。"应付票据"账户结构如图5-4-10所示。

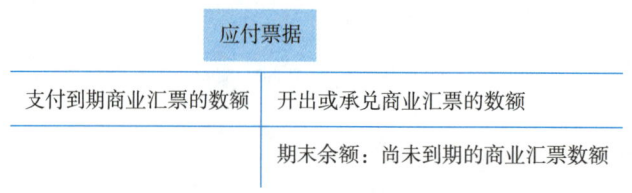

图 5-4-10 "应付票据"账户

【小贴士】

商业汇票结算时会计科目的运用见图5-4-11。

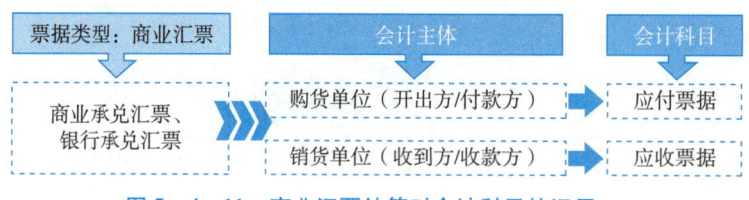

图 5-4-11 商业汇票结算时会计科目的运用

(七)"预付账款"账户

"预付账款"账户属于资产类账户,用于核算企业按照合同规定需要预付的款项。

"预付账款"账户借方登记企业因采购等原因预付的款项,贷方登记企业收到货物后应支付的款项。如果期末余额在借方,则反映企业预付的款项;如果期末余额在贷方,则反映企业需要补付的款项。该账户可按供应单位的名称设置明细账户,进行明细分类核算。"预付账款"账户结构如图5-4-12所示。

预付账款	
企业因采购等原因预付的款项	企业收到货物后应支付的款项
期末余额:企业预付的款项	期末余额:企业需要补付的款项

图 5-4-12 "预付账款"账户

企业预付款项情况不多的,也可以不设置该账户,将预付款项直接记入"应付账款"科目。

(八)"应交税费"账户

"应交税费"账户属于负债类账户,用于核算企业按照税费规定缴纳各种税费的情况,包括增值税、消费税、城市维护建设税、资源税、所得税、土地增值税、房产税、车船税、土地使用税、教育费附加等。

"应交税费"账户借方登记企业实际缴纳的税费,贷方登记企业应缴纳的各种税费。如果期末余额在借方,则反映企业多缴或尚未抵扣的税费;如果期末余额在贷方,则反映企业尚未缴纳的税费。该账户可按应交税费项目设置明细账户,进行明细分类核算。"应交税费"账户结构如

图 5-4-13 所示。

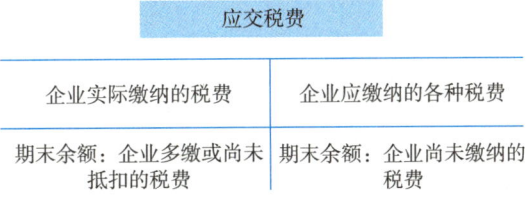

图 5-4-13 "应交税费"账户

【知识拓展】

增值税

材料采购业务中设置"应交税费"账户主要是为了核算增值税。增值税是对商品生产、流通、劳务服务中多个环节的新增价值或商品的附加值征收的一种流转税。正如其名,有增值才征税,没增值不征税。

根据经营规模大小以及会计核算是否健全,纳税主体可划分为一般纳税人和小规模纳税人。以下为两种纳税主体增值税计算方法。

(1) 一般纳税人。

应纳税额 = 当期销项税额 - 当期进项税额

销项税额 = 销售额 × 税率

举例:A 公司 4 月购买甲产品支付货款 10 000 元,增值税进项税额 1 300 元,取得增值税专用发票。销售甲产品含税销售额为 22 600 元。

进项税额 = 1 300 元

销项税额 = 22 600 ÷ (1 + 13%) × 13% = 2 600(元)

增值税应纳税额 = 2 600 - 1 300 = 1 300(元)

(2) 小规模纳税人。

应纳税额 = 销售额 × 征收率

举例:A 公司销售甲产品含税销售额为 22 600 元。

销售额 = 22 600 ÷ (1 + 3%) ≈ 21 942(元)

应纳税额 = 21 942 × 3% ≈ 658(元)

三、材料采购的账务处理

(一) 实际成本法

材料采购按实际成本法核算,是指企业在采购材料时,按照材料的实际成本进行核算。这种核算方式主要涉及"原材料""在途物资""应付账款"等会计科目。

实际成本法适用于材料收发业务较少、监督管理要求不高的企业。

1. 购入材料的核算

(1) 购入材料:单货同到的账务处理如表 5-4-1 所示。

表 5-4-1 购入材料：单货同到账务处理

业务情形	账务处理
单货同到	借：原材料 　　应交税费——应交增值税（进项税额） 　贷：银行存款/其他货币资金/应付票据/应付账款等

【例 5-21】甲公司购入 A 材料一批，增值税专用发票上注明的价款为 500 000 元，增值税税额为 65 000 元，款项已经用转账支票付讫，材料已经验收入库。甲公司为增值税一般纳税人，采用实际成本进行材料日常核算，应编制如下会计分录。

　　借：原材料——A 材料　　　　　　　　　　　　　　　　　　　　500 000
　　　　应交税费——应交增值税（进项税额）　　　　　　　　　　　 65 000
　　　贷：银行存款　　　　　　　　　　　　　　　　　　　　　　　565 000

（2）购入材料：单到货未到的账务处理见表 5-4-2。

表 5-4-2 购入材料：单到货未到账务处理

业务情形	账务处理	
单到货未到	（1）单到时： 借：在途物资 　　应交税费——应交增值税（进项税额） 　贷：银行存款/应付票据/应付账款等	（2）材料验收入库时： 借：原材料 　贷：在途物资

【例 5-22】甲公司购入 B 材料一批，用银行存款结算，发票及账单已经收到，取得的增值税专用发票上注明的价款为 20 000 元，增值税税额为 2 600 元，材料尚未到达。甲公司为增值税一般纳税人，采用实际成本进行材料日常核算，应编制如下会计分录。

　　借：在途物资——B 材料　　　　　　　　　　　　　　　　　　　 20 000
　　　　应交税费——应交增值税（进项税额）　　　　　　　　　　　　2 600
　　　贷：银行存款　　　　　　　　　　　　　　　　　　　　　　　 22 600

接【例 5-22】，上述购入的 B 材料已经收到，并验收入库。甲公司应该编制如下会计分录。

　　借：原材料——B 材料　　　　　　　　　　　　　　　　　　　　 20 000
　　　贷：在途物资　　　　　　　　　　　　　　　　　　　　　　　 20 000

（3）购入材料：货到单未到的账务处理见表 5-4-3。

表 5-4-3 购入材料：货到单未到账务处理

业务情形	账务处理	
货到单未到	（1）月末仍未收到发票账单时，材料按暂估价值入账： 借：原材料 　贷：应付账款——暂估应付账款	（2）下月初用红字冲销原暂估入账金额，待收到发票账单后再按"单货同到"进行账务处理

【例 5-23】2024 年 6 月 30 日，甲公司购进 C 原材料一批，已验收入库，但尚未收到增值税扣税凭证，款项也未支付。随货同行的材料清单列明的原材料销售价格为 260 000 元。甲公司应编制如下会计分录。

　　借：原材料——C 材料　　　　　　　　　　　　　　　　　　　　260 000

贷：应付账款——暂估应付账款　　　　　　　　　　　　　　　　　　　　　　260 000

下月初，用红字冲销原暂估入账金额。

　　借：原材料——C 材料　　　　　　　　　　　　　　　　　　　　　　　　　260 000
　　　　贷：应付账款——暂估应付账款　　　　　　　　　　　　　　　　　　　　260 000

同年 7 月 10 日，取得相关增值税专用发票上注明的价款为 260 000 元，增值税税额为 33 800 元，增值税专用发票已经认证。全部款项以银行存款支付。甲公司应编制如下会计分录。

　　借：原材料——C 材料　　　　　　　　　　　　　　　　　　　　　　　　　260 000
　　　　应交税费——应交增值税（进项税额）　　　　　　　　　　　　　　　　　33 800
　　　　贷：银行存款　　　　　　　　　　　　　　　　　　　　　　　　　　　 293 800

（4）购入材料：预付款采购账务处理见表 5-4-4。

表 5-4-4　购入材料：预付款采购账务处理

业务情形	账务处理	
采用预付货款方式采购材料	（1）预付货款时： 借：预付账款 　　贷：银行存款	（2）收到材料并验收入库时： 借：原材料 　　应交税费——应交增值税（进项税额） 　　贷：预付账款

【例 5-24】甲公司向乙公司采购 D 材料 5 000 吨，单价 10 元/吨，所需支付的款项总额为 50 000 元。按照合同规定向乙公司预付货款的 50%，验收货物后补付其余款项。甲公司应做如下会计处理。

（1）预付 50% 的货款时：

　　借：预付账款——乙公司　　　　　　　　　　　　　　　　　　　　　　　　25 000
　　　　贷：银行存款　　　　　　　　　　　　　　　　　　　　　　　　　　　 25 000

（2）收到乙公司发来的 5 000 吨 D 材料，验收无误，增值税专用发票记载的货款为 50 000 元，增值税税额为 6 500 元。甲公司以银行存款补付所欠款项 31 500 元。

　　借：原材料——D 材料　　　　　　　　　　　　　　　　　　　　　　　　　50 000
　　　　应交税费——应交增值税（进项税额）　　　　　　　　　　　　　　　　　6 500
　　　　贷：预付账款——乙公司　　　　　　　　　　　　　　　　　　　　　　 56 500
　　借：预付账款——乙公司　　　　　　　　　　　　　　　　　　　　　　　　31 500
　　　　贷：银行存款　　　　　　　　　　　　　　　　　　　　　　　　　　　 31 500

2. 发出材料的核算

（1）发出材料账务处理。

在实际成本法下，发出材料账务处理如图 5-4-14 所示。

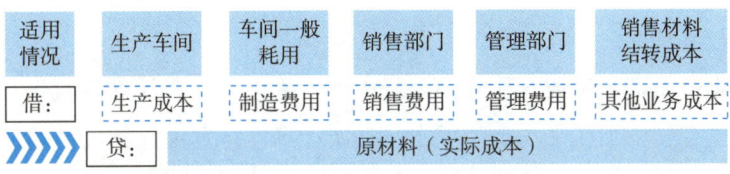

图 5-4-14　发出材料账务处理——实际成本法

（2）发出材料计算。

企业采用实际成本法进行材料日常核算的，发出材料的实际成本，可以采用个别计价法、先进先出法、月末一次加权平均法、移动加权平均法计算确定。计价方法一经确定，不得随意变更。如需变更，应在财务报告附注中予以说明——体现"可比性"会计信息质量要求。

①个别计价法。

具体方法：按照各种存货逐一辨认各批发出存货和期末存货所属的购进批别或生产批别，分别按其购入或生产时确定的单位成本计算各批发出存货和期末存货成本。

适用范围：不能替代使用的、为特定项目专门购入或制造的存货以及提供的劳务，如珠宝、名画等贵重物品。

②先进先出法。

假设前提：先购入的存货应先发出（用于销售或耗用）。

具体方法：收到存货时，逐笔登记收到存货的数量、单价和金额；发出存货时，按照先购进先发出的原则逐笔登记存货的发出成本和结存金额。

【例 5-25】某企业采用先进先出法核算发出存货成本。2024 年 3 月，期初结存 M 材料 100 千克，每千克实际成本为 30 元；3 月 11 日，购入 M 材料 260 千克，每千克实际成本为 23 元；3 月 21 日，发出 M 材料 240 千克。不考虑其他因素，该企业发出 M 材料的成本为多少元？

解析：

期初结存 M 材料 100 千克，30 元/千克；

3 月 11 日购入 M 材料 260 千克，23 元/千克；

3 月 21 日发出 M 材料 240 千克的实际成本 = 100 × 30 + 140 × 23 = 6 220（元）。

【知识拓展】

用先进先出法核算存货的发出成本，在物价持续上升时，期末存货成本接近市价，而发出成本偏低，会高估企业当期利润和库存存货价值；反之，会低估企业库存存货价值和当期利润。

举例：皮球进货价格按时间顺序依次为 1 元、2 元、3 元、4 元、5 元，现销售出第一批次（价格 1 元）和第二批次（价格 2 元）的皮球。

图 5-4-15　先进先出法下物价持续上升

分析：皮球物价持续上升，第一、第二批次皮球的发出成本等于 3 元，发出成本偏低，进而企业当期利润会高估，剩下批次的皮球存货价值等于 12 元，存货价值偏高；反之，推理类似。

③月末一次加权平均法。

具体方法：用本月全部收货成本加月初存货成本，除以本月全部进货数量加月初存货数量作为权数，首先计算本月存货的加权平均单位成本，其次计算本月发出存货成本及月末库存存货成本。

计算公式：

存货单位成本 = ［月初结存存货的实际成本 + ∑（本月各批进货的实际单位成本 × 本月各批进货的数量）］÷（月初结存存货数量 + 本月各批进货数量之和）

本月发出的存货成本 = 存货单位成本 × 本月发出存货的数量

本月月末结存存货成本 = 月初结存存货成本 + 本月购入存货成本 − 本月发出存货成本

【例 5-26】某企业采用月末一次加权平均法核算发出材料成本。2024 年 6 月 1 日结存乙材料 200 件，单位成本 35 元/件；6 月 10 日购入乙材料 400 件，单位成本 40 元/件；6 月 20 日购入乙材料 400 件，单位成本 45 元/件。当月发出乙材料 600 件。不考虑其他因素，该企业 6 月发出乙材料的成本为多少元？

解析：

该企业 6 月发出乙材料的成本 = 存货单位成本 × 本月发出存货的数量 =
［（200×35 + 400×40 + 400×45）÷（200 + 400 + 400）］×600 = 24 600（元）

④移动加权平均法。

具体方法：在月初存货的基础上，每入库一批存货都要根据新的库存存货数量和总成本重新计算一个新的加权平均单价，并据以计算发出存货及结存存货实际成本。

计算公式：

存货单位成本 =（原有结存存货成本 + 本次进货的成本）÷（原有结存存货数量 + 本次进货数量）

本次发出存货成本 = 本次发货前存货的单位成本 × 本次发出存货数量

本月月末结存存货成本 = 本月月末存货单位成本 × 月末结存存货的数量

【例 5-27】A 公司月初结存甲材料 100 千克，单价 1 元/千克。本月购入情况如下：3 日购入 200 千克，单价 2 元/千克；17 日购入 300 千克，单价 3 元/千克。本月领用情况如下：10 日领用 150 千克，28 日领用 200 千克。A 公司采用移动加权平均法计算发出存货成本，则 A 公司甲材料 28 日的发出成本为多少元？（注意小数点后保留 1 位）

解析：

月初结存甲材料 100 千克，单价 1 元/千克；

3 日购入甲材料 200 千克，单价 2 元/千克；

3 日购入甲材料后的平均单价 =（100×1 + 200×2）÷（100 + 200）≈ 1.7（元/千克）。

10 日领用甲材料 150 千克，10 日发出成本为 150×1.7 = 255（元）。

17 日购入甲材料 300 千克，单价 3 元/千克；

17 日购入甲材料后的平均单价 = ［(300 − 150)×1.7 + 300×3］÷（150 + 300）≈ 2.6（元/千克）。

28 日领用甲材料 200 千克，28 日发出甲材料成本为 200×2.6 = 520（元）。

月末结存甲材料成本 =（100 + 200 − 150 + 300 − 200）×2.6 = 650（元）

原材料在实际成本法下存货发出计价方法比较如图 5-4-16 所示。

（二）采用计划成本核算

采用计划成本核算时，材料的收入、发出和结存均按照计划成本计价，一般通过"材料采购"

存货发出计价方法	优点	缺点
个别计价法	计算准确	存货收发频繁时工作量大
先进先出法	可随时结转存货发出成本	存货收发频繁且单价不稳定时工作量大
月末一次加权平均法	计算简便	不利于存货成本的日常管理与控制
移动加权平均法	可随时结转存货发出成本、数据客观	存货收发频繁时工作量大

图 5-4-16　存货发出计价方法比较

"原材料""材料成本差异"等科目进行核算。这种方法适用于材料收发业务较多、监督管理要求较高的企业。

1. 购入材料的核算

（1）购入材料：单货同到的账务处理见表 5-4-5。

表 5-4-5　购入材料：单货同到账务处理

业务情形	账务处理
单货同到	借：材料采购［实际成本］ 　　应交税费——应交增值税（进项税额） 　　贷：银行存款、其他货币资金、应付票据、应付账款等 同时： 借：原材料［计划成本］ 　　材料成本差异［超支差异］ 　　贷：材料采购［实际成本］ 　　　　材料成本差异［节约差异］

【例 5-28】甲公司购入 A 材料一批，增值税专用发票上记载的货款为 3 000 000 元，增值税税额为 390 000 元，发票账单已收到，计划成本为 3 200 000 元，已验收入库，全部款项以银行存款支付。甲公司应编制如下会计分录。

　　借：材料采购——A 材料　　　　　　　　　　　　　　　　　　　3 000 000
　　　　应交税费——应交增值税（进项税额）　　　　　　　　　　　　 390 000
　　　　贷：银行存款　　　　　　　　　　　　　　　　　　　　　　　3 390 000
　　借：原材料　　　　　　　　　　　　　　　　　　　　　　　　　　3 200 000
　　　　贷：材料采购——A 材料　　　　　　　　　　　　　　　　　　3 000 000
　　　　　　材料成本差异　　　　　　　　　　　　　　　　　　　　　　200 000

（2）购入材料：单到货未到的账务处理见表 5-4-6。

表 5-4-6　购入材料：单到货未到账务处理

业务情形	账务处理
单到货未到	（1）单到时： 借：材料采购［实际成本］ 　　应交税费——应交增值税（进项税额） 　　贷：银行存款、其他货币资金、应付票据、应付账款等	（2）材料验收入库时： 借：原材料［计划成本］ 　　材料成本差异［超支差异］ 　　贷：材料采购［实际成本］ 　　　　材料成本差异［节约差异］

【例5-29】甲公司采用汇兑结算方式购入B材料一批,增值税专用发票上记载的货款为200 000元,增值税税额26 000元,发票账单已收到,计划成本为180 000元,材料尚未入库,款项已用银行存款支付。甲公司应编制如下会计分录。

  借：材料采购——B材料   200 000
    应交税费——应交增值税（进项税额）   26 000
   贷：银行存款   226 000

待材料验收入库，再做如下分录。

  借：原材料   180 000
    材料成本差异   20 000
   贷：材料采购——B材料   200 000

（3）购入材料：货到单未到的账务处理见表5-4-7。

表5-4-7 购入材料：货到单未到账务处理

业务情形	账务处理
货到单未到	月末按计划成本暂估入账： 借：原材料［计划成本］ 贷：应付账款——暂估应付账款 下月初用红字冲回，单到时，再按"单货同到"处理

【例5-30】2024年6月30日，甲公司购入C材料一批，材料已验收入库，发票账单未到，月末应按照计划成本600 000元估价入账。甲公司应编制如下会计分录。

  借：原材料——C材料   600 000
   贷：应付账款——暂估应付账款   600 000

下月初，用红字冲销原暂估入账金额：

  借：原材料——C材料   600 000
   贷：应付账款——暂估应付账款   600 000

7月10日，取得相关增值税专用发票上注明的价款为650 000元，增值税税额为84 500元，增值税专用发票已经认证。全部款项以银行存款支付。甲公司应编制如下会计分录。

  借：材料采购——C材料   650 000
    应交税费——应交增值税（进项税额）   84 500
   贷：银行存款   734 500
  借：原材料——C材料   600 000
    材料成本差异   50 000
   贷：材料采购——C材料   650 000

2. 发出材料的核算

（1）发出材料的账务处理。

平时发出材料时，一律用计划成本。计划成本法下，发出材料的账务处理如图5-4-17所示。

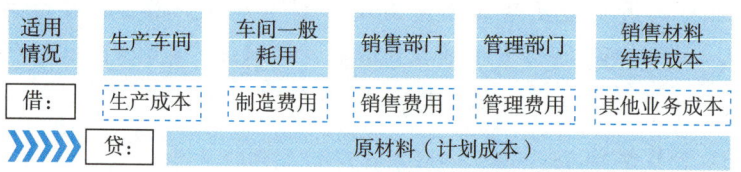

图 5－4－17　发出材料账务处理——计划成本法

月末，计算本月发出材料应负担的成本差异并进行分摊，将发出材料的计划成本调整为实际成本。计划成本法下，结转材料成本差异的账务处理如图 5－4－18 所示。

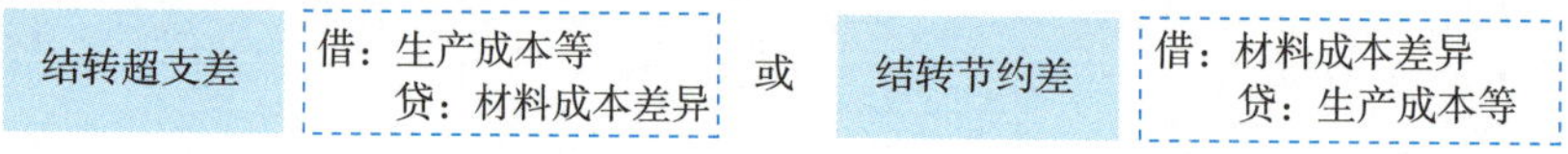

结转超支差　借：生产成本等　　　或　结转节约差　借：材料成本差异
　　　　　　　贷：材料成本差异　　　　　　　　　　　贷：生产成本等

图 5－4－18　结转材料成本差异账务处理——计划成本法

（2）发出材料的计算。

采用计划成本法核算原材料，对于发出存货成本的计算要对存货计划成本和实际成本之间的差异进行单独核算，会计期末将计划成本调整为实际成本。

【敲黑板】

材料成本差异账户的理解和记忆如图 5－4－19 所示。

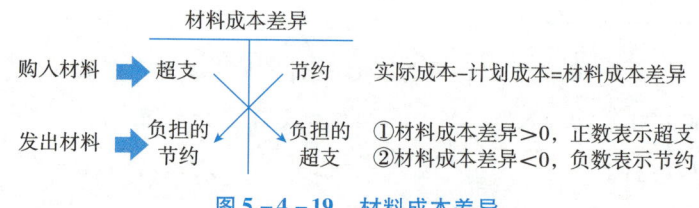

图 5－4－19　材料成本差异

发出材料应负担的成本差异应当按期（月）分摊，不得在季末或年末一次计算。

①材料成本差异率的计算。

$$\text{材料成本差异率} = \frac{\text{期初结存材料的成本差异} + \text{本期验收入库材料的成本差异}}{\text{期初结存材料的计划成本} + \text{本期验收入库材料的计划成本}} \times 100\%$$

以上公式可以缩略为

$$\text{材料成本差异率} = \frac{\text{差异}}{\text{计划成本}}$$

材料成本差异率为正数表示超支差异率，材料成本差异率为负数表示节约差异率。

②发出材料应负担的材料成本差异。

$$\text{本期发出材料应负担的材料成本差异} = \text{本期发出材料的计划成本} \times \text{材料成本差异率}$$

③本期发出材料的实际成本。

$$\text{本期发出材料的实际成本} = \text{本期发出材料的计划成本} \times (1 + \text{材料成本差异率})$$

④期末结存材料的实际成本。

$$\text{本期结存材料的实际成本} = \text{本期结存材料的计划成本} \times (1 + \text{材料成本差异率})$$

⑤本期结存材料的计划成本。

$$\text{本期结存材料的计划成本} = \text{期初结存材料的计划成本} + \text{本期购入材料的计划成本} - \text{本期发出材料的计划成本}$$

（3）发出材料的核算步骤。

采用计划成本法核算原材料时，发出材料的核算步骤如下：

①平时一律按计划成本核算发出材料；

②计算当期材料成本差异率；

③计算当期发出材料应负担的材料成本差异；

④结转当期发出材料的材料成本差异，并将发出材料的计划成本调整为实际成本；

⑤计算当期期末结存材料的实际成本。

【例5-31】根据"发料凭证汇总表"的记录，甲公司2024年3月末A材料的消耗（计划成本600万元）为：基本生产车间400万元，辅助生产车间100万元，车间管理部门80万元，企业行政管理部门20万元。3月初，A材料的计划成本为500万元，超支差异48万元；3月，A材料的入库成本为300万元，节约差异为8万元。甲公司采用计划成本法进行材料日常核算，请计算甲公司3月期末库存材料的实际成本并编制相关会计分录。

①按计划成本核算3月发出材料。

借：生产成本——基本生产成本　　　　　　　　　　　　　　　　4 000 000
　　　　　　——辅助生产成本　　　　　　　　　　　　　　　　1 000 000
　　制造费用　　　　　　　　　　　　　　　　　　　　　　　　　800 000
　　管理费用　　　　　　　　　　　　　　　　　　　　　　　　　200 000
　　贷：原材料——A材料　　　　　　　　　　　　　　　　　　6 000 000

②计算本期材料成本差异率。

本期材料成本差异率=（期初结存材料的成本差异+本期验收入库材料的成本差异）÷（期初结存材料的计划成本+本期验收入库的材料成本）×100%=[48+（-8）]÷（500+300）×100%=5%（超支差异）

③计算本期发出材料的成本差异。

本期发出材料应负担的差异=本期发出材料的计划成本×本期材料成本差异率=600×5%=30（万元）

④结转发出材料的材料成本差异，并将发出材料的计划成本调整为实际成本。

借：生产成本——基本生产成本　　　　　　200 000（4 000 000×5%）
　　　　　　——辅助生产成本　　　　　　　50 000（1 000 000×5%）
　　制造费用　　　　　　　　　　　　　　　40 000（800 000×5%）
　　管理费用　　　　　　　　　　　　　　　10 000（200 000×5%）
　　贷：材料成本差异　　　　　　　　　　300 000（6 000 000×5%）

解析：所有成本费用项目均在原来计划成本费用的基础上增长了5%，经过调整，成本费用由计划成本费用转为实际成本费用。

⑤计算本期期末库存材料的实际成本。

本期期末库存材料的计划成本=本期期初库存材料的计划成本+本期收入材料的计划成本-本期发出材料的计划成本=500+300-600=200（万元）

本期期末库存材料的材料成本差异 = 本期期末库存材料的计划成本 × 本期材料成本差异率 = 200 × 5% = 10（万元）

本期期末库存材料的实际成本 = 本期期末库存材料的计划成本 + 本期期末库存材料的成本差异 = 200 + 10 = 210（万元）。

【例5-32】甲公司根据"发料凭证汇总表"的记录，某月B材料的消耗（计划成本）为：基本生产车间领用2 000 000元，辅助生产车间领用600 000元，车间管理部门领用250 000元，企业行政管理部门领用50 000元。甲公司应编制如下会计分录。

借：生产成本——基本生产车间　　　　　　　　　　　　　　　　2 000 000
　　　　　　——辅助生产车间　　　　　　　　　　　　　　　　　600 000
　　制造费用　　　　　　　　　　　　　　　　　　　　　　　　　250 000
　　管理费用　　　　　　　　　　　　　　　　　　　　　　　　　50 000
　　贷：原材料——B材料　　　　　　　　　　　　　　　　　　　2 900 000

【例5-33】承【例5-32】，甲公司某月初结存L材料的计划成本为1 000 000元。成本差异为超支30 740元；当月入库L材料的计划成本3 200 000元，成本差异为节约200 000元。甲公司应编制如下会计分录。

当月材料成本差异率 =（30 740 - 200 000）÷（1 000 000 + 3 200 000）× 100%
　　　　　　　　　 = -4.03%

结转当月发出材料的成本差异，甲公司应编制如下会计分录。

借：材料成本差异——L材料　　　　　　　　116 870（2 900 000 × 4.03%）
　　贷：生产成本——基本生产车间　　　　　80 600（2 000 000 × 4.03%）
　　　　　　　　——辅助生产车间　　　　　24 180（600 000 × 4.03%）
　　　　制造费用　　　　　　　　　　　　　10 075（250 000 × 4.03%）
　　　　管理费用　　　　　　　　　　　　　2 015（50 000 × 4.03%）

【例5-34】某企业材料采用计划成本法核算。月初结存材料计划成本为130万元，材料成本差异为节约20万元。当月购入材料一批，实际成本110万元，计划成本120万元，领用材料的计划成本为100万元。请计算当月材料成本差异率、当月领用材料应当负担的材料成本差异、当月领用材料的实际成本、当月结存材料的实际成本。

当月材料成本差异率 = [（-20）+（110 - 120）]÷（130 + 120）= -12%
当月领用材料应当负担的材料成本差异 = 100 ×（-12%）= -12（万元）
当月领用材料的实际成本 = 100 × [（1 - 12%）] = 88（万元）
当月结存材料的实际成本 =（130 + 120 - 100）×（1 - 12%）= 132（万元）

任务五　生产过程业务

【会计地图】

生产过程是工业企业经营过程的主要内容，也是会计核算的核心业务，主要是企业利用劳动资料对劳动对象进行加工，把劳动对象制造成产品。生产业务核算主要包括生产费用的发生、归集和分配，产品生产过程业务如图 5-5-1 所示。

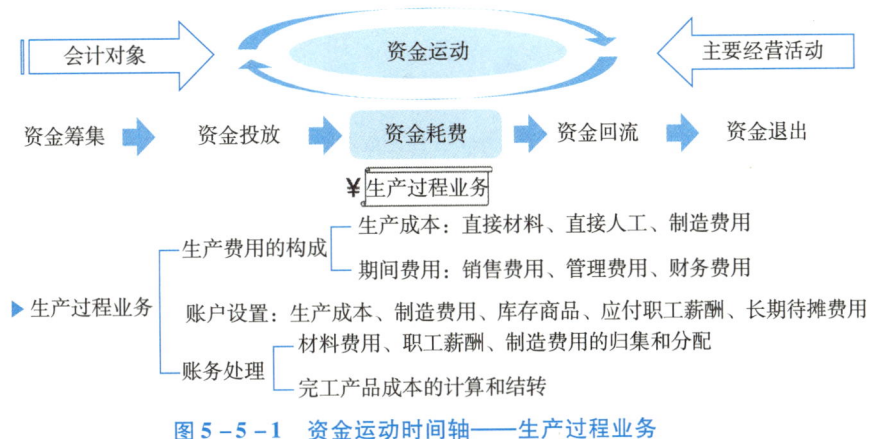

图 5-5-1　资金运动时间轴——生产过程业务

一、生产费用的构成

生产费用包括构成本期产品成本的生产成本和不构成本期产品成本的期间费用。生产费用的构成如图 5-5-2 所示。

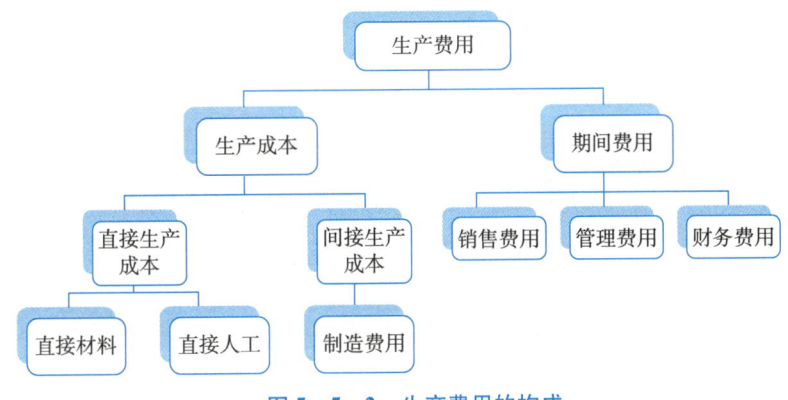

图 5-5-2　生产费用的构成

生产成本包括直接生产成本和间接生产成本。直接生产成本包括直接材料和直接人工。直接材料是指构成实体产品的原材料，以及有助于产品形成的主要材料和辅助材料，如某服装有限公司生产衣服用的布料、拉链、纽扣等。直接人工是指直接从事产品生产的职工的薪酬，如生产服装工人的工资，企业承担的生产工人的社会保险金、福利费、住房公积金等。

间接生产成本就是制造费用，是指企业为生产产品或提供劳务发生的各项间接费用，包括车间管理人员的职工薪酬、车间管理所用房屋和设备的折旧费、车间的物料消耗、办公费、照明费、取暖费、运输费、水电费、差旅费、劳动保护费，以及季节性和修理期间的停工损失等。

生产成本的构成如图 5-5-3 所示。

期间费用是指与产品生产无直接关系，不计入生产成本，而应直接计入各损益的费用，包括销售费用、管理费用和财务费用。销售费用是指企业在销售商品和提供劳务过程中发生的费用。管理费用是指企业为组织和管理生产经营发生的各种费用。财务费用是指企业在筹资活动中发生的利息

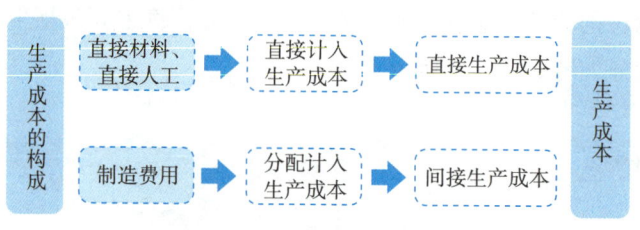

图 5-5-3 生产成本的构成

费、手续费等。

二、账户设置

(一)"生产成本"账户

"生产成本"账户属于成本类账户,用于核算企业进行工业性生产发生的各项生产成本。"生产成本"账户借方登记应计入产品生产成本的各项费用,包括直接计入产品生产成本的直接材料、直接人工和期末按照一定方法分配计入产品生产成本的制造费用;贷方登记完工入库的产品成本;期末余额在借方,反映尚未加工完成的各项在产品成本。该账户可按产品品种等设置明细账户,进行明细分类核算。"生产成本"账户结构如图 5-5-4 所示。

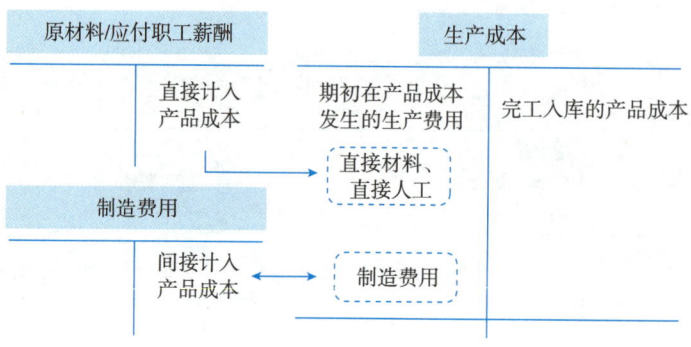

图 5-5-4 "生产成本"账户

(二)"制造费用"账户

"制造费用"账户属于成本类账户,用于归集和分配企业为生产产品与提供劳务发生的各项间接费用。期末分配转入产品生产成本后一般无余额。

"制造费用"账户借方登记本期发生(增加)的各项制造费用,贷方登记期末应分配转入产品成本的制造费用,期末在费用结转后一般无余额。该账户可按生产车间、部门和费用项目等设置明细账户,进行明细分类核算。"制造费用"账户结构如图 5-5-5 所示。

制造费用	
本期发生(增加)的各项制造费用	期末应分配转入产品成本的制造费用

图 5-5-5 "制造费用"账户

(三)"库存商品"账户

"库存商品"账户属于资产类账户,主要用于核算和监督企业已生产完成,并验收入库的可出售的产成品的实际生产成本。

"库存商品"账户借方登记验收入库产成品的实际成本；贷方登记出库产成品的实际成本；期末余额在借方，反映企业库存产成品的实际成本数额。该账户可按库存商品的种类、规格等设置明细账户，进行明细分类核算。"库存商品"账户结构如图5-5-6所示。

库存商品	
验收入库产成品的实际成本	出库产成品的实际成本
期末余额：企业库存产成品的实际成本数额	

图5-5-6 "库存商品"账户

（四）"应付职工薪酬"账户

"应付职工薪酬"账户属于负债类账户，用于核算和监督企业应付职工的各项薪酬。

"应付职工薪酬"账户借方登记已付的职工薪酬数额；贷方登记应付的职工薪酬数额；期末余额在贷方，反映企业应付未付的职工薪酬。该账户可按"工资""职工福利""社会保险费""住房公积金"等设置明细账户，进行明细分类核算。"应付职工薪酬"账户结构如图5-5-7所示。

应付职工薪酬	
已付的职工薪酬数额	应付的职工薪酬数额
	期末余额：企业应付未付的职工薪酬

图5-5-7 "应付职工薪酬"账户

（五）"长期待摊费用"账户

"长期待摊费用"账户属于资产类账户，用于核算企业已经支出但应由本期和以后期间负担，且分摊期在1年以上的各项费用。例如，以租赁方式租入的使用权资产发生的改良支出、固定资产修理支出以及其他摊销期限在1年以上的待摊费用。摊销长期待摊费用时，应当记入"制造费用""管理费用""销售费用"等科目。

"长期待摊费用"账户借方登记企业预先支付的款项；贷方登记企业应计入本期成本或损益的费用；期末余额在借方，反映企业已支出但尚未摊销的费用。该账户可按费用的种类设置明细账户，进行明细分类核算。"长期待摊费用"账户结构如图5-5-8所示。

长期待摊费用	
企业预先支付的款项	企业应计入本期成本或损益的费用
期末余额：企业已支出但尚未摊销的费用	

图5-5-8 "长期待摊费用"账户

三、账务处理

（一）材料费用的归集和分配

在核算制造业企业的材料费用时，应根据用途和受益对象等分别记入"生产成本""制造费用""管理费用""销售费用"等科目。对于企业直接用于某种产品的材料费用直接计入生产成本，账务处理如下。

借：生产成本——×产品
　　　贷：原材料——×材料

【例 5-35】2024 年 4 月，锐俊公司本月领用甲、乙两种材料共计 474 000 元，用以生产 A、B 两种产品和车间一般耗用，材料领用情况如表 5-5-1 所示。

表 5-5-1 材料领用情况

项目	甲材料		乙材料		金额合计/元
	数量/千克	金额/元	数量/千克	金额/元	
制造 A 产品耗用	1 000	180 000	1 100	66 000	246 000
制造 B 产品耗用	1 000	180 000	800	48 000	228 000
合计	2 000	360 000	1 900	114 000	474 000

借：生产成本——A 产品　　　　　　　　　　　　　　　　246 000
　　　　　　　——B 产品　　　　　　　　　　　　　　　　228 000
　　贷：原材料　　　　　　　　　　　　　　　　　　　　　474 000

（二）职工薪酬的归集和分配

职工薪酬是指企业为获得职工提供的服务或解除劳动关系而给予的各种形式的报酬或补偿。职工薪酬包括短期薪酬、离职后福利、辞退福利和其他长期职工福利。企业提供给职工配偶、子女、受赡养人、已故员工遗属及其他受益人等的福利，也属于职工薪酬。

在核算制造业企业的职工薪酬时，应根据用途和受益对象等分别记入"生产成本""制造费用""管理费用""销售费用"等科目。对于企业直接用于某种产品的职工薪酬，直接记入生产成本，账务处理如下。

借：生产成本——×产品
　　　贷：应付职工薪酬——工资/职工福利费/社会保险费/住房公积金/工会经费等

【例 5-36】2024 年 4 月末，锐俊公司工资汇总如下：生产 A 产品工人工资 38 900 元，生产 B 产品工人工资 47 800 元，车间管理人员工资 12 000 元，厂部管理人员工资 11 000 元，专设销售机构人员工资 20 000 元。公司应编制如下会计分录。

借：生产成本——A 产品　　　　　　　　　　　　　　　　38 900
　　　　　　　——B 产品　　　　　　　　　　　　　　　　47 800
　　　制造费用　　　　　　　　　　　　　　　　　　　　　12 000
　　　管理费用　　　　　　　　　　　　　　　　　　　　　11 000
　　　销售费用　　　　　　　　　　　　　　　　　　　　　20 000
　　贷：应付职工薪酬　　　　　　　　　　　　　　　　　　129 700

【例 5-37】承【例 5-36】以银行存款 129 700 元发放职工工资。

借：应付职工薪酬　　　　　　　　　　　　　　　　　　　129 700
　　贷：银行存款　　　　　　　　　　　　　　　　　　　　129 700

（三）制造费用的归集和分配

制造费用是指企业生产车间内为产品的生产发生的各项间接生产费用。这些费用的发生一般不能直接确定其受益对象，所以，制造费用发生时，应通过制造费用账户的借方进行归集，期末在所有受益对象间采用一定的方法进行分配后，再结转至生产成本账户的借方。

制造费用的核算过程如图 5-5-9 所示。

制造费用的归集	制造费用的分配	制造费用的结转
车间范围内发生的：管理人员职工薪酬、固定资产的折旧费、生产相关间接费用	生产工人工时比例法、生产工人工资比例法、机器工时比例法	借：生产成本 　贷：制造费用 期末结转后无余额

图 5-5-9　制造费用的核算过程

1. 制造费用的归集

制造费用的归集内容主要包括：车间管理人员的职工薪酬，车间管理用房屋和设备的折旧费，物料消耗、办公费、照明费、取暖费、运输费、水电费、差旅费、劳动保护费等为组织生产活动而发生的各项间接费用。

2024 年 4 月，锐俊公司车间发生如下经济业务。

【例 5-38】 车间一般耗用甲材料 16 000 元。

借：制造费用　　　　　　　　　　　　　　　　　　　　　　　　　　　16 000
　　贷：原材料——甲材料　　　　　　　　　　　　　　　　　　　　　　16 000

【例 5-39】 月末，计提车间固定资产折旧 8 000 元。

借：制造费用　　　　　　　　　　　　　　　　　　　　　　　　　　　　8 000
　　贷：累计折旧　　　　　　　　　　　　　　　　　　　　　　　　　　　8 000

【例 5-40】 以银行存款支付车间水电费 4 300 元。

借：制造费用——水电费　　　　　　　　　　　　　　　　　　　　　　　4 300
　　贷：银行存款　　　　　　　　　　　　　　　　　　　　　　　　　　　4 300

【例 5-41】 为了改善车间办公环境，需要对车间办公室进行装修装饰，经过一系列核算，最终装修支出 48 000 元（不含税），预计该装修可使用 4 年，装修款已一次性支付。试编写相关会计分录。

根据题目可知，此次装修费用，需要记入"长期待摊费用"科目。

借：长期待摊费用——装修费　　　　　　　　　　　　　　　　　　　　48 000
　　贷：银行存款　　　　　　　　　　　　　　　　　　　　　　　　　　48 000

此次装修费分 4 年平均摊销，则需要进行如下计算。

48 000 ÷ 4 ÷ 12 = 1 000（元）

通过计算可以得出，每月摊销费用为 1 000 元，则会计分录如下。

借：制造费用　　　　　　　　　　　　　　　　　　　　　　　　　　　　1 000
　　贷：长期待摊费用——装修费　　　　　　　　　　　　　　　　　　　1 000

2024 年 4 月发生的制造费用 =【例 5-38】材料耗用 16 000 +【例 5-36】车间管理人员薪酬 12 000 +【例 5-39】固定资产折旧 8 000 +【例 5-40】车间水电费 4 300 +【例 5-41】装修费用的摊销 1 000 = 41 300（元）

2. 制造费用的分配

在归集完制造费用以后，选择适当的标准在产品之间进行分配。分配方法一般有生产工人工时比例法、生产工人工资比例法、机器工时比例法等。

制造费用分配率＝制造费用总额÷各产品分配标准之和

某种产品应分配的制造费用＝该产品分配标准×制造费用分配率

【例5－42】承【例5－41】，将A、B产品按各自生产工时共同负担制造费用，A产品生产工时为3 000小时，B产品生产工时为5 260小时。

制造费用分配率 = $\dfrac{41\ 300}{3\ 000+5\ 260}$ = 5（元/小时）

A产品应负担的制造费用＝3 000×5＝15 000（元）

B产品应负担的制造费用＝5 260×5＝26 300（元）

3. 制造费用的结转

【例5－43】承【例5－42】，2024年4月末，制造费用自贷方结转至生产成本账户。结转后，该账户一般无余额（季节性生产企业除外）。

期末，将锐俊公司本期发生的制造费用转入生产成本。其会计分录如下。

借：生产成本——A产品　　　　　　　　　　　　　　15 000
　　　　　　——B产品　　　　　　　　　　　　　　26 300
　　贷：制造费用　　　　　　　　　　　　　　　　　41 300

（四）完工产品成本的计算和结转

经过生产过程中的归集和分配，完成了对生产费用的核算后，可以确定每个完工产品的总成本和单位成本，从而将完工产品进行入库成本的结转。完工产品成本的计算公式为

完工产品成本 ＝ 期初在产品成本 ＋ 本期发生的生产费用（直接材料、直接人工、制造费用） － 期末在产品成本

完工产品的单位成本计算公式为

产品单位成本＝完工产品成本/本月完工入库产品数量

当产品生产完成并验收入库时，借记"库存商品"科目，贷记"生产成本"科目，如图5－5－10所示。

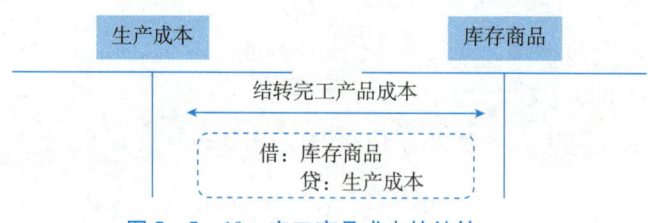

图5－5－10　完工产品成本的结转

【例5－44】承【例5－35】【例5－36】【例5－43】，期末A产品和B产品全部完工，并已验收入库，按其实际生产成本结转，产品成本计算单如表5－5－2所示。

表 5-5-2 产品成本计算单　　　　　　　　　　　　　　　　　　单位：元

产品名称	直接材料	直接人工	制造费用	合计
A产品	246 000	38 900	15 000	299 900
B产品	228 000	47 800	26 300	302 100
合计	474 000	86 700	41 300	602 000

借：库存商品——A产品　　　　　　　　　　　　　　　　　　299 900
　　　　　　——B产品　　　　　　　　　　　　　　　　　　302 100
　　贷：生产成本——A产品　　　　　　　　　　　　　　　　299 900
　　　　　　——B产品　　　　　　　　　　　　　　　　　　302 100

【会数思维】

长期待摊费用

假设一家企业在年度报告中出现大量长期待摊费用，并且这些费用的摊销期限远高于行业平均水平；这些费用主要用于企业对一项新技术的大规模投资，然而这项新技术尚未在市场上得到验证，未来效益存在很大的不确定性。在这种情况下，将这些支出进行长期摊销可能是企业为了虚增当期利润采取的财务造假行为。

任务六　销售过程业务

【会计地图】

销售过程是企业生产经营过程的最后阶段，主要任务是把产品销售出去，取得销售收入，使企业的生产耗费得到补偿，并实现企业的经营目标。

另外，企业除产品销售业务外，还会发生其他销售业务，如原材料销售、无形资产使用权转让等，这些销售业务取得的收入和发生的支出，也是销售过程核算的内容。销售过程业务内容如图 5-6-1 所示。

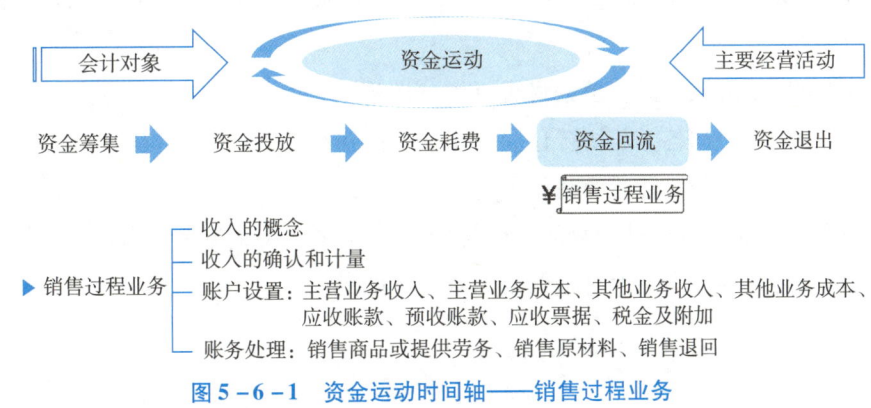

图 5-6-1　资金运动时间轴——销售过程业务

一、收入的确认和计量

（一）收入的概念和分类

收入是指企业在日常活动中形成的、会导致所有者权益增加的、与所有者投入资本无关的经济利益的总流入。日常活动是指企业为完成经营目标从事的经常性活动以及与之相关的其他活动。

按照企业主要经营业务等经常性经营活动实现的收入，通常将收入分为主营业务收入和其他业务收入。

主营业务收入是指核算企业销售商品和提供劳务等主要经营活动的收入。其他业务收入是指企业在经营过程中发生的除主营业务以外的其他销售业务，包括原材料销售收入、以经营租赁方式固定资产出租收入、无形资产出租收入、包装物或商品出租收入、提供运输服务获得的收入、提供产品修理服务取得的收入等。

（二）收入确认的原则

企业应当在履行了合同中的履约义务，即客户取得相关商品控制权时，确认收入。

取得相关商品控制权是指客户能够主导该商品的使用并从中获得几乎全部经济利益，也包括有能力阻止其他方主导该商品的使用并从中获得经济利益。

取得商品控制权包括三个要素。

（1）客户必须拥有现时权利，能够主导该商品的使用并从中获得几乎全部的经济利益。如果客户只能在未来的某一期间主导该商品的使用并从中获益，则表明其尚未取得该商品的控制权。

（2）客户有能力主导该商品的使用，即客户在其活动中有权使用该商品，或者能够允许或阻止其他方使用该商品。

（3）客户能够获得商品几乎全部的经济利益。商品的经济利益是指商品的潜在现金流量，既包括现金流入的增加，也包括现金流出的减少。

（三）收入确认的前提条件

企业与客户之间的合同同时满足下列五项条件的，企业应当在客户取得相关商品控制权时确认收入：

（1）合同各方已批准该合同并承诺将履行各自义务；

（2）该合同明确了合同各方与所转让商品相关的权利和义务；

（3）该合同有明确的与所转让商品相关的支付条款；

（4）该合同具有商业实质，即履行该合同将改变企业未来现金流量的风险、时间分布或金额；

（5）企业因向客户转让商品而有权取得的对价很可能收回。

（四）收入确认和收入计量的步骤

收入确认是指收入在什么时间入账；收入计量是指收入以多少金额入账。

收入确认和收入计量的步骤如图5-6-2所示。

1. 识别与客户订立的合同

合同是指双方或多方之间订立有法律约束力的、明确各方权利义务的协议。合同包括书面形

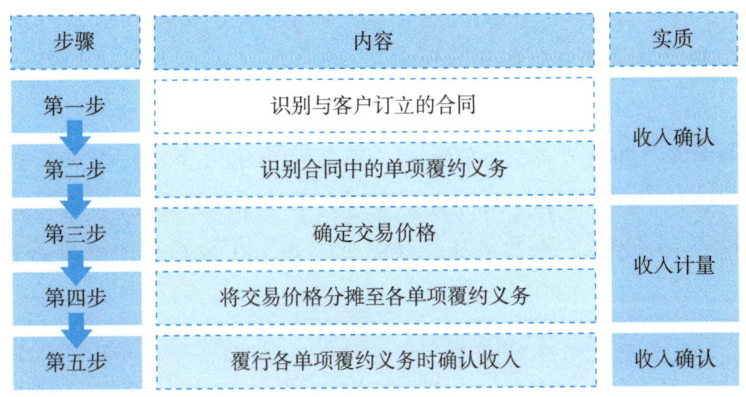

图 5-6-2 收入确认和收入计量的步骤

式、口头形式以及其他形式。

合同的存在是企业确认客户合同收入的前提,企业与客户签订合同后,企业既享有权利,也负有义务:享有从客户取得与转移商品和服务对价的权利(收款的权利),负有向客户转移商品和服务的履约义务(发货的义务)。

2. 识别合同中的单项履约义务

履约义务是指合同中企业向客户转让可明确区分商品或服务的承诺。企业应当将向客户转让可明确区分商品(或者商品的组合)的承诺以及向客户转让一系列实质相同且转让模式相同的、可明确区分商品的承诺作为单项履约义务。

例如,甲公司与客户签订合同,约定向客户出售一台其生产的设备并提供安装服务,分析如表 5-6-1 所示。

表 5-6-1 识别合同中单项履约义务

情形	会计处理
该安装服务简单,除甲公司外,市场上还有其他供应商也能提供此项安装服务	客户能够从该设备与市场上其他供应商提供的此项安装服务一起使用中获益,表明该设备和安装服务互不影响,也不具有高度关联性,能够明确区分。因此,销售商品和提供安装服务为两项履约义务
甲公司提供的安装服务很复杂,该安装服务可能对其销售的设备进行定制化的重大修改	销售设备和安装服务将被整合在一起提供给客户,表明两者在合同层面不可区分。因此,销售商品和提供安装服务应合并作为单项履约义务

3. 确定交易价格

交易价格是指企业因向客户转让商品而预期有权收取的对价金额,不包括企业代第三方收取的款项(如增值税)以及企业预期将退还给客户的款项。

企业与客户在合同中约定的对价金额可能是固定的,也可能会因折扣、价格折让、返利、退款、奖励积分、激励措施、业绩奖金、索赔等因素而变化。

若合同中存在可变对价,则企业应当对计入交易价格的可变对价进行估计。企业应当按照期望值或最可能发生金额确定可变对价的最佳估计数。但是,企业不能在两种方法之间随意进行选择。期望值是按照各种可能发生的对价金额及相关概率计算确定的金额;最可能发生金额是一系列可能发生的对价金额中最可能发生的单一金额,即合同最可能产生的单一结果。

【例 5-45】甲公司与客户签订合同向其销售一批产品,约定的价款为 100 万元,并于 2024 年

10 月 25 日前交货。合同约定，若甲公司在 10 月 15 日前交货，将额外获得 1 万元的奖励。甲公司根据以往经验，预估可以提前交货的概率为 90%。

解析：

本例中，甲公司向客户销售产品约定的价款 100 万元为固定金额，提前交货可额外获得的奖励 1 万元为可变金额。由于甲公司预估可以提前交货的概率为 90%，即很可能取得该奖励，则甲公司预计有权收取的对价为 101 万元，交易价格包括固定金额 100 万元和可变金额 1 万元，总计为 101 万元。

4. 将交易价格分摊至各单项履约义务

当合同中包含两项或多项履约义务时，需要将交易价格分摊至各单项履约义务。分摊的方法是在合同开始日，按照各单项履约义务承诺商品的单独售价（企业向客户单独销售商品的价格）的相对比例，将交易价格分摊至各单项履约义务。

通过分摊交易价格，使企业分摊至各单项履约义务的交易价格能够反映其因向客户转让已承诺的相关商品而有权收取的对价金额。

【例 5-46】2024 年 11 月 11 日，甲企业与客户签订合同，向其销售 A、B、C 三件产品，合同总价款为 100 万元。A、B、C 三件产品的单独售价分别为 60 万元、42 万元、18 万元，不考虑增值税等其他因素。

解析：

向客户销售 A、B、C 三件产品构成三项履约义务，甲企业应按照各单项履约义务承诺商品的单独售价的相对比例进行分摊：

A 产品应当分摊的交易价格 =60÷（60+42+18）×100=50（万元）

B 产品应当分摊的交易价格 =42÷（60+42+18）×100=35（万元）

C 产品应当分摊的交易价格 =18÷（60+42+18）×100=15（万元）

5. 履行各单项履约义务时确认收入

当企业将商品转移给客户，客户取得相关商品的控制权时，意味着企业履行了合同履约义务。此时，企业应确认收入。

企业将商品控制权转移给客户，可能是在某一时段内（履行履约义务的过程中）发生，也可能是在某一时点（履约义务完成时）发生。企业应当根据实际情况，判断履约义务是否满足在某一时段内履行的条件，如不满足，则该履约义务属于在某一时点履行的履约义务。

【例 5-47】2024 年 4 月 10 日，某餐馆卖给老王一碗牛肉面，约定晚上 11 点由该餐馆配送至老王家，总收款 35 元；该餐馆牛肉面的单独售价为 30 元/单，配送费单独售价为 10 元/单（假设控制权在付款时已转移）。

第一步，识别合同：口头合同。

第二步，识别合同中的单项履约义务：①销售牛肉面，②提供送货上门服务。

第三步，确定交易价格：35 元。

第四步，将交易价格分摊至各单项履约义务：

销售牛肉面应确认收入 =35×30÷（30+10）=26.25（元）

提供送货上门服务应确认收入 = 35 × 10 ÷ （30 + 10） = 8.75（元）

第五步，履行每一单项履约义务时确认收入：付款时控制权转移，确认销售牛肉面的收入；送货上门验收无误时，确认送货上门服务收入。

二、账户设置

1. "主营业务收入"账户

"主营业务收入"账户属于损益类账户，是用来核算和监督企业销售产品或提供劳务取得收入的账户。

"主营业务收入"账户借方登记期末企业转入"本年利润"的主营业务收入，贷方登记企业已经实现的主营业务收入。期末结转到"本年利润"后该账户无余额。该账户可按主营业务的种类设置明细账户，进行明细分类核算。"主营业务收入"账户结构如图5-6-3所示。

主营业务收入	
期末企业转入"本年利润"的主营业务收入	企业已经实现的主营业务收入

图5-6-3 "主营业务收入"账户

【会数思维】

主营业务收入

主营业务收入减少有可能是因为销售策略不当，也可能存在其他原因。从微观层面来看，生产成本和期间费用增加、产品质量存在问题、生产流程不合理、管理混乱或资源浪费严重等，都会降低企业的整体运营效率，进而影响主营业务收入。除此之外，新竞争者的涌入或现有竞争者的扩张，也可能导致市场份额被蚕食，从而影响企业的主营业务收入。从宏观层面来看，相关税收政策、行业法规或环保要求的变动，可能增加企业运营成本或限制某些业务开展，进而对主营业务收入产生负面影响。因此，财务分析必须和业务分析结合在一起才能得出客观评价，企业需要深入分析具体原因并采取相应的应对措施以恢复和提升主营业务收入。

2. "主营业务成本"账户

"主营业务成本"账户属于损益类账户，主要用来核算和监督企业已销售产品的生产成本的计算和结转情况。

"主营业务成本"账户借方登记企业应结转的主营业务成本，贷方登记期末企业转入"本年利润"的主营业务成本，期末结转到"本年利润"后该账户无余额。该账户可按主营业务的种类设置明细账户，进行明细分类核算。"主营业务成本"账户结构如图5-6-4所示。

主营业务成本	
企业应结转的主营业务成本	期末企业转入"本年利润"的主营业务成本

图5-6-4 "主营业务成本"账户

3. "其他业务收入"账户

"其他业务收入"账户属于损益类账户，用于核算企业确认的除主营业务活动以外的其他经营活动实现的收入。

"其他业务收入"账户借方登记期末企业转入"本年利润"的其他业务收入,贷方登记企业已经实现的其他业务收入,期末结转到"本年利润"后该账户无余额。该账户可按其他业务的种类设置明细账户,进行明细分类核算。"其他业务收入"账户结构如图5-6-5所示。

其他业务收入	
期末企业转入"本年利润"的其他业务收入	企业已经实现的其他业务收入

图5-6-5 "其他业务收入"账户

4. "其他业务成本"账户

"其他业务成本"账户属于损益类账户,用于核算企业确认的除主营业务活动以外的其他经营活动形成的成本,包括出租固定资产的折旧额、出租无形资产的摊销额、出租包装物的成本或摊销额、销售材料的成本等。

"其他业务成本"账户借方登记企业应结转的其他业务成本,贷方登记期末企业转入"本年利润"的其他业务成本,期末结转到"本年利润"后该账户无余额。该账户可按其他业务的种类设置明细账户,进行明细分类核算。"其他业务成本"账户结构如图5-6-6所示。

其他业务成本	
企业应结转的其他业务成本	期末企业转入"本年利润"的其他业务成本

图5-6-6 "其他业务成本"账户

5. "应收账款"账户

"应收账款"账户属于资产类账户,主要用来核算和监督企业因销售产品向购买单位收取货款的结算情况。

"应收账款"账户借方登记企业发生(增加)的应收账款,贷方登记企业已经收回的应收账款。如果期末余额在借方,则反映企业尚未收回的应收账款;如果期末余额在贷方,则一般为企业的预收账款。该账户可按债务人设置明细账户,进行明细分类核算。"应收账款"账户结构如图5-6-7所示。

应收账款	
企业发生(增加)的应收账款	企业已经收回的应收账款
期末余额:企业尚未收回的应收账款	期末余额:企业的预收账款

图5-6-7 "应收账款"账户

【会数思维】

应收账款

应收账款的积极作用主要体现在扩张生存空间,抢占市场份额以及减少库存,降低成本,提高利润方面。但如果资金总量一定,应收账款占用越多,越可能导致企业资金周转困难,提高企业资金的机会成本,同时增加应收账款的管理成本。因此,需要关注以下事项:应收账款集中度是否过高,排在前列应收方合计金额占比高存在一定集中度风险;应收账款账龄是否较长,若应收账款账龄较长，则可能存在坏账风险，需关注企业是否计提坏账准备；关注应收账款坏账准备的比例和金额，评估应收账款的质量。总之，在投资时，首选还款能力强、应收账款少的企业，如果企业应收账款较多，则必须弄清楚以上问题进行判断，排除劣质企业，有助于投资决策。

6. "预收账款"账户

"预收账款"账户属于负债类账户，用来核算和监督企业预收货款的发生及偿付情况。

"预收账款"账户借方登记预收货款的减少，贷方登记预收货款的增加。若期末余额在借方，则反映购买方需补付的货款；若期末余额在贷方，则是反映预收货款的结余。该账户需按购买单位设置明细账户，并进行明细分类核算。"预收账款"账户结构如图5-6-8所示。

预收账款	
预收货款的减少	预收货款的增加
期末余额：购买方需补付的货款	期末余额：预收货款的结余

图5-6-8 "预收账款"账户

7. "应收票据"账户

"应收票据"账户属于资产类账户，用来核算和监督购货单位开出的商业汇票的结算情况。在实务中，应设置"到期应收票据备查簿"，逐笔登记应收票据的详细相关信息。

"应收票据"账户借方登记企业收到购货单位开出的票据数额；贷方登记到期企业收到票款或者提前贴现票据的金额；期末余额在借方，反映企业尚未到期票据的应收款项。该账户可按债务人设置明细账户，进行明细分类核算。"应收票据"账户结构如图5-6-9所示。

应收票据	
企业收到购货单位开出的票据数额	到期企业收到票款或者提前贴现票据的金额
期末余额：企业尚未到期票据的应收款项	

图5-6-9 "应收票据"账户

8. "税金及附加"账户

"税金及附加"账户属于损益类账户，主要用来核算和监督应由销售产品和提供劳务等负担的各种税金，如消费税、城市维护建设税、教育费附加、资源税、房产税、印花税等。

"税金及附加"账户借方登记本期发生（增加）的税金及附加，贷方登记期末转入"本年利润"的税金及附加，期末结转到"本年利润"后该账户无余额。"税金及附加"账户结构如图5-6-10所示。

税金及附加	
本期发生（增加）的税金及附加	期末转入"本年利润"的税金及附加

图5-6-10 "税金及附加"账户

三、账务处理

（一）销售商品或提供劳务

企业在销售商品时，应按应收或已收的合同价款以及增值税税额的合计金额，借记"库存现金""银行存款""应收账款""应收票据"等科目，贷记"主营业务收入"和"应交税费——应交增值税（销项税额）"科目。同时，根据所售商品的实际成本，借记"主营业务成本"科目，贷记"库存商品"科目。如果涉及未结款项部分，在收款时借记"银行存款"科目，贷记"应收账款""应收票据"等科目。销售商品或提供劳务的账务处理如图5-6-11所示。

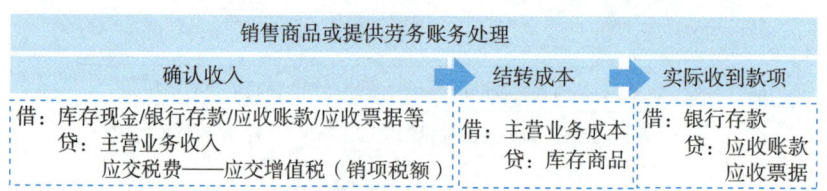

图5-6-11 销售商品或提供劳务账务处理

红云有限责任公司为一般纳税人，2024年10月发生经济业务如下。

【例5-48】红云有限责任公司销售给甲公司A产品一批，开出的增值税专用发票上注明的金额为500 000元，增值税税率为13%。红云有限责任公司收到购买方开出的不带息银行承兑汇票一张，票面金额为565 000元，期限为6个月，该批商品成本为450 000元。红云有限责任公司应编制如下会计分录。

（1）确认商品销售收入：

借：应收票据——甲公司　　　　　　　　　　　　　　　　　　　　　　　565 000
　　贷：主营业务收入——A产品　　　　　　　　　　　　　　　　　　　　500 000
　　　　应交税费——应交增值税（销项税额）　　　　　　　　　　　　　　 65 000

（2）结转商品销售成本：

借：主营业务成本　　　　　　　　　　　　　　　　　　　　　　　　　　450 000
　　贷：库存商品　　　　　　　　　　　　　　　　　　　　　　　　　　　450 000

【例5-49】红云有限责任公司销售给乙公司B产品5 000件，价格为120元/件，开出增值税专用发票价款600 000元，增值税额78 000元，另以银行存款支付代垫运费8 000元，共计686 000元。该批商品成本为520 000元，货已发出，款项尚未收到。红云有限责任公司应编制如下会计分录。

（1）确认商品销售收入：

借：应收账款——乙公司　　　　　　　　　　　　　　　　　　　　　　　686 000
　　贷：主营业务收入——B产品　　　　　　　　　　　　　　　　　　　　600 000
　　　　应交税费——应交增值税（销项税额）　　　　　　　　　　　　　　 78 000
　　　　银行存款　　　　　　　　　　　　　　　　　　　　　　　　　　　 8 000

（2）结转商品销售成本：

借：主营业务成本　　　　　　　　　　　　　　　　　　　　　　　　　　520 000

贷：库存商品　　　　　　　　　　　　　　　　　　　　　　　　　　　520 000

【例5-50】红云有限责任公司收到乙公司开出的一张商业汇票686 000元，用以抵付前欠货款。

　　借：应收票据　　　　　　　　　　　　　　　　　　　　　　　　　　686 000
　　　贷：应收账款——乙公司　　　　　　　　　　　　　　　　　　　　　686 000

【例5-51】2024年5月，红云有限责任公司预收甲公司M产品的购货款4 500 000元，款项已存入银行。6月末，向甲公司发出M产品，开出增值税专用发票价款5 000 000元，增值税税额650 000元，共计5 650 000元。该批产品成本为3 000 000元，甲公司购入M产品货款不足部分以银行存款补付。红云有限责任公司应编制如下会计分录。

（1）2024年5月，红云有限责任公司预收甲公司购货款4 500 000元，存入银行。

　　借：银行存款　　　　　　　　　　　　　　　　　　　　　　　　　4 500 000
　　　贷：预收账款　　　　　　　　　　　　　　　　　　　　　　　　　4 500 000

（2）2024年6月，红云有限责任公司向甲公司发出M产品并确认产品收入，货款不足部分甲公司以银行存款补付。

　　借：预收账款　　　　　　　　　　　　　　　　　　　　　　　　　5 650 000
　　　贷：主营业务收入　　　　　　　　　　　　　　　　　　　　　　　5 000 000
　　　　　应交税费——应交增值税（销项税额）　　　　　　　　　　　　　　650 000
　　借：银行存款　　　　　　　　　　　　　　　　　　　　　　　　　1 150 000
　　　贷：预收账款　　　　　　　　　　　　　　　　　　　　　　　　　1 150 000

同时，结转销售成本。

　　借：主营业务成本　　　　　　　　　　　　　　　　　　　　　　　3 000 000
　　　贷：库存商品　　　　　　　　　　　　　　　　　　　　　　　　　3 000 000

（二）销售材料

企业在销售材料时，应按应收或已收的合同价款以及增值税税额的合计金额，借记"库存现金""银行存款""应收账款""应收票据"等科目，贷记"其他业务收入"和"应交税费——应交增值税（销项税额）"科目。同时，根据所售材料的实际成本，借记"其他业务成本"科目，贷记"原材料""周转材料"科目。如果涉及未结款项部分，则在收款时借记"银行存款"科目，贷记"应收账款""应收票据"等科目。销售材料的账务处理如图5-6-12所示。

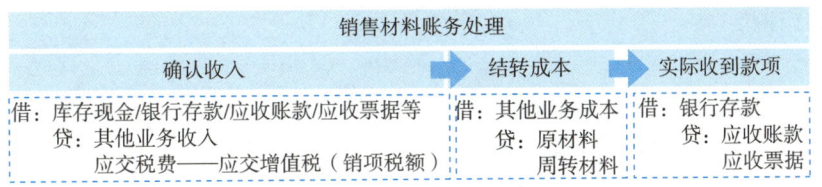

图5-6-12　销售材料账务处理

【例5-52】红云有限责任公司销售一批原材料，共500千克，价格为40元/千克，开出增值税专用发票价款为20 000元，增值税税额为2 600元，共计货款22 600元，款项已经收到。该批原材料的实际成本为15 000元。红云有限责任公司应编制如下会计分录。

借：银行存款 22 600
　　贷：其他业务收入 20 000
　　　　应交税费——应交增值税（销项税额） 2 600

同时，结转原材料的实际成本。

借：其他业务成本 15 000
　　贷：原材料 15 000

（三）销售退回

销售退回是指企业因售出商品在质量、规格等方面不符合销售合同规定条款的要求，客户要求企业予以退货。

未确认销售商品收入的售出商品发生销售退回的，应将已记入"发出商品"科目的商品成本金额转入"库存商品"科目。已确认销售商品收入的售出商品发生销售退回的，除属于资产负债表日后事项的外，企业在收到退回的商品时，应退回货款或冲减应收账款，并冲减主营业务收入和增值税销项税额。

销售退回的账务处理如图 5-6-13 所示。

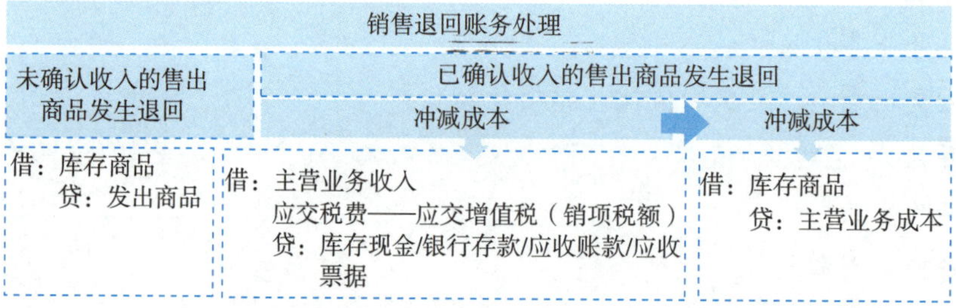

图 5-6-13 销售退回账务处理

【例 5-53】2024 年 9 月，甲公司销售 A 商品一批，增值税专用发票上注明售价为 400 000 元，增值税税额为 52 000 元，该批商品成本为 320 000 元，该项业务属于在某一时点履行的履约义务并已确认销售收入，相关款项已经收到。2024 年 10 月，该批商品质量出现严重问题，客户与甲公司协商后将该批商品全部退回给甲公司，该批商品已验收入库。甲公司于退货当日支付了退货款，并按规定向客户开具了增值税专用发票（红字）。假定不考虑其他因素，甲公司应编制如下会计分录。

借：主营业务收入 400 000
　　应交税费——应交增值税（销项税额） 52 000
　　贷：银行存款 452 000

借：库存商品 320 000
　　贷：主营业务成本 320 000

任务七　利润形成和分配业务

【会计地图】

利润是企业在一定生产期间经营活动的最终财务成果，是企业在一定会计期间实现的各种收入大于相关费用以后的差额。利润分配是企业在一定时期（通常为年度）内对实现的利润总额以及从联营单位分得的利润，按规定在国家与企业、企业与企业之间进行的分配。利润形成和分配业务如图5-7-1所示。

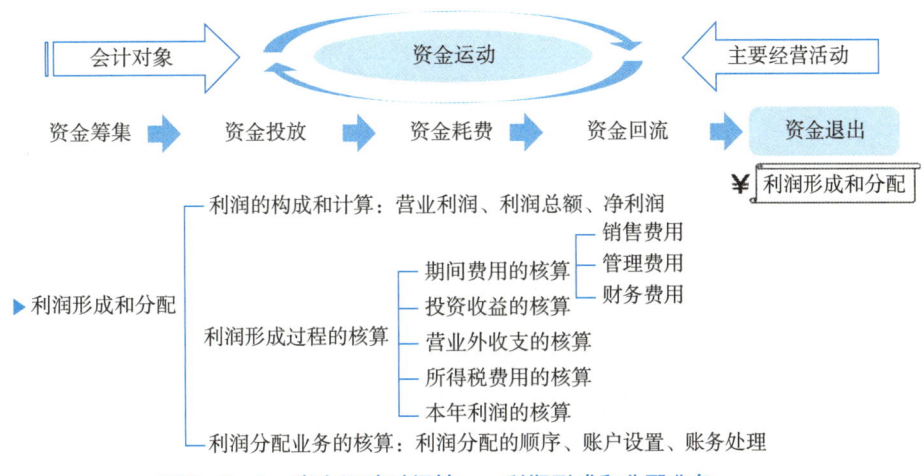

图 5-7-1　资金运动时间轴——利润形成和分配业务

一、利润的构成和计算

（一）利润总额

利润包括收入减去费用后的净额、直接计入当期利润的利得和损失等。

利润总额 = 营业利润 + 营业外收入 - 营业外支出

（二）营业利润

营业利润 = 营业收入 - 营业成本 - 税金及附加 - 销售费用 - 管理费用 - 研发费用 - 财务费用 + 其他收益 + 投资收益（- 投资损失）+ 公允价值变动收益（- 公允价值变动损失）- 资产减值损失 - 信用减值损失 + 资产处置收益（- 资产处置损失）

其中：

营业收入 = 主营业务收入 + 其他业务收入

营业成本 = 主营业务成本 + 其他业务成本

信用减值损失是指企业计提各项金融工具信用减值准备确认的信用损失。

资产减值损失是指企业计提有关资产减值准备形成的损失。

利润的来源构成如图5-7-2所示。

【小贴士】

主营业务收入 vs 其他业务收入 vs 营业外收入（见图5-7-3）

主营业务收入：做主业的收入。举例：一个农民种粮食，把米卖了之后取得的收入是"主营业务收入"。

其他业务收入：搞副业的收入。举例：农民种完粮食，把稻草卖了之后取得的收入是"其他业务收入"。

营业外收入："天上掉馅饼"的收入。举例：农民在种粮食的地里挖到一块金子属于"营业外收入"。

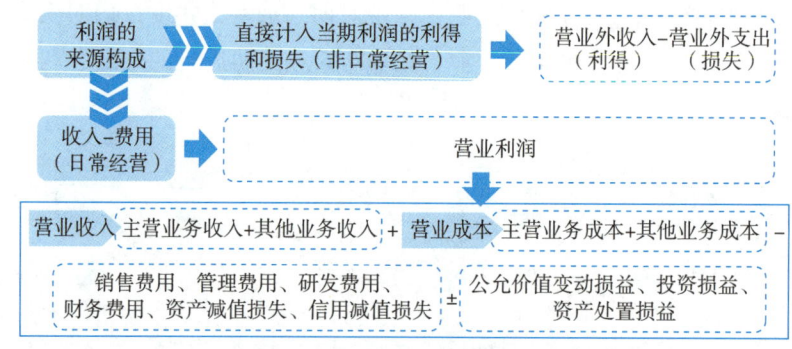

图 5－7－2　利润的来源构成

项目对比	主营业务收入	其他业务收入	营业外收入
是否经常发生	经常发生	不经常发生	偶然发生
是否与生产经营相关	相关	相关	不相关
占收入比重	较高	较低	不影响
会计要素	收入	收入	利得

图 5－7－3　主营业务收入 vs 其他业务收入 vs 营业外收入

（三）净利润

净利润是指企业当期利润总额减去所得税费用后的金额，即企业的税后利润。所得税费用是指企业将实现的利润总额按照所得税法规定的标准向国家计算缴纳的税金。

净利润＝利润总额－所得税费用

二、利润形成过程的核算

（一）期间费用的核算

1. 期间费用的概念和内容

期间费用是指企业日常活动发生的不能计入特定核算对象的成本，而应计入发生当期损益的费用。期间费用包括销售费用、管理费用和财务费用。

（1）销售费用。

销售费用是指销售商品和材料、提供服务的过程中发生的各种费用。销售费用的核算内容如图 5－7－4 所示。

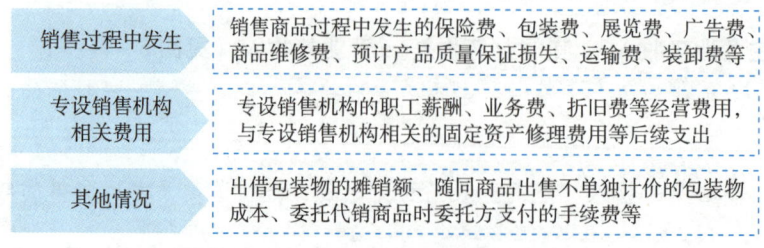

图 5－7－4　销售费用的核算内容

【会数思维】

销售费用

销售费用占比畸高，往往说明企业销售渠道不畅，客户认可度不高，市场还没有打开。

（2）管理费用。

管理费用是指企业为组织和管理生产经营发生的各种费用。

管理费用的核算内容如图5-7-5所示。

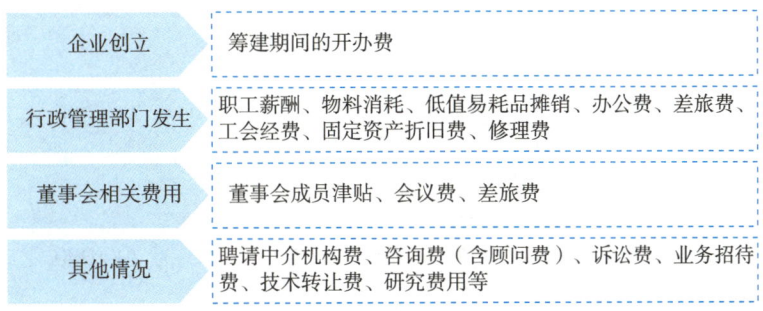

图 5-7-5　管理费用的核算内容

【会数思维】

管理费用

管理费用过高意味着企业内部运作效率低下，影响企业利润的积累。

（3）财务费用。

财务费用是指企业为筹集生产经营所需资金等发生的筹资费用。

财务费用的核算内容如5-7-6所示。

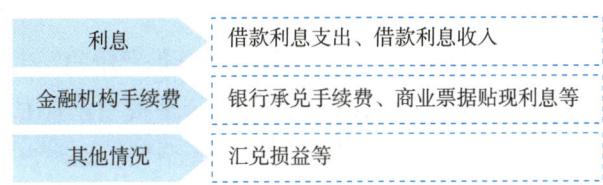

图 5-7-6　财务费用的核算内容

【小贴士】

为购建固定资产的专门借款所发生的借款利息，在固定资产达到预定可使用状态前按规定应予资本化的部分，记入"在建工程"科目，不作为"财务费用"核算；公司筹建期间借入款项的利息记入"管理费用"科目，不作为"财务费用"核算。

2. 期间费用的账户设置

（1）"销售费用"账户。

"销售费用"账户属于损益类账户，用于核算企业销售费用的发生和结转情况。

"销售费用"账户借方登记企业本期发生的各项销售费用，贷方登记期末企业转入"本年利润"的销售费用，期末结转到"本年利润"后该账户无余额。该账户可按费用项目设置明细账户，进行明细分类核算。"销售费用"账户结构如图5-7-7所示。

红云有限责任公司为一般纳税人，以下为红云有限责任公司2024年10月发生的经济业务。

销售费用	
企业本期发生的各项销售费用	期末企业转入"本年利润"的销售费用

图 5-7-7 "销售费用"账户

【例 5-54】红云有限责任公司为宣传新产品发生广告费 200 000 元，均用银行存款支付。

借：销售费用　　　　　　　　　　　　　　　　　　　　　　200 000
　　贷：银行存款　　　　　　　　　　　　　　　　　　　　　　200 000

【例 5-55】红云有限责任公司销售部专用办公设备计提折旧费 240 000 元。

借：销售费用　　　　　　　　　　　　　　　　　　　　　　240 000
　　贷：累计折旧　　　　　　　　　　　　　　　　　　　　　　240 000

【例 5-56】红云有限责任公司的销售部门确认销售人员薪酬为 700 000 元。

借：销售费用　　　　　　　　　　　　　　　　　　　　　　700 000
　　贷：应付职工薪酬　　　　　　　　　　　　　　　　　　　　700 000

【例 5-57】红云有限责任公司向甲公司销售一批产品，由 A 公司承运，红云有限责任公司向 A 公司支付运输费 60 000 元，增值税税额为 5 400 元，已取得相关增值税专用发票，运输费用由红云有限责任公司承担，相关款项均用银行存款支付。

借：销售费用　　　　　　　　　　　　　　　　　　　　　　60 000
　　应交税费——应交增值税（进项税额）　　　　　　　　　　5 400
　　贷：银行存款　　　　　　　　　　　　　　　　　　　　　　65 400

（2）"管理费用"账户。

"管理费用"账户属于损益类账户，用于核算企业管理费用的发生和结转情况。

"管理费用"账户借方登记企业本期发生的各项管理费用，贷方登记期末企业转入"本年利润"的管理费用，期末结转到"本年利润"后该账户无余额。该账户可按费用项目设置明细账户，进行明细分类核算。"管理费用"账户结构如图 5-7-8 所示。

管理费用	
企业本期发生的各项管理费用	期末企业转入"本年利润"的管理费用

图 5-7-8 "管理费用"账户

【例 5-58】红云有限责任公司购买办公用品 5 000 元。

借：管理费用　　　　　　　　　　　　　　　　　　　　　　5 000
　　贷：银行存款　　　　　　　　　　　　　　　　　　　　　　5 000

【例 5-59】红云有限责任公司管理部门员工张峰出差归来报销差旅费 3 200 元，原（2024 年 9 月）借款 3 000 元，超支部分公司以现金形式补给张峰。

借：管理费用　　　　　　　　　　　　　　　　　　　　　　3 200

贷：其他应收款　　　　　　　　　　　　　　　　　　　　　　　　　　3 000
　　　　库存现金　　　　　　　　　　　　　　　　　　　　　　　　　　　　200

注：2024年9月，张峰向公司借款3 000元用于公务出差，业务处理如下。

借：其他应收款　　　　　　　　　　　　　　　　　　　　　　　　　　　3 000
　　贷：库存现金　　　　　　　　　　　　　　　　　　　　　　　　　　　3 000

【例5-60】 红云有限责任公司聘请法律顾问，以银行存款支付咨询费600元。

借：管理费用　　　　　　　　　　　　　　　　　　　　　　　　　　　　　600
　　贷：库存现金　　　　　　　　　　　　　　　　　　　　　　　　　　　　600

【例5-61】 红云有限责任公司以现金支付业务招待费15 000元。

借：管理费用　　　　　　　　　　　　　　　　　　　　　　　　　　　　15 000
　　贷：库存现金　　　　　　　　　　　　　　　　　　　　　　　　　　　15 000

（3）"财务费用"账户。

"财务费用"账户属于损益类账户，用于核算企业财务费用的发生和结转情况。

"财务费用"账户借方登记企业本期发生的各项财务费用，贷方登记期末企业转入"本年利润"的财务费用，期末结转到"本年利润"后该账户无余额。该账户可按费用项目设置明细账户，进行明细分类核算。"账务费用"账户结构如图5-7-9所示。

财务费用	
企业本期发生的各项财务费用	期末企业转入"本年利润"的财务费用

图5-7-9　"财务费用"账户

【例5-62】 红云有限责任公司支付10月应负担的短期借款利息4 000元。

借：财务费用　　　　　　　　　　　　　　　　　　　　　　　　　　　　4 000
　　贷：银行存款　　　　　　　　　　　　　　　　　　　　　　　　　　　4 000

【例5-63】 红云有限责任公司收到银行存款利息收入1 000元。

借：银行存款　　　　　　　　　　　　　　　　　　　　　　　　　　　　1 000
　　贷：财务费用　　　　　　　　　　　　　　　　　　　　　　　　　　　1 000

（二）投资收益的核算

1. 投资收益的概念

投资收益是企业对外投资所得的收入，包括企业对外投资取得的股利收入、债券利息收入以及与其他单位联营分得的利润等，投资收益的实现或投资损失的发生都会影响企业当期的经营成果。

2. 投资收益的账户设置

（1）"投资收益"账户。

"投资收益"账户属于损益类账户，用于核算企业对外投资实现收益或发生损失以及结转情况。

"投资收益"账户借方登记企业取得投资支付的交易费用、发生的投资损失和期末转入"本年利润"的投资净收益，贷方登记企业投资期间实现的投资收益和期末转入"本年利润"的投资净损失，期末结转到"本年利润"后该账户无余额。该账户可按投资的种类设置明细账户，进行明细分类核算。"投资收益"账户结构如图5-7-10所示。

投资收益	
企业取得投资支付的交易费用、发生的投资损失、期末转入"本年利润"的投资净收益	企业投资期间实现的投资收益、期末转入"本年利润"的投资净损失

图5-7-10 "投资收益"账户

（2）"交易性金融资产"账户。

"交易性金融资产"账户属于资产类账户，用来核算以赚取差价为目的从二级市场购入的股票、债券、基金等。

"交易性金融资产"账户借方登记企业交易性金融资产的取得成本和资产负债表日交易性金融资产的涨幅；贷方登记企业出售交易性金融资产的结转成本和资产负债表日交易性金融资产的跌幅；期末余额在借方，反映交易性金融资产的公允价值。"交易性金融资产"账户结构如图5-7-11所示。

交易性金融资产	
企业交易性金融资产的取得成本、资产负债表日交易性金融资产的涨幅	企业出售交易性金融资产的结转成本、资产负债表日交易性金融资产的跌幅
期末余额：交易性金融资产的公允价值	

图5-7-11 "交易性金融资产"账户

【例5-64】红云有限责任公司购入丁公司股票10 000股作为交易性金融资产，支付价款1 000 000元；另支付相关交易费用2 000元，取得的增值税专用发票上注明的增值税税额为120元。

借：交易性金融资产——成本　　　　　　　　　　　　　　　　　　　1 000 000
　　投资收益　　　　　　　　　　　　　　　　　　　　　　　　　　　　2 000
　　应交税费——应交增值税（进项税额）　　　　　　　　　　　　　　　　120
　　贷：银行存款　　　　　　　　　　　　　　　　　　　　　　　　　1 002 120

【例5-65】红云有限责任公司在持有丁公司股票期间，丁公司宣告发放现金股利，红云有限责任公司按其持有该上市公司股份计算确定应分得的现金股利为80 000元。假定不考虑相关税费。公司应编制如下会计分录。

借：应收股利——丁上市公司股票　　　　　　　　　　　　　　　　　　　80 000
　　贷：投资收益——丁上市公司股票　　　　　　　　　　　　　　　　　80 000

【例5-66】红云有限责任公司将目前为赚取差价的丁公司股票出售，假设持有期间没有确认公允价值变动损益，卖价扣除相关交易费用后为1 200 000元，所得款项存入银行。

借：银行存款　　　　　　　　　　　　　　　　　　　　　　　　　　1 200 000
　　贷：交易性金融资产——成本　　　　　　　　　　　　　　　　　　1 000 000
　　　　投资收益　　　　　　　　　　　　　　　　　　　　　　　　　　200 000

(三) 营业外收支的核算

1. 营业外收支的定义和内容

营业外收支是指与企业正常生产经营活动没有直接关系的各项收入和支出，包含营业外收入和营业外支出。

营业外收入和营业外支出的定义和核算内容如图 5-7-12 所示。

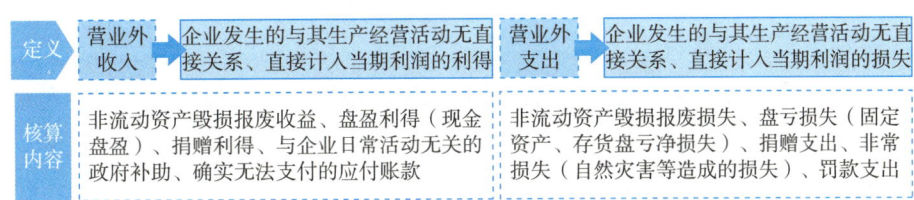

图 5-7-12　营业外收入和营业外支出的定义和核算内容

2. 营业外收支的账户设置

（1）"营业外收入"账户。

"营业外收入"账户属于损益类账户，用于核算企业发生的与其生产经营活动无直接关系、直接计入当期利润的利得，主要包括非流动资产毁损报废收益、盘盈利得（现金盘盈）、捐赠利得、与企业日常活动无关的政府补助、确实无法支付的应付账款等。

"营业外收入"账户借方登记期末企业转入"本年利润"的营业外收入，贷方登记企业确认的营业外收入，期末结转到"本年利润"后该账户无余额。该账户可按营业外收入项目设置明细账户，进行明细分类核算。"营业外收入"账户结构如图 5-7-13 所示。

营业外收入	
期末企业转入"本年利润"的营业外收入	企业确认的营业外收入

图 5-7-13　"营业外收入"账户

（2）"营业外支出"账户。

"营业外支出"账户属于损益类账户，用于核算企业发生的与其生产经营活动无直接关系、直接计入当期利润的损失，主要包括非流动资产毁损报废损失、盘亏损失（固定资产、存货盘亏净损失）、捐赠支出、非常损失（自然灾害等造成的损失）、罚款支出等。

"营业外支出"账户借方登记企业确认的营业外支出，贷方登记期末企业转入"本年利润"的营业外支出，期末结转到"本年利润"后该账户无余额。该账户可按营业外支出项目设置明细账户，进行明细分类核算。"营业外支出"账户结构如图 5-7-14 所示。

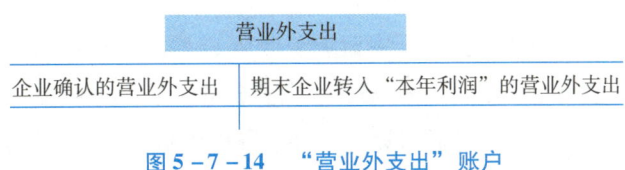

图 5-7-14　"营业外支出"账户

【例 5-67】2024 年 10 月 15 日，红云有限责任公司收到客户违约支付的罚款收入 2 000 元，存入银行。

  借：银行存款 2 000
    贷：营业外收入 2 000

【例5-68】2024年10月25日，红云有限责任公司以3 500元支付公益性捐赠支出。

  借：营业外支出 3 500
    贷：银行存款 3 500

（四）所得税费用的核算

所得税费用是国家对企业实现的经营所得和其他所得按规定的税率征收的一种税款，用来核算企业按规定从当期损益中扣除的所得税。

当期所得税＝当期应纳税所得额×适用税率

"所得税费用"账户属于损益类账户，用于核算企业所得税费用的确认及结转情况。

"所得税费用"账户借方登记企业本期发生的所得税费用，贷方登记期末企业转入"本年利润"的所得税费用，期末结转到"本年利润"后该账户无余额。"所得税费用"账户结构如图5-7-15所示。

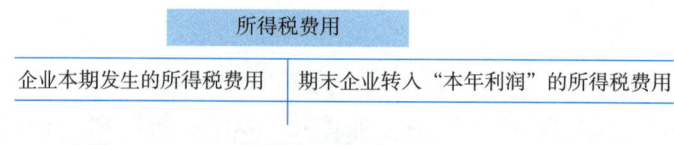

图5-7-15 "所得税费用"账户

（五）本年利润的核算

"本年利润"账户属于损益类账户，用于核算企业在某个会计年度实现的净利润或净亏损。

"本年利润"账户借方登记期末企业转入的各项费用和损失，贷方登记期末企业转入的各项收入和利得。其账户结构如图5-7-16所示。

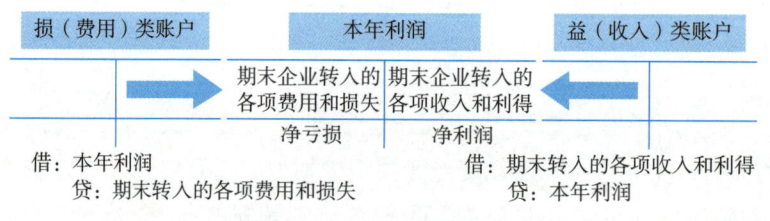

图5-7-16 "本年利润"账户

期末企业转入的各项费用和损失包括：主营业务成本、其他业务成本、销售费用、管理费用、财务费用、资产减值损失、信用减值损失、投资收益（损失）、资产处置收益（损失）、公允价值变动收益（损失）、营业外支出、所得税费用等。

期末企业转入的各项收入和利得包括：主营业务收入、其他业务收入、投资收益（损失）、资产处置收益（损失）、公允价值变动收益（损失）、营业外收入、其他收益等。

年度终了，企业还应将"本年利润"账户的本年累计余额转入"利润分配——未分配利润"账户，如果结转的是当年实现的净利润，则会计分录为借记"本年利润"，贷记"利润分配——未分配利润"；如果结转的是净亏损，则作相反会计分录。结转后，本年利润账户无余额。

在企业利润核算中,常用的方法有表结法和账结法两种。表结法和账结法的主要区别在于是否及时将损益记入"本年利润"账户,如图 5-7-17 所示。

利润核算方法	特点	适用企业
表结法	损益类科目年末转入"本年利润"账户	规模较小、业务量较少、损益类科目发生额不多
账结法	损益类科目月末转入"本年利润"账户	规模较大、业务量较多、损益类科目发生额较多

图 5-7-17 利润核算方法

【例 5-69】 2024 年 12 月 31 日,红云有限责任公司将各损益类科目余额结转至"本年利润"科目。本月主营业务收入 600 000 元,其他业务收入 70 000 元,其他收益 1 500 元,投资收益 10 000 元,营业外收入 5 000 元,主营业务成本 400 000 元,其他业务成本 40 000 元,税金及附加 8 000 元,销售费用 50 000 元,管理费用 77 000 元,财务费用 30 000 元,营业外支出 2 500 元。所得税税率为 25%。公司应编制如下会计分录。

(1) 将各损益类科目年末余额结转至"本年利润"科目。

①结转各项收入、利得类科目:

借:主营业务收入　　　　　　　　　　　　　　　　　　　　　　　　600 000
　　其他业务收入　　　　　　　　　　　　　　　　　　　　　　　　 70 000
　　其他收益　　　　　　　　　　　　　　　　　　　　　　　　　　 1 500
　　投资收益　　　　　　　　　　　　　　　　　　　　　　　　　　 10 000
　　营业外收入　　　　　　　　　　　　　　　　　　　　　　　　　 5 000
　　贷:本年利润　　　　　　　　　　　　　　　　　　　　　　　　686 500

②结转各项费用、损失类科目:

借:本年利润　　　　　　　　　　　　　　　　　　　　　　　　　　607 500
　　贷:主营业务成本　　　　　　　　　　　　　　　　　　　　　　400 000
　　　　其他业务成本　　　　　　　　　　　　　　　　　　　　　　 40 000
　　　　税金及附加　　　　　　　　　　　　　　　　　　　　　　　 8 000
　　　　销售费用　　　　　　　　　　　　　　　　　　　　　　　　 50 000
　　　　管理费用　　　　　　　　　　　　　　　　　　　　　　　　 77 000
　　　　财务费用　　　　　　　　　　　　　　　　　　　　　　　　 30 000
　　　　营业外支出　　　　　　　　　　　　　　　　　　　　　　　 2 500

(2) 利润总额 = 税前会计利润 = 686 500 - 607 500 = 79 000(元)。

(3) 假设红云有限责任公司适用的企业所得税税率为 25%,无纳税调整事项,则本期的应纳税所得额就是本期的利润总额。公司应编制如下会计分录。

①确认所得税费用:

应纳所得税额 = 79 000 × 25% = 19 750(元)

借:所得税费用　　　　　　　　　　　　　　　　　　　　　　　　　 19 750
　　贷:应交税费——应交所得税　　　　　　　　　　　　　　　　　 19 750

②将所得税费用结转入本年利润：

借：本年利润 19 750
　　贷：所得税费用 19 750

（4）计算红云有限责任公司本期的净利润。

本期的净利润=686 500−607 500−19 750=59 250（元）

期末，将净利润结转至"利润分配——未分配利润"科目：

借：本年利润 59 250
　　贷：利润分配——未分配利润 59 250

三、利润分配业务的核算

利润分配是指企业根据国家有关规定和企业章程、投资者协议等，对企业当年可供分配利润指定其用途和分配给投资者的行为。利润分配的过程和结果不仅关系到每个股东的合法权益是否得到保障，还关系到企业的未来发展。

（一）利润分配的顺序

根据《中华人民共和国公司法》等有关法律、法规规定，企业当年实现的净利润首先应弥补以前年度亏损，其次将净利润按一定比例提取法定（任意）盈余公积，最后形成可供投资者分配的利润。利润分配的顺序如图5-7-18所示。

图5-7-18　利润分配的顺序

1. 弥补以前年度亏损

用利润弥补以前年度亏损无须专门编制会计分录。因为，在企业年终结账后，亏损和盈利均结转至"利润分配——未分配利润"科目，该账户的借方（亏损额）自然会与贷方（盈利额）进行抵补。

2. 提取法定盈余公积

根据《中华人民共和国公司法》有关规定，企业应按净利润的10%提取法定盈余公积，企业提取法定盈余公积金累计超过注册资本50%以上的可不再提取。

3. 分配优先股股利

发行优先股的企业，应按照约定的股息率向优先股股东分配股利。

4. 提取任意盈余公积

企业在计提了法定盈余公积之后，还可以经股东会或股东大会决议提取任意盈余公积，任意盈余公积提取与否根据公司发展需要和盈余情况决定。

5. 分配普通股股利

企业实现的净利润在扣除以上项目后，再加上年初未分配利润和其他转入数（盈余公积弥补的亏损等）形成普通股股东分配的利润。

企业向普通股股东分配股利，通常采用以下形式：

（1）分配普通股现金股利是指企业按照利润分配方案分配给普通股股东的现金股利；

（2）转作资本（或股本）的普通股股利是指企业按照利润分配方案以分派股票股利的形式转作的资本（或股本）。

可供普通股股东分配的利润经过上述分配后的余额，为企业的未分配利润（或未弥补亏损）。

未分配利润是企业留待以后年度分配或待分配的利润，也可用于企业的再投资、扩大生产经营规模、增加注册资本、改善员工福利等方面。

（二）账户设置

1. "利润分配"账户

"利润分配"账户属于所有者权益类账户，用于核算企业在一定时间内净利润的分配或亏损的弥补以及历年结存的未分配利润情况。

"利润分配"科目设置以下二级明细科目："提取法定（任意）盈余公积""应付现金股利""转作资本（或股本）的股利""盈余公积补亏""未分配利润"。

"利润分配"账户借方登记实际分配的利润额，包括提取法定（任意）盈余公积、分配给投资者的利润和年末转入的全年净亏损，贷方登记盈余公积补亏金额和年末转入的全年净利润。年末应将"利润分配"账户下的其他明细账户余额转入"未分配利润"明细账户，经过结转后，只有"未分配利润"明细账户有余额。"未分配利润"明细账户借方余额表示累积未弥补亏损额，贷方余额表示累积未分配利润。"利润分配"账户结构如图5-7-19所示。

利润分配	
实际分配的利润额： 提取法定（任意）盈余公积、分配给投资者的利润、年末转入的全年净亏损	盈余公积补亏金额、 年末转入的全年净利润
期末余额：累积未弥补亏损额	期末余额：累积未分配的利润

图5-7-19 "利润分配"账户

2. "盈余公积"账户

"盈余公积"账户属于所有者权益类账户，用于核算盈余公积的提取和使用等增减变动情况。

"盈余公积"账户借方登记实际使用的盈余公积；贷方登记提取的盈余公积；期末余额在贷方，反映结余的盈余公积。该账户可设置"法定盈余公积"和"任意盈余公积"明细账户，进行明细分类核算。"盈余公积"账户结构如图5-7-20所示。

盈余公积	
实际使用的盈余公积	提取的盈余公积
	期末余额：结余的盈余公积

图5-7-20 "盈余公积"账户

盈余公积的用途：弥补亏损、转增资本（股本）、派发现金股利，如图5-7-21所示。

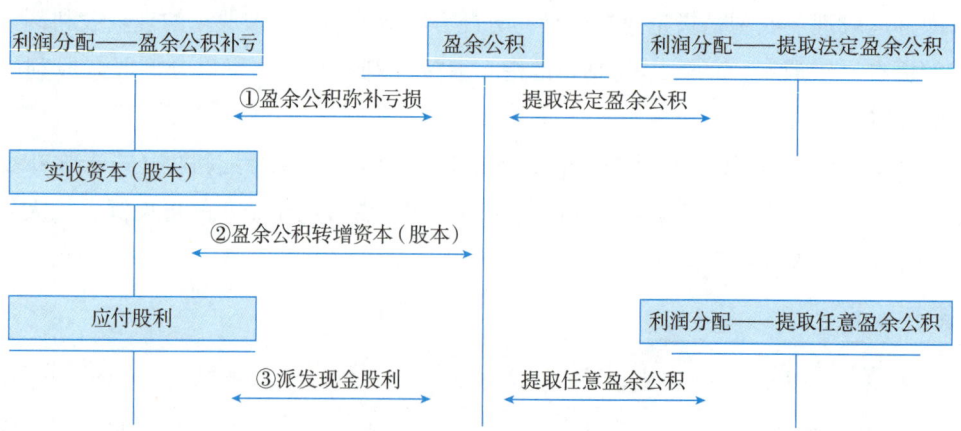

图 5-7-21 盈余公积的用途

3. "应付股利"账户

"应付股利"账户属于负债类账户,用于核算应支付给投资者的股利。

"应付股利"账户借方登记已支付的现金股利;贷方登记应向投资者支付的现金股利;期末余额在贷方,反映尚未支付的现金股利。该账户可按投资者设置明细账户,进行明细分类核算。"应付股利"账户结构如图 5-7-22 所示。

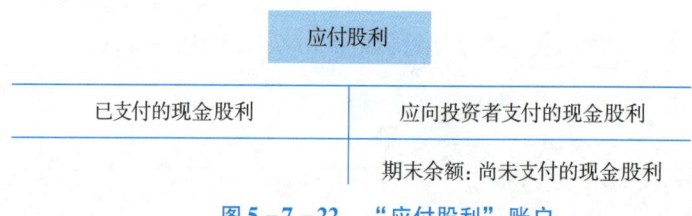

图 5-7-22 "应付股利"账户

企业董事会或类似机构通过的利润分配方案中拟分配的现金股利或利润,不应确认为负债,但应在财务报告的附注中披露。

(三) 账务处理

利润分配核算的一般程序如图 5-7-23 所示。

图 5-7-23 利润分配核算的一般程序

1. 利润分配核算程序之"结转"

年终决算时,企业应将全年实现的净利润(净亏损)从"本年利润"账户转入"利润分配——未分配利润"账户,结平"本年利润"。

(1) 结转净利润。

借:本年利润
　　贷:利润分配——未分配利润

(2) 结转净亏损。

借:利润分配——未分配利润

贷：本年利润

【小贴士】

　　不管企业在期末出现净利润还是净亏损，都需要将净利润或者净亏损结转到"利润分配——未分配利润"账户。

　　企业出现亏损后，首要任务是弥补亏损，可以用以前年度的未分配利润和当年实现的净利润弥补亏损，也可以用以前年度提取的盈余公积弥补亏损。以前年度亏损未弥补完的，不能提取法定盈余公积。只有在亏损被完全弥补后仍有剩余利润时，企业才需要按照法律规定提取法定盈余公积，并进行后续利润分配核算程序。

2. 利润分配核算程序之"分配"

（1）弥补以前年度亏损。

用以前年度未分配利润或者当年净利润弥补亏损不用做会计分录，自然弥补。

用以前年度提取的盈余公积弥补亏损：

借：盈余公积
　　贷：利润分配——盈余公积补亏

（2）提取法定（任意）盈余公积。

借：利润分配——提取法定（任意）盈余公积
　　贷：盈余公积——法定（任意）盈余公积

盈余公积可以用于弥补亏损、转增资本（股本）和发放股利。其账务处理如图5-7-24所示。

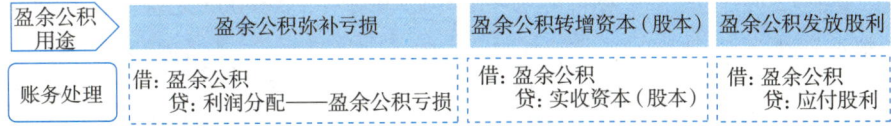

图5-7-24 盈余公积的用途及其账务处理

（3）给投资人分配利润。

①支付现金股利。

A. 宣告分配现金股利：

借：利润分配——应付现金股利（利润）
　　贷：应付股利

B. 发放现金股利：

借：应付股利
　　贷：银行存款

②支付股票股利。

A. 宣告分配股票股利：不用做账务处理。

B. 发放股票股利：

借：利润分配——转作资本（股本）的股利
　　贷：实收资本（股本）

3. 利润分配核算程序之"结存"

期末,将"利润分配"账户所属各明细分类账户的借方合计数结转到"利润分配——未分配利润"明细分类账的借方。"利润分配"账户的结转如图 5-7-25 所示。

借:利润分配——未分配利润
　　贷:利润分配——提取法定(任意)盈余公积
　　　　利润分配——应付现金股利或利润
　　　　利润分配——转作资本(股本)的股利
借:利润分配——盈余公积补亏
　　贷:利润分配——未分配利润

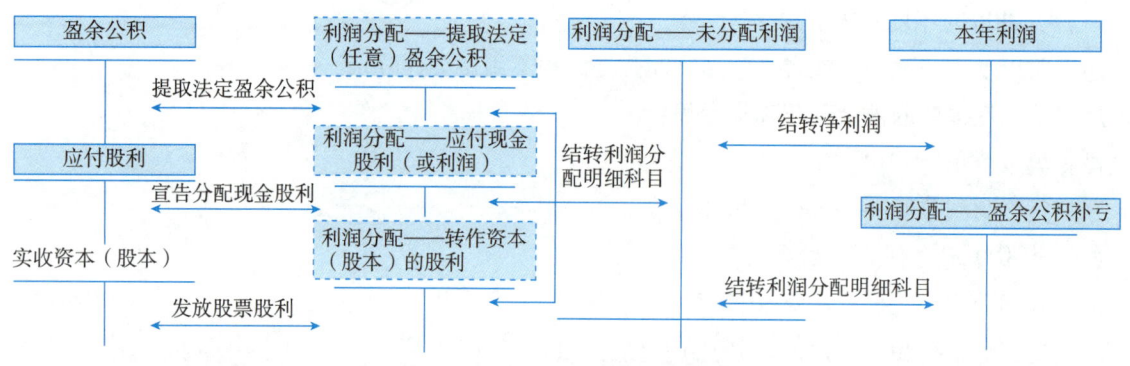

图 5-7-25 "利润分配"账户的结转

【例 5-70】2024 年 12 月 31 日,甲公司将本年实现的净利润 5 000 000 元转入"利润分配"科目。公司应编制如下会计分录。

借:本年利润　　　　　　　　　　　　　　　　　　　　　　　　5 000 000
　　贷:利润分配——分配利润　　　　　　　　　　　　　　　　　　　　5 000 000

【例 5-71】承【例 5-70】,2025 年 1 月 20 日,甲公司股东会决定按上年度实现的净利润 5 000 000 元的 10% 提取法定盈余公积 500 000 元,按 5% 提取任意盈余公积 250 000 元;同时,决定向投资者分配利润 2 000 000 元。公司应编制如下会计分录。

借:利润分配——提取法定盈余公积　　　　　　　　　　　　　　　500 000
　　　　　　——提取任意盈余公积　　　　　　　　　　　　　　　250 000
　　贷:盈余公积——法定盈余公积　　　　　　　　　　　　　　　　　500 000
　　　　　　　——任意盈余公积　　　　　　　　　　　　　　　　　250 000
借:利润分配——应付现金股利或利润　　　　　　　　　　　　　　2 000 000
　　贷:应付股利　　　　　　　　　　　　　　　　　　　　　　　　2 000 000

【例 5-72】承【例 5-71】,利润分配结束后,甲公司应将"利润分配"账户所属的各明细分类账户借方合计数结转到"利润分配——未分配利润"明细账户。公司应编制如下会计分录。

借:利润分配——未分配利润　　　　　　　　　　　　　　　　　2 750 000
　　贷:利润分配——提取法定盈余公积　　　　　　　　　　　　　　　500 000
　　　　　　　　——提取任意盈余公积　　　　　　　　　　　　　　250 000
　　　　　　　　——应付现金股利或利润　　　　　　　　　　　　2 000 000

项目五 企业主要经济业务的核算 05

【思政小课堂】

前人栽树，后人乘凉——会计理论探索的先行者

一、教学目标

1. 知识目标

（1）了解中国特色的会计理论和方法体系发展过程。

（2）理解"经济越发展，会计越重要"的内涵。

2. 能力目标

（1）培养学生尽职尽责、爱岗敬业的工作态度。

（2）培养学生勤勉、自律、积极上进的学习习惯。

（3）鼓励学生拓展阅读，寻找正能量的榜样。

3. 素质目标

（1）帮助学生树立"坚持学习，守正创新"的职业道德观。

（2）让学生践行"活到老学到老"的理念，不断提升自己的专业素养和能力水平。

二、案例

我国著名会计学家、中国人民大学贺南轩教授是中华人民共和国会计事业改革发展的重要亲历者，他在会计教育战线上辛勤耕耘近半个世纪，为我国会计事业发展做出了重要贡献。他的代表作有《责任会计学》《工业会计核算》《工业会计学》等。

贺南轩教授坚持学习，守正创新。在学术上刻苦钻研，勇于探索、开拓，成果丰硕。"文化大革命"期间，我国会计事业受到了严重破坏，借贷记账法被歪曲、被误解。他以会计学者的见识和勇气，在1979—1982年，连续发表一系列具有广泛影响力的论文：《记账方法没有阶级性》《再论记账方法没有阶级性》《借贷记账法是一种科学的比较好的记账法》《评对借贷记账法记账符号的种种改革》《对借贷记账法基本原理的探讨》等。这是党的十一届三中全会以后，第一批在会计方法方面拨乱反正、为科学的借贷记账法正名的论文。这些论文澄清了借贷记账法的是非曲直。贺南轩教授的教学科研成果主要包括工业会计、成本会计和责任会计三个方面。其中有关成本核算的论点和提法，已被我国"工业会计学"和"成本会计学"教材广泛吸收，构成这两门学科的核心内容之一。他在工业会计学方面的研究成就尤为突出，早在1963年就与阎金锷教授一起编著了全国高等财经院校统编教材《工业会计核算》，对经济体制改革以来工业会计改革的新鲜经验做了理论概括，并吸收了他在记账方法和成本核算方面专题研究的成果，第一次恢复使用科学的借贷记账法，改用适应我国当时财务管理需要的各种会计核算方法和具有中国特色的科学的成本计算方法体系。该书对于工业会计的教学和实际工作的拨乱反正、深入改革起到重要作用，在1983年和1992年两次修订再版，累计发行180余万册。

三、案例意义

（1）只有符合中国国情的会计理论才有利于国家经济的发展。只有从我国国情出发，在深刻总结我国经验和教训的基础上，借鉴国际上有益的经验，建立有中国特色的会计理论和方法体系，才能使我国的会计学术水平达到乃至超过国际水平。既提炼具有中国特色的会计理论成果实现"研究主题本土化"和"研究范式国际化"，又不断完善和发展我国会计理论。

（2）从事教学和科研要坚持实事求是。搞教学和科研都应该实事求是，只有这样才能经得起实

践和时间的检验,永远立于不败之地。我国的会计理论与实务研究,唯有坚持实践导向,从中国国情出发,紧紧围绕党中央与国家的重大战略部署,以服务经济社会发展和会计改革需要的问题为导向,围绕会计法规制度建设、会计行业转型发展等现实问题,结合经济社会发展和会计改革的要求,才能更好地推动经济社会高质量发展。

四、启发思考题

你如何看待会计人的"活到老,学到老"?

项目六 会计凭证

项目导言

会计凭证是在会计核算过程中，为保证会计信息的可靠性，如实反映各项经济事项对要素的影响情况，据以记录经济业务、明确经济责任和作为登记账簿的书面证明。填制和审核会计凭证是会计信息处理的重要方法之一，也是整个会计核算工作的起点和基础。

学习目标

德育目标

1. 帮助学生树立正确的学习观念，培养学生独立思考和解决问题的能力。
2. 培养学生的综合素质和竞争力。

知识目标

1. 了解会计凭证的作用、概念。
2. 掌握会计凭证的分类。

技能目标

1. 能准确区分和识别不同的会计凭证。
2. 能够正确填制和审核会计凭证。

任务一 认识会计凭证

会计凭证简称"凭证"，是记录经济活动、明确经济责任的书面证明。会计凭证是登记账簿、进行会计监督的重要依据。会计人员必须对已取得的会计凭证进行严格的审核，只有准确无误的会计凭证，才能作为登记各种账簿的凭据。

会计凭证的取得、填制和登记如图6-1-1所示。

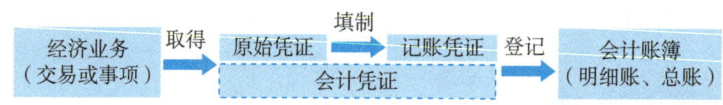

图6-1-1　会计凭证的取得、填制和登记

一、会计凭证的种类

按填制程序和用途不同，会计凭证可分为原始凭证和记账凭证。

原始凭证是在经济业务发生时取得或填制，载明经济业务具体内容和完成情况的书面证明，是进行会计核算的原始资料和主要依据。

记账凭证是以审核无误的原始凭证为依据，按照经济业务事项的内容加以归类，并据以确定会计分录后填制的会计凭证。记账凭证是登入账簿的直接依据，常用的记账凭证有收款凭证、付款凭证、转账凭证等。

会计凭证的分类如图6-1-2所示。

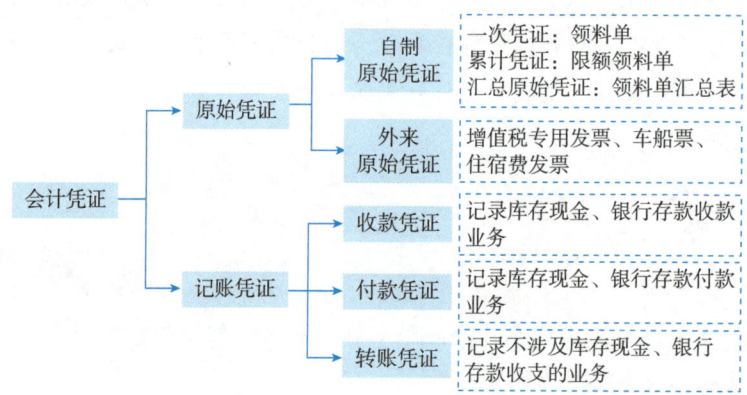

图6-1-2　会计凭证的分类

二、会计凭证的作用

（一）记录经济业务，提供记账依据

企业会计凭证作为记录经济业务、明确经济责任的书面证明，体现了经济责任制度的执行情况。填制会计凭证，可以正确、及时地反映各项经济业务的完成情况，为登记账簿提供可靠的依据。会计凭证记录有关信息的真实性、可靠性、及时性，对保证会计信息质量具有重要影响。

（二）明确经济责任，强化内部控制

填制和审核会计凭证，可加强经济业务管理责任制。任何会计凭证除记录有关经济业务的基本内容外，还必须由有关部门和人员签章，这样可以对会计凭证记录经济业务的真实性、完整性、合法性等负责，防止舞弊行为，强化内部控制。

（三）监督经济活动，控制经济运行

通过会计凭证的审核，可以查明每一项经济业务是否真实发生，是否符合国家有关法律、法规、制度的规定，是否符合计划、预算进度，是否有违法乱纪、铺张浪费行为等。对查出的问题，

应积极采取措施予以纠正，实现对经济活动的事中控制，保证经济活动健康进行。

任务二　填制和审核原始凭证

一、原始凭证的种类

按取得来源不同，原始凭证可分为自制原始凭证和外来原始凭证。

（一）自制原始凭证

自制原始凭证是由本单位经办业务的部门和人员在执行或完成某项经济业务时填制的凭证。自制原始凭证按填制程序和内容不同，可分为一次凭证、累计凭证和汇总原始凭证。

（1）一次凭证，又称“一次有效凭证”，是指只记载一项经济业务或同时记载若干项同类经济业务，填制手续一次完成的凭证。例如，领料单（见图6-2-1）、增值税专用发票（见图6-2-2）等都是一次凭证。一次凭证只能反映一笔业务的内容，使用方便灵活，但数量较多，核算较麻烦。

编号：

领用部门：　　　　　　　　　　　　　　　　　　　　日期：　年　月　日

序号	项目名称	材料编码	材料名称	规格	数量		单价	金额
					请领	实发		

领料人：　　　　部门审核：　　　　批准：　　　　仓库：

图6-2-1　领料单

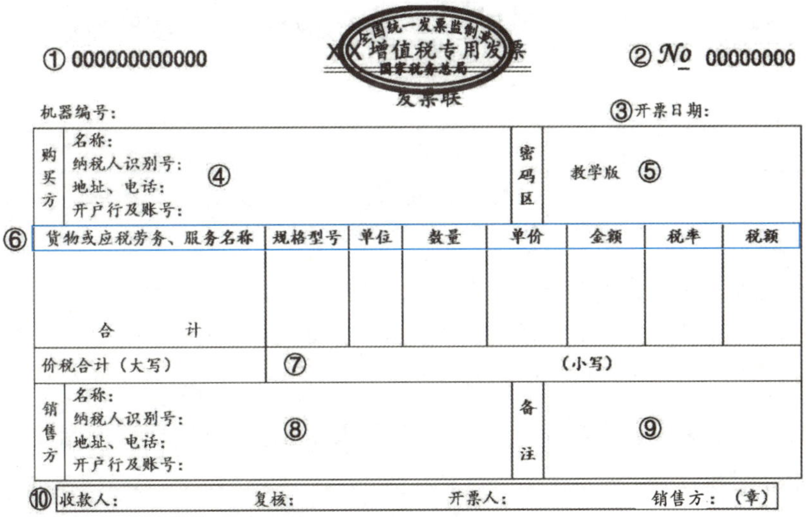
① 000000000000　XX增值税专用发票（全国统一发票监制章 国家税务总局）　② № 00000000
发票联
机器编号：　③开票日期：
购买方　名称：　纳税人识别号：　地址、电话：　开户行及账号：　④　密码区　教学版　⑤
⑥ 货物或应税劳务、服务名称 | 规格型号 | 单位 | 数量 | 单价 | 金额 | 税率 | 税额
合　计
价税合计（大写）　⑦　（小写）
销售方　名称：　纳税人识别号：　地址、电话：　开户行及账号：　⑧　备注　⑨
⑩ 收款人：　复核：　开票人：　销售方：（章）

图6-2-2　增值税专用发票

由图6-2-2可以看出：

①发票代码：发票代码为12位数字。

②发票号码：发票号码为 8 位数字。

注：每张发票的"代码+号码"全国唯一，可通过国家税务总局平台查验真伪。

③开票日期：开具发票的当日。

④购买方：在主管税务机关注册的企业名称，纳税人识别号，地址、电话和开户行及账号。

⑤税控码：增值税专用发票的税控码是 84 位，是一串包含了专用发票购买方纳税人识别号、销售方纳税人识别号、金额（不含税）、税额、发票代码、发票号码、开票日期七项内容的密文。税务机关通过这串密文与发票上的明文进行比对。

⑥货物或应税劳务、服务详情：这里填写销售方销售的货物或应税劳务、服务名称，规格型号，单位，数量，单价（不含税），金额（不含税），税率，税额。

⑦价税合计（大小写）：金额（不含税）与税额之和。

⑧销售方：在主管税务机关注册的企业名称，纳税人识别号，地址、电话和开户行及账号。

⑨备注：特殊事项的注明。

⑩操作人员、开票方详情及签章：销售方具体的收款人、复核人、开票人以及使用在主管税务机关登记的发票专用章。

（2）累计凭证，又称"多次有效凭证"，是指连续记载一定时期内不断重复发生的同类经济业务、填制手续是在一张凭证中多次进行才能完成的凭证。例如，限额领料单（见图 6-2-3），给出每月领用材料限额，可以在不超限额的情况下多次领用。

领料部门：　　　　　　　　　　　　　　　　　　　　　　　　　　发料仓库：

用途：　　　　　　　　　　　　　年　月　日　　　　　　　　　编号：

材料编号	材料名称	规格	计量单位	计划单价	领用限额	全月实额	
						数量	金额

领用日期	请领数量	实发数量	领料人签章	发料人签章	限额结余数量

供应部门负责人：　　　　　　　领料部门负责人：　　　　　　仓库负责人：

图 6-2-3　限额领料单

（3）汇总原始凭证，又称"原始凭证汇总表"，是指在会计核算工作中，为简化记账凭证的编制工作，将一定时期内若干份记录同类经济业务的原始凭证加以汇总，用以集中反映某项经济业务总括发生情况的会计凭证，如"收料凭证汇总表""发料凭证汇总表""工资结算汇总表"等。记账编制凭证是根据账簿记录和经济业务的需要对账簿记录内容加以整理而编制的一种自制原始凭证，如"制造费用分配表"等。

（二）外来原始凭证

外来原始凭证是指在同外单位发生经济业务往来时，从外单位取得的凭证。外来原始凭证一般均属于一次凭证。例如，从供应单位取得的购货发票、上缴税金的凭据、乘坐有关交通工具的票据、运输部门出具的运费发票等。

【例6-1】甲公司销售一批商品给乙公司，双方签订了销售合同和购货清单，后仓库根据合同和购货清单组织货物，开具出库单，财务开出增值税专用发票，委托运输公司发货，乙公司收货后签收。甲公司委托银行收款后收到银行收款回单。整个销售流程产生的原始凭证有购货清单、出库单、签收单、收款回单、增值税专用发票等。

二、原始凭证的基本内容

原始凭证的基本内容一般包括：①原始凭证的名称；②填制凭证的日期及编号；③接受凭证的单位名称；④经济业务的数量、单价和金额；⑤填制凭证的单位名称和填制人姓名；⑥经济业务的内容；⑦经办人员的签名或盖章。

三、原始凭证填制和取得要求

不同的会计主体对填制或取得的原始凭证具体要求有一定的区别，基本前提是为保证整个会计信息系统产生的相关资料真实性、正确性和及时性，按照《中华人民共和国会计法》（以下简称《会计法》）和《会计基础工作规范》的规定，应做到：原始凭证反映的具体内容真实可靠；原始凭证反映的内容完整、项目齐全、手续完备；原始凭证的书写简洁、清楚，大小写符合会计基础规范的要求；原始凭证及时填制并按照规定的程序进行传递。

原始凭证记载的各项内容均不得涂改。原始凭证有错误的应当由出具单位重开或者更正，更正处应当加盖出具单位印章。对于支票等重要原始凭证填写错误的，一律不得在凭证上更正，应按规定的手续注销留存，另行重新填写。

【小贴士】

原始凭证上的文字，要按规定书写，字迹要工整、清晰、易于辨认，不得使用未经国务院颁布的简化字。汉字大写金额数字，一律用正楷字或行书字书写，如"壹、贰、叁、肆、伍、陆、柒、捌、玖、拾、佰、仟、万、亿、元（圆）、角、分、零、整（正）"。

注意以下几个书写要求。

（1）中文大写金额数字到"元"为止的，在"元"之后，应写"整"（或"正"）字；在"角"之后，可以写"整"（或"正"）字，也可以不写；大写金额数字有"分"的，"分"后面不得写"整"（或"正"）字。

（2）中文大写金额数字前应标明"人民币"字样。大写金额数字应紧接"人民币"字样填写，不得留有空白。

（3）阿拉伯数字小写金额数字中有"0"时，中文大写应按照汉语语言规律、金额数字构成和防止涂改的要求进行书写。

①阿拉伯数字中间有"0"时：中文大写要写"零"字，例如，"¥1 409.50"，应写成"人民币壹仟肆佰零玖元伍角"或"人民币壹仟肆佰零玖元伍角整（正）"。

②阿拉伯数字中间连续有几个"0"时：中文大写金额中间可以只写一个"零"字，例如，"¥6 007.14"，应写成"人民币陆仟零柒元壹角肆分"。

③阿拉伯金额数字万位和元位是"0"，或者数字中间连续有几个"0"，万位、元位也是"0"，但千位、角位不是"0"时：中文大写金额中可以只写一个"零"字，也可以不写"零"字，例

如,"¥107 000.53",应写成"人民币壹拾万柒仟元零伍角叁分"或者写成"人民币壹拾万零柒仟元伍角叁分";又如,"¥1 680.32",应写成"人民币壹仟陆佰捌拾元零叁角贰分"或者写成"人民币壹仟陆佰捌拾元叁角贰分"。

④阿拉伯金额数字角位是"0",而分位不是"0"时:中文大写金额"元"后面应写"零"字,例如,"¥16 409.02",应写成"人民币壹万陆仟肆佰零玖元零贰分";又如,"¥325.04",应写成"人民币叁佰贰拾伍元零肆分"。

(4) 阿拉伯小写金额数字前面,均应填写人民币符号"¥";阿拉伯小写金额数字要认真填写,不得连写分辨不清。

(5) 票据的出票日期必须使用中文大写,为防止变造票据的出票日期,在填写月、日时,月为"壹""贰"和"壹拾"的,日为"壹"至"玖"和"壹拾""贰拾"及"叁拾"的,应在其前加"零"。日为"拾壹"至"拾玖"的,应在其前加"壹"。例如,1月15日,应写成"零壹月壹拾伍日";又如,10月20日,应写成"零壹拾月零贰拾日"。

四、原始凭证的审核

为了保证原始凭证内容的真实性和合法性,防止不符合填制要求的原始凭证影响会计信息的质量,必须由会计部门对一切外来和自制的原始凭证进行严格审核。审核内容主要包括以下两个方面。

(1) 审核原始凭证反映的经济业务是否合法、合规、合理,即符合现行财经法规、财会制度以及本单位有关规定。

(2) 审核原始凭证的填制是否符合相关规定的要求。审核原始凭证是否具备作为合法凭证必需的基本内容,所有项目填写齐全,签字盖章齐全,计算准确,大、小写金额相符,数字和文字清晰等。

【小贴士】

对于不真实、不合法的原始凭证,会计人员有权不予受理,并要向单位负责人报告;对于记载不准确、不完整的原始凭证应予以退回,并要求按照国家统一的会计制度规定更正、补充。

任务三 填制和审核记账凭证

记账凭证是根据审核无误的原始凭证归类、整理、编制的会计分录凭证,是登记账簿的直接依据。原始凭证种类繁多、格式不一,不便依据原始凭证直接记账的,需要将各种原始凭证反映的经济内容加以归类整理,并据以确认会计分录后填制会计凭证。从原始凭证到记账凭证是经济信息转换成会计信息的过程,是会计的初始确认阶段。

一、记账凭证的基本内容

记账凭证必须具备以下内容:①填制凭证的日期;②凭证编号;③经济业务的内容摘要;④应借、应贷会计科目;⑤金额;⑥所附原始凭证的张数;⑦填制有关人员的签章。

二、记账凭证的分类

按用途不同,记账凭证可以分为通用记账凭证和专用记账凭证两类。

(一) 通用记账凭证

通用记账凭证是指适用于所有经济业务、格式统一的记账凭证(见图6-3-1)。采用通用记账凭证的单位,不论收款业务、付款业务,还是转账业务,都采用统一格式的记账凭证。

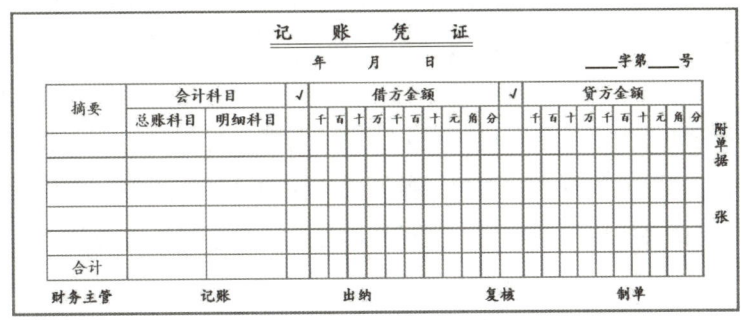

图6-3-1 记账凭证

(二) 专用记账凭证

专用记账凭证是指分类反映经济业务的记账凭证。按反映经济业务的内容不同,专用记账凭证又可分为收款凭证、付款凭证和转账凭证。

记账凭证的分类如图6-3-2所示。

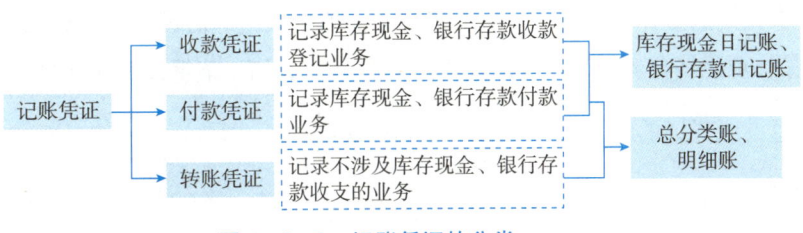

图6-3-2 记账凭证的分类

(1) 收款凭证。收款凭证根据有关库存现金和银行存款收款登记业务的原始凭证填制,是记录库存现金日记账、银行存款日记账以及有关总分类账和明细分类账等账簿的依据,也是出纳人员收讫款项的依据,如收到销货款存入银行等。

(2) 付款凭证。付款凭证是指用于记录库存现金和银行存款付款业务的记账凭证。付款凭证根据有关库存现金和银行存款支付业务的原始凭证填制,是登记库存现金日记账、银行存款日记账以及有关总分类账和明细分类账等账簿的依据,也是出纳人员支付款项的依据,如用现金支付差旅费、以银行存款支付费用等。

(3) 转账凭证。转账凭证是指用于记录不涉及库存现金和银行存款业务的记账凭证。转账凭证根据有关转账业务的原始凭证填制,是登记有关总分类账和明细分类账等账簿的依据,如向仓库领料、产成品完工入库、制造费用分配结转等。

【小贴士】

对于库存现金、银行存款和其他货币资金之间的收付业务(又称"相互划转业务"),如从银行提取现金、把现金送存银行、开设外埠存款账户等，为避免重复记账，一般只编制付款凭证，而不再编制收款凭证。

三、专用记账凭证的填制方法

转账凭证除了可以根据有关转账业务的原始凭证填制外，还可以根据账簿记录填制，如损益类科目账簿上的期末余额转入"本年利润"账户的结转损益凭证；年终利润分配、结转，以及错账更正业务等填制的记账凭证一般没有附原始凭证，所以并非所有记账凭证都附有原始凭证。

各种记账凭证的填制，除按原始凭证的要求填制外，还应严格遵循以下要求。

（1）摘要简明。记账凭证的摘要应用简明扼要的语言概括经济业务的主要内容。既要防止简而不明，又要避免过于烦琐。为了满足登记明细分类账的需要，对不同性质的账户，摘要填写应有所区别。例如，反映原材料等实物资产的账户，摘要中应注明品种、数量、单价；反映库存现金、银行存款或借款的账户，摘要中应注明收付款凭证和结算凭证的号码，以及款项增减原因、收付款单位名称等。

（2）科目运用准确。必须按会计制度统一规定的会计科目填写，不得任意简化或改动，不得只写科目编号，不写科目名称；同时，明细科目要填列齐全。应"借"、应"贷"的记账方向和账户对应关系必须清楚；编制复合会计分录，应是一"借"多"贷"或一"贷"多"借"，尽可能不编多"借"多"贷"的会计分录。

（3）连续编号。采用通用记账凭证，可按全部经济业务发生的先后顺序编号，每月从第1号编起；采用专用记账凭证，可按凭证类别分类编号，每月从收字第1号、付字第1号和转字第1号编起。若一笔经济业务使用的会计科目过多，一张记账凭证填制不完，需填制多张记账凭证，可采用"分数编号法"，即按该项经济业务的记账凭证数量编列分号。例如，某笔经济业务为20号凭证，需编制三张转账凭证，这三张凭证的编号应分别为"转字第$20\frac{1}{3}$号""转字第$20\frac{2}{3}$号""转字第$20\frac{3}{3}$号"。

（4）附件齐全。记账凭证所附的原始凭证必须完整无缺，并在凭证上注明所附原始凭证的张数，以便核对摘要及所编会计分录是否正确无误。若两张或两张以上的记账凭证依据同一原始凭证编制，则应在未附原始凭证的记账凭证上注明"原始凭证×张，附于第×号凭证之后"，以便日后查阅。

【例6-2】2024年1月6日收到投资人张三投资100 000元，需填制收款凭证，如图6-3-3所示（附单据为投资协议、银行收款结算单）。

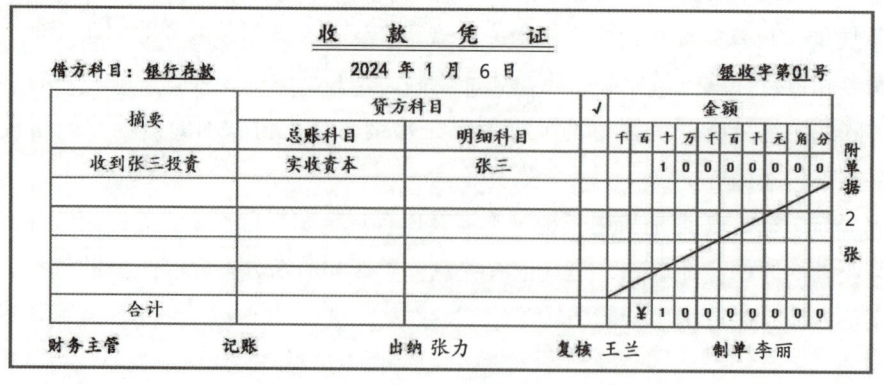

图6-3-3 收款凭证

【例6-3】2024年1月10日购买办公用品,支付银行存款3 000元,需填制付款凭证,如图6-3-4所示(附单据为购买发票、银行付款结算单)。

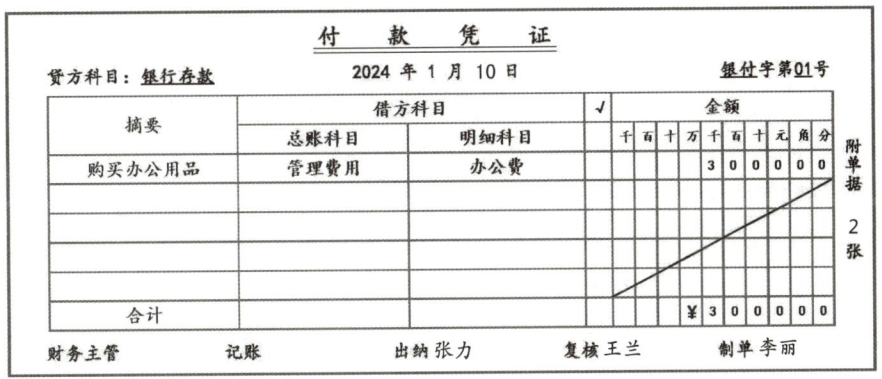

图6-3-4 付款凭证

【例6-4】2024年1月31日一车间生产设备计提当月折旧200 000元,需填制转账凭证,如图6-3-5所示(附单据为折旧计算表)。

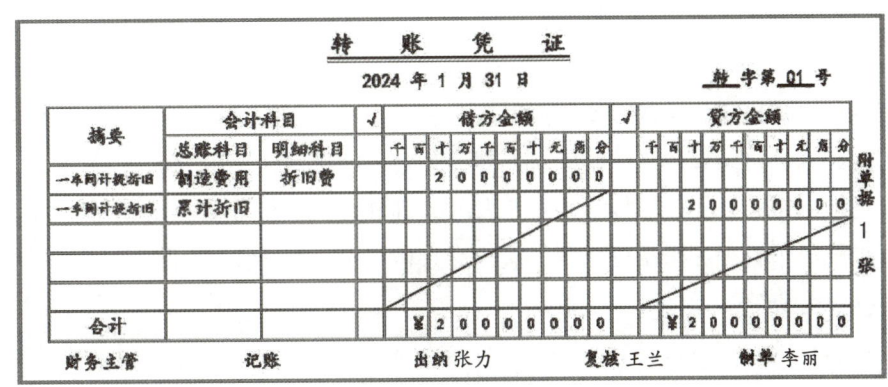

图6-3-5 转账凭证

四、记账凭证的审核

记账凭证填制完成后,必须由有关稽核人员进行严格审核,只有经过审核无误的记账凭证,才能据以登记账簿。记账凭证的审核内容如图6-3-6所示。

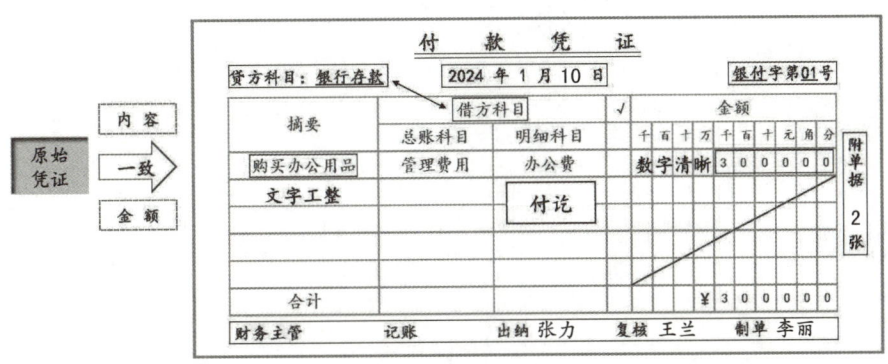

图6-3-6 记账凭证的审核内容

（1）记账凭证是否以原始凭证为依据，所附原始凭证或原始凭证汇总表的内容与记账凭证的内容是否一致；

（2）记账凭证各项目的填写是否齐全，如日期、凭证编号、摘要、会计科目、金额、所附原始凭证张数及有关人员签章等；

（3）记账凭证的应借、应贷科目以及对应关系是否正确；

（4）记账凭证记录的金额与原始凭证的有关金额是否一致，计算是否正确；

（5）记账凭证中的记录是否文字工整、数字清晰，是否按规定进行更正等；

（6）出纳人员在办理收款或付款业务后，是否已在原始凭证上加盖"收讫"或"付讫"的戳记。

任务四　传递与保管会计凭证

一、会计凭证的传递

（一）会计凭证传递的含义

会计凭证的传递是指凭证从取得或填制时起，经过审核、记账、装订到归档保管时止，在单位内部各有关部门和人员之间按规定的时间、路线办理业务手续和进行处理的过程。

正确、合理地组织会计凭证的传递，对于及时处理和登记经济业务，协调单位内部各部门、各环节的工作，加强经营管理的岗位责任制，实行会计监督都具有重要作用。

（二）会计凭证传递的要求

会计凭证的传递主要包括传递路线、传递时间和传递手续三个方面的内容。会计凭证传递的要求如图6-4-1所示。

会计凭证传递路线的要求

根据经济业务的特点、机构设置、人员分工情况，以及经营管理上的需要，明确规定会计凭证的联次及流程，充分满足审核和业务处理需要，确保凭证传递路线简捷合理

会计凭证传递时间的要求

根据各部门和有关人员在正常情况下办理经济业务所需时间合理确定

会计凭证传递手续的要求

做到既完备严密，又简便易行。凭证的收发、交接都应按照一定的手续制度办理，以保证会计凭证的安全和完整

图6-4-1　会计凭证传递的要求

二、会计凭证的保管

会计凭证的保管是指会计凭证记账后的整理、装订、归档和存查工作。会计凭证作为记账的依据,是重要的会计档案和经济资料。为了便于随时查阅利用,各种会计凭证在办理好各项业务手续且完成记账后,应由会计部门加以整理、装订,并送交档案部门妥善保管,防止丢失,不得任意销毁,以便日后随时查阅。会计凭证的保管要求主要有以下几个方面。

(1) 从外单位取得的原始凭证遗失时,应取得原签发单位盖有公章的证明,并注明原始凭证的号码、金额、内容等,由经办单位会计机构负责人、会计主管人员和单位负责人批准后,才能代作原始凭证。确实无法取得证明的(如车票丢失),应由当事人写明详细情况,由经办单位会计机构负责人、会计主管人员和单位负责人批准后,代作原始凭证。

(2) 原始凭证较多时,可单独装订,但应在凭证封面注明所属记账凭证的日期、编号和种类,同时在所属记账凭证上应当注明"附件另订"及原始凭证的名称和编号,以便查阅。对各种重要的原始凭证(如押金收据、提货单等),以及各种需要随时查阅和退回的单据,应另编目录,单独保管,并在有关记账凭证和原始凭证上分别注明日期与编号。

(3) 会计机构在依据会计凭证记账以后,应定期(每天、每旬或每月)对各种会计凭证进行分类整理,将各种记账凭证按照编号顺序,连同所附的原始凭证一起加具封面和封底,装订成册,并在装订线上加贴封签,防止抽换凭证。会计凭证封面应注明单位名称、凭证种类、凭证张数、起止号数、年度、月份、会计主管人员和装订人员等有关事项,会计主管人员和保管人员等应在封面上签章。

(4) 同时满足以下条件的,单位内部形成的属于归档范围的电子会计凭证等电子会计资料可仅以电子形式保存,形成电子会计档案,无须打印电子会计资料纸质件进行归档保存:

①形成的电子会计资料来源真实有效,由计算机等电子设备形成和传输;

②使用的会计核算系统能够准确、完整、有效接收和读取电子会计资料,能够输出符合国家标准归档格式的会计凭证、会计账簿、财务会计报表等会计资料,设定了经办、审核、审批等必要的审签程序;

③使用的电子档案管理系统能够有效接收、管理、利用电子会计档案,符合电子档案长期保管要求,并建立了电子会计档案与相关联的其他纸质会计档案的检索关系;

④采取有效措施,防止电子会计档案被篡改;

⑤建立电子会计档案备份制度,能够有效防范自然灾害、意外事故和人为破坏的影响;

⑥形成的电子会计资料不属于具有永久保存价值或者其他重要保存价值的会计档案。

在同时满足上述条件的情况下,单位从外部接收的电子会计资料附有符合《中华人民共和国电子签名法》规定的电子签名的,可仅以电子形式归档保存,形成电子会计档案,无须打印电子会计资料纸质件进行归档保存。

单位仅以电子形式保存会计档案的,原则上应从一个完整会计年度的年初开始执行,以保证其年度会计档案保存形式的一致性。

(5) 当年形成的会计档案,在会计年度终了后,可由单位会计机构临时保管1年,期满后再移交本单位档案管理机构统一保管;因工作需要确需推迟移交的,应当经单位档案管理机构同意,且最长不超过3年；单位未设立档案管理机构的，应在会计机构等机构内部指定专人保管。临时保管期间，会计档案的保管应当符合国家档案管理的有关规定，且出纳人员不得兼管会计档案。

（6）单位保存的会计档案一般不得对外借出，确因工作需要且根据国家有关规定必须借出的，应当严格按照规定办理相关手续；其他单位如有特殊原因，确实需要使用单位会计档案时，经本单位会计机构负责人、会计主管人员批准，可以复制。向外单位提供的会计档案复制件，应在专设的登记簿上登记，并由提供人员和收取人员共同签名或者盖章。

（7）单位应当严格遵守会计档案的保管期限要求，保管期满前不得任意销毁。会计档案达到保管期限的，单位应当组织对到期会计档案进行鉴定。经鉴定，仍需继续保存的会计档案，应当重新划定保管期限；对保管期满，确无保存价值的会计档案，可以销毁；保管期满但涉及未结清的债权债务的会计档案和涉及其他未了事项的会计档案不得销毁，纸质会计档案应当单独抽出立卷，电子会计档案单独转存，并保管到未了事项完结时为止。

【思政小课堂】

防范遏制会计违法行为，加大法律责任追究力度

一、教学目标

1. 知识目标

（1）理解依法规范开展会计工作的重要性。

（2）理解财务造假对社会的危害。

（3）理解在新会计法中加大对财务造假等会计违法行为的法律责任追究力度的必要性。

2. 能力目标

（1）培养学生坚持准则、守责敬业的能力。

（2）让学生学会运用谨慎性原则规避会计违法风险。

（3）培养学生运用所学专业知识分析案例的能力，坚持学法并知法守法。

3. 素质目标

（1）培养学生严格执行准则制度，自觉抵制财务造假的职业道德。

（2）强化学生的职业道德意识。

二、案例

2020年，中国证监会稽查通报20起典型违法案例部分摘录。①康得新财务造假案。本案系一起上市公司连续多年财务造假的典型案件。2015—2018年，康得新复合材料集团股份有限公司编造虚假合同、单据虚增收入和成本费用，累计虚增利润115亿元。本案表明，财务舞弊严重破坏市场诚信基础和投资者信心，以及信息披露制度的严肃性，监管部门坚决依法从严查处上市公司财务造假等恶性违法行为。②康美药业财务造假案。本案系一起上市公司系统性财务造假典型案件。2016—2018年，康美药业股份有限公司实际控制人、董事长等通过虚开和篡改增值税发票、伪造银行单据，累计虚增货币资金887亿元，虚增收入275亿元，虚增利润39亿元。本案显示，上市公司财务信息披露的真实、准确和完整是市场健康发展的基础，大股东、实际控制人和董事、监事、高级管理人员要讲真话、做真账，维护信息披露制度的严肃性。③獐子岛财务造假案。本案系一起上市公司"寅吃卯粮"、调节利润的恶性舞弊案件。獐子岛集团股份有限公司少报当年扇贝采捕海域、少计成本，虚增2016年利润；随后，将以前年度已经采捕但未结转成本的虚假库存一次性核销，

虚减2017年利润，连续两年财务报告严重失实。本案表明，上市公司财务造假的背后是法人治理缺位、内控管理混乱，必须压实大股东、实际控制人和董事、监事、高级管理人员等"关键少数"的法定责任。

第十四届全国人民代表大会常务委员会第十次会议表决通过《关于修改〈中华人民共和国会计法〉的决定》，自2024年7月1日起施行。新会计法与注册会计师法、证券法等有关法律的处罚标准相衔接，加大了对财务造假等会计违法行为的法律责任追究力度，为防范遏制财务造假等会计违法行为提供了有力的法治保障，对于进一步提高会计信息质量、维护社会主义市场经济秩序具有重要意义和深远影响。

三、案例意义

（1）严厉打击财务造假等会计违法行为，是维护社会主义市场经济秩序的必然要求。会计信息是经济信用体系的基础，只有促使微观市场主体"财务账本"信息真实准确，才能确保国家宏观信息可靠、信用体系稳固。

（2）会计违法成本更高了。修改后，新会计法加大了对财务造假等会计违法行为的法律责任追究力度。新会计法遵循"过罚相当"原则，根据违法行为情节轻重设置罚款金额的幅度区间，大幅提高处罚力度。①提高不依法设置会计账簿、随意变更会计处理方法等一般会计违法行为的罚款金额上限，由5万元提高至100万元。②提高伪造、变造会计凭证、会计账簿以及编制虚假财务会计报告等财务造假违法行为的罚款金额上限，由10万元修改为"违法所得一倍以上十倍以下"。

四、启发思考题

如果你是一名会计，敢以身试法吗？

项目七
设置和登记会计账簿

项目导言
本项目阐述会计账簿的基本含义，分析会计科目、账户及账簿三者的区别与联系，并说明会计账簿在账务处理中发挥的作用，涵盖会计账簿的格式和登记方法，以及错账更正等。

学习目标

德育目标
1. 培养学生坚持学习、守正创新的专业精神。
2. 培养学生的专业技能，增强学生的专业自信。

知识目标
1. 理解会计账簿的作用。
2. 理解会计科目、账户及账簿三者的区别与联系。

技能目标
掌握各种会计账簿的登记依据和方法。

任务一 认识会计账簿

会计账簿简称"账簿"，是指由一定格式的账页组成，以经过审核的会计凭证为依据，全面、系统、连续地记录各项经济业务和会计事项的簿籍。

一、会计账簿的基本内容

在实际工作中，由于各种会计账簿记录的经济业务不同，账簿的格式也多种多样，但各种账簿都应具备以下基本内容：

（1）封面与封底，封面主要用来标明账簿的名称，如总分类账、各种明细分类账、库存现金日记账、银行存款日记账等，所有活页账都应设置封面和封底；

（2）扉页，主要用来列明会计账簿的使用信息，如科目索引、账簿启用和经管人员一览表等；

（3）账页，是账簿用来记录经济业务的主要载体，包括账户的名称、日期栏、凭证种类和编号栏、摘要栏、金额栏，以及总页次和分户页次等基本内容。

二、会计账簿的作用

（一）会计账簿是对凭证资料的系统总结

在会计核算中，通过会计凭证的填制和审核，可以反映和监督每项经济业务的完成情况，但不能把某一时期的全部经济活动完整地反映出来。账簿既能提供总括的、详细的核算资料，又能整体反映企业经济活动，利于加强经济核算、提高管理水平。

（二）会计账簿是考核企业经营情况的重要依据

通过登记账簿，可以了解企业整个经济活动的运行情况，完整地反映企业的财务状况和经营成果，评价企业的总体经营情况。

（三）会计账簿是会计报表资料的主要来源

账簿的记录是资产负债表、利润表、现金流量表等会计报表的各项数据来源。账簿的设置和登记是否准确、真实、齐全，直接影响到财务报告的质量。

三、会计账簿的种类

会计账簿可以按照用途、形式等进行分类。

（一）按照用途，会计账簿可以分为序时账簿、分类账簿和备查账簿

1. 序时账簿

序时账簿也称"日记账"，是按照经济业务完成时间的先后顺序进行逐日逐笔登记的账簿。最常见的日记账是库存现金日记账和银行存款日记账。库存现金日记账格式如图 7-1-1 所示，银行存款日记账的格式与其相同。

库存现金日记账

2024年		凭证字号	摘要	对方科目	借方	贷方	借或贷	余额
月	日				百十万千百十元角分	百十万千百十元角分		百十万千百十元角分
			期初余额				借	5 0 0 0 0 0
1	5	付1	提取现金	银行存款	3 0 0 0 0 0		借	8 0 0 0 0 0
1	6	付2	报销差旅费	管理费用		4 0 0 0 0 0	借	4 0 0 0 0 0
1	8	付3	支付押金	其他应收款		1 0 0 0 0	借	3 9 0 0 0 0
			本日合计		3 0 0 0 0 0	4 1 0 0 0 0	借	3 9 0 0 0 0

图 7-1-1 库存现金日记账

2. 分类账簿

分类账簿是对全部经济业务按总分类账和明细分类账进行分类登记的账簿。

（1）总分类账簿，简称"总账"，是根据总账科目开设账户，用来分类登记全部经济业务、提供总括核算资料的账簿。总分类账簿通常采用三栏式，格式如图7-1-2所示。

总分类账　　　　　　会计科目：原材料

2024年		凭证字号	摘要	借方	贷方	借或贷	余额
月	日						
1	1		期初余额			借	1100000
1	4		购进原材料	5000000		借	6100000
1	10		购进原材料	3600000		借	9700000
1	13		领用原材料		8500000	借	1200000
1	30		本月合计	8600000	8500000	借	1200000

图7-1-2　总分类账簿（三栏式）

（2）明细分类账簿，简称"明细账"，是根据总账科目所属明细科目开设账户，用于分类登记某一类经济业务、提供明细核算资料的账簿。明细分类账簿采用的格式主要有三栏式明细账、数量金额式明细账、多栏式明细账等。

①三栏式明细账，是指设有借方、贷方和余额三个金额栏目的账簿。各种日记账、总账以及资本、债权、债务明细账都可采用三栏式明细账簿，如应收账款、实收资本、应付账款等。三栏式明细账格式如图7-1-3所示。

应收账款明细账

明细科目：金华有限责任公司　　　　　　　　　　　　　单位：元

2024年		凭证字号	摘要	借方	贷方	借或贷	余额
月	日						
1	1		期初余额			借	1500000
1	4		销售商品	6780000		借	8280000
1	28		收到欠款		1500000	借	6780000
1	30		本月合计	6780000	1500000	借	6780000

图7-1-3　三栏式明细账（应收账款明细账）

②数量金额式明细账，是指在账簿的"借方""贷方""余额"内，再增设"数量""单价""金额"栏目，借以反映财产物资的实物数量和价值量的账簿。数量金额式明细账适用于既需要反映金额，又需要反映数量的经济业务，如原材料、库存商品等明细账一般采用数量金额式账簿。数量金额式明细账格式如图7-1-4所示。

③多栏式明细账，是指在账簿的两个金额栏目（借方和贷方）按需要分设若干专栏的账簿。多栏式明细账可以按"借方"和"贷方"分设专栏，也可以只设"借方"或"贷方"专栏，设多少栏根据需要确定。收入、销售费用、生产成本明细账一般采用多栏式账簿。多栏式明细账格式如图7-1-5、图7-1-6所示。

原材料明细账

材料名称：甲材料
材料规格：
数量单位：千克

2024年		凭证字号	摘要	借方 数量	借方 单价	借方 金额	贷方 数量	贷方 单价	贷方 金额	余额 数量	余额 单价	余额 金额
月	日											
1	1		期初余额							300	20	6 000.00
1	4		购进原材料	1000	20	20 000.00				1300	20	26 000.00
1	10		购进原材料	1800	20	36 000.00				3100	20	62 000.00
1	13		领用原材料				3000	20	60 000.00	100	20	2 000.00
1	30		本月合计	2800	20	56 000.00	3000	20	60 000.00	100	20	2 000.00

图 7-1-4 数量金额式明细账（原材料明细账）

销售费用明细账

2024年		凭证字号	摘要	借方 工资	借方 办公费	借方 广告费	借方 ……	贷方	借或贷	余额
月	日									
1	4		购买办公用品		500.00				借	500.00
1	5		分配工资	20 000.00					借	20 500.00
1	13		支付广告费			1 000.00			借	21 500.00

图 7-1-5 多栏式明细账（销售费用明细账）

生产成本明细账

2024年		凭证字号	摘要	成本项目 直接材料	成本项目 直接人工	成本项目 制造费用	合计
月	日						
1	1		期初余额	8 800.00	1 250.00	1 250.00	11 300.00
1	11		生产领用材料	17 800.00			29 100.00
1	30		生产工人工资		7 500.00		36 600.00
1	30		分配制造费用			2 250.00	38 850.00
1	30		生产成本合计	26 600.00	8 750.00	3 500.00	38 850.00
1	30		转出完工产品成本	26 600.00	8 750.00	3 500.00	38 850.00
			期末余额				0

图 7-1-6 多栏式明细账（生产成本明细账）

（3）总分类账和明细分类账的平行登记。

在记账时，总分类账和明细分类账需要采取平行登记方式，即对于所有需要提供详细指标的每一项经济业务，都应根据审核无误后的记账凭证记入总分类账户；同时，记入同期总分类账户所属的有关各明细分类账户。平行登记的要点如下。

①同时登记：对发生的每一笔经济业务，都要根据同一会计凭证，在同一会计期间，既要登记总分类账，又要登记该总分类账所属的明细分类账。

②借贷方向相同：总分类账和明细分类账的借贷方向必须一致。

③金额相等：记入总分类账的金额与记入明细分类账的合计金额必须相等。

通过上述要点，可以确保总分类账与明细分类账的一致性和准确性，从而更好地反映企业的财务状况和经营成果。

【例 7-1】 以下为原材料的总分类账和甲、乙材料明细分类账的平行登记，原材料总分类账本期借方（贷方）发生额等于甲材料、乙材料明细分类账本期借方（贷方）发生额合计，总分类账期初（期末）余额等于甲材料、乙材料明细分类账户期初（期末）余额合计，如图 7-1-7、图 7-1-8、图 7-1-9 所示。

总分类账 会计科目：原材料

2024年		凭证字号	摘要	借方	贷方	借或贷	余额
月	日						
1	1		期初余额			借	1100000
1	4		购进原材料	500000		借	6100000
1	10		购进原材料	360000		借	9700000
1	13		领用原材料		850000	借	1200000
1	26		购进原材料	80000		借	2000000
1	30		本月合计	940000	850000	借	2000000

图 7-1-7　原材料总分类账

原材料明细分类账

材料名称：甲材料
材料规格：　　　　　　　　　　　　　　　数量单位：千克

2024年		凭证字号	摘要	借方			贷方			余额		
月	日			数量	单价	金额	数量	单价	金额	数量	单价	金额
1	1		期初余额							300	20	6000
1	4		购进原材料	1000	20	20000				1300	20	26000
1	10		购进原材料	1800	20	36000				3100	20	62000
1	13		领用原材料				3000	20	60000	100	20	2000
1	30		本月合计	2800	20	56000	3000	20	60000	100	20	2000

图 7-1-8　原材料甲明细分类账

原材料分类明细账

材料名称：乙材料
材料规格：　　　　　　　　　　　　　　　数量单位：千克

2024年		凭证字号	摘要	借方			贷方			余额		
月	日			数量	单价	金额	数量	单价	金额	数量	单价	金额
1	1		期初余额							500	10	5000
1	4		购进原材料	3000	10	30000				3500	10	35000
1	13		领用原材料				2500	10	25000	1000	10	10000
1	26		购进原材料	800	10	8000				1800	10	18000
1	30		本月合计	3800	10	38000	2500	10	25000	1800	10	18000

图 7-1-9　原材料乙明细分类账

3. 备查账簿

备查账簿又称"辅助账簿""补充登记簿",是对某些在日记账和分类账等主要账簿中未能记载的会计事项或记载不全的经济业务进行补充登记的账簿。备查账簿的设置应视实际需要而定,并非一定要设置,而且没有固定格式。

(二) 账簿按照形式分类

账簿按照形式分类如图7-1-10所示。

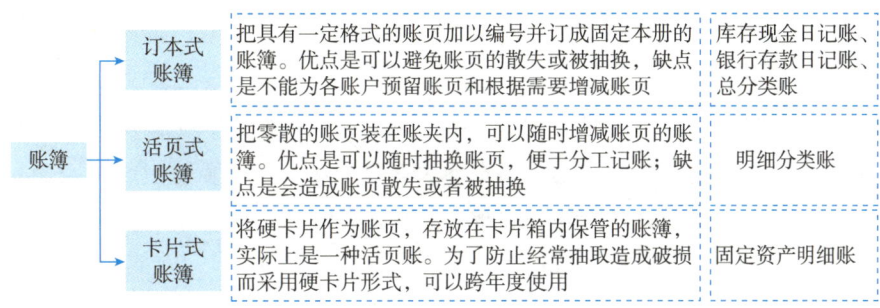

图7-1-10 按照形式分类的账簿

任务二 登记会计账簿

一、会计账簿的启用

启用会计账簿时,应当在账簿封面上写明单位名称和账簿名称,并在账簿扉页上附启用表。启用订本式账簿应当从第一页到最后一页顺序编定页数,不得跳页、缺号。使用活页式账簿应当按账户顺序编号,并定期装订成册;装订后,按实际使用的账页顺序编定页码,另加目录以便记明每个账户的名称和页次。

二、会计账簿的登记要求

为了保证账簿记录的正确性,必须根据审核无误的会计凭证登记会计账簿,并符合有关法律、行政法规和国家统一的会计制度规定。

(1) 登记会计账簿时,应当将会计凭证日期、编号、业务内容摘要、金额和其他有关资料逐项记入账内。账簿记录中的日期,应该填写会计凭证上的日期,不能错记、漏记、重记。记账凭证登记完毕后,要在记账凭证上签名或者盖章,并注明已经登账的符号,表示已经登账。

(2) 为了保持账簿记录的持久性,防止涂改,登记账簿必须使用蓝黑墨水或碳素墨水书写,不得使用圆珠笔(银行的复写账簿除外)或者铅笔书写。

(3) 会计账簿应当按照页码顺序登记。记账时,发生错误或者隔页、缺号、跳行的,应在空页、空行处用红色墨水画对角线注销,或者注明"此页空白"或"此行空白"字样,并由记账人员签名或者盖章。

(4) 凡需要结出余额的账户,结出余额后,应当在"借或贷"栏目内注明"借"或"贷"字样，以示余额的方向；对于没有余额的账户，应在"借或贷"栏内写"平"字，并在"余额"栏"元"位处用"θ"表示。库存现金日记账和银行存款日记账必须逐日结出余额。

（5）每一账页登记完毕时，应当结出本页发生额合计及余额，在该账页最末一行"摘要"栏注明"过次页"，并将这一金额记入下一页第一行有关金额栏，在该行"摘要"栏注明"承前页"，以保持账簿记录的连续性，便于对账和结账。

（6）账簿记录发生错误时，不得刮擦、挖补或用褪色药水更改字迹，而应采用规定的方法更正。

【小贴士】

以下情况可以使用红墨水记账：

①按照红字冲账的记账凭证，冲销错误记录；②在不设借贷等栏的多栏式账页中，登记减少数；③在三栏式账户的余额栏前，如未印明余额方向的，在余额栏内登记负数余额；④根据国家规定可以用红字登记的其他会计记录。除上述情况外，不得使用红色墨水登记账簿。

三、对账与结账

（一）对账

对账是对账簿记录进行的核对，也就是核对账目。对账工作一般在记账之后、结账之前，即在月末进行。对账一般分为账证核对、账账核对、账实核对。

1. 账证核对

账证核对是指将账簿记录与会计凭证核对，核对账簿记录与原始凭证、记账凭证的时间、凭证字号、内容、金额等是否一致，记账方向是否相符，做到账证相符。

2. 账账核对

一是总分类账簿之间的核对。按照"资产＝负债＋所有者权益"这一会计等式和"有借必有贷，借贷必相等"的记账规则，总分类账簿各账户的期初余额、本期发生额和期末余额之间存在对应的平衡关系，全部账户的期末借方余额合计和贷方余额合计也存在平衡关系。通过这种等式平衡关系，可以检查总账记录是否正确、完整。

二是总分类账簿与所辖明细分类账簿之间的核对。总分类账各账户的期末余额应与其所辖各明细分类账的期末余额之和核对相符。

三是总分类账簿与序时账簿之间的核对。总分类账簿与序时账簿之间的核对主要是指库存现金总账和银行存款总账的期末余额与库存现金日记账和银行存款日记账的期末余额之间的核对。

四是明细分类账簿之间的核对。例如，会计机构有关实物资产的明细分类账与财产物资保管部门或使用部门的明细分类账定期核对，以检查余额是否相符。核对方法一般是由财产物资保管部门或使用部门定期编制收、发、结存汇总表报会计机构核对。

3. 账实核对

账实核对是指各项财产物资、债权债务等账面余额与实有数额之间的核对。账实核对主要包括：库存现金日记账账面余额与现金实际库存数逐日核对是否相符，银行存款日记账账面余额与银行对账单余额定期核对是否相符，各项财产物资明细分类账账面余额与财产物资实有数额定期核对是否相符，有关债权、债务明细分类账账面余额与对方单位债权、债务账面记录核对是否相符。

（二）结账

结账是将账簿记录定期结算清楚的会计工作。在一定时期结束时（如月末、季末或年末），为编制财务报表，需要进行结账，具体包括月结、季结和年结。结账的内容通常包括两个方面：一是结清各种损益类账户，据以计算确定本期利润；二是结出各资产、负债和所有者权益账户的本期发生额合计和期末余额。结账的要点如下：

（1）对不需要按月结计本期发生额的账户，如各项应收、应付款明细账和各项财产物资明细账等，每次记账以后，都要随时结出余额，每月最后一笔余额是月末余额。月末结账时，只需要在最后一笔经济业务记录下面通栏画单红线即可，不需要再次结计余额。

（2）库存现金、银行存款日记账和需要按月结计发生额的收入、费用等明细分类账，每月结账时，要在最后一笔经济业务记录下面通栏画单红线，结出本月发生额和余额；在摘要栏注明"本月合计"字样，并在下面通栏画单红线。

（3）对于需要结计本年累计发生额的明细账户，每月结账时，应在"本月合计"行下结出自年初起至本月月末止的累计发生额，登记在月份发生额下面，在摘要栏注明"本年累计"字样，并在下面通栏画单红线。12月末的"本年累计"就是全年累计发生额，全年累计发生额下面通栏画双红线。

（4）总分类账账户平时只需要结出月末余额即可。年终结账时，为总括反映全年各项资金运动情况的全貌，核对账目要将所有总分类账账户结出全年发生额和年末余额，在摘要栏注明"本年累计"字样，并在合计数下面通栏画双红线。

（5）年度终了结账时，有余额的账户，应将其余额结转下年，并在摘要栏注明"结转下年"字样；在下一会计年度新建有关账户的第一行余额栏内填写上年结转的余额，并在摘要栏注明"上年结转"字样，使年末有余额账户的余额如实地在账户中加以反映，以免混淆有余额的账户和无余额的账户。

任务三　查找和更正错账

一、错账查找方法

错账查找方法主要有两种：个别检查法和全面检查法。

（一）个别检查法

所谓个别检查法，是指针对错账的数字进行检查的方法。这种方法适用于检查方向记反、数字错位和数字颠倒等造成的记账错误。个别检查法又可以分为差数法、倍数法和除9法三种。

（1）差数法，就是记账人员首先确定错账的差数，其次根据差数查找错误的方法。这种方法对于发现漏记账目比较有效，也很简便。

（2）倍数法，也叫"除2法"，首先算出借方和贷方的差额，其次根据差额的一半查找错误。这种方法适用于会计账簿因栏次错写造成的方向错误。

(3）除9法，是指首先算出借方与贷方的差额，其次除以9查找错误的方法。这种方法适用于数字错位和数字颠倒两种情况。

（二）全面检查法

所谓全面检查法，是指对一定时期的账目进行全面核对的检查方法。全面检查法又分为顺查法和逆查法。

（1）顺查法，是指按照记账的顺序，从头到尾依次检查原始凭证、记账凭证、总分类账、明细分类账以及会计科目余额表等。

（2）逆查法，是指按照与记账顺序相反的顺序，也就是首先检查科目余额表中数字的计算是否正确，其次检查各账户的计算是否正确，再次核对各账簿与记账凭证是否相符，最后检查记账凭证与原始凭证是否相符。

二、错账更正方法

在发现错账后，要根据产生错账的不同原因，使用不同的更正方法。错账类型及原因主要有记账凭证错误导致账簿登记错误，以及记账凭证正确但是账簿登记错误两种类型，如图7-3-1所示。

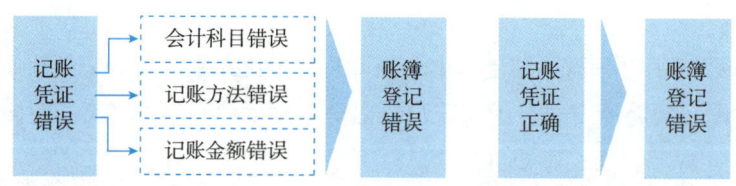

图7-3-1　错账类型及原因

（一）划线更正法

划线更正法适用于手工账。

适用情况：记账凭证无误，只是账簿记录中文字或金额有错误。

更正方法：首先在错误的数字或者文字上划一道红线注销，但是必须保证原有的字迹清晰可认；其次在红线上端的空白处记上正确的数字或者文字，并由经办人签字盖章。需要注意的是，不能只划销、更正其中个别错误的数字，对于错误的数字应将整笔数字划掉。

【例7-2】甲公司购买办公用品3 010元。会计人员在登记账簿时，误将银行存款账户贷方的3 010元写成3 000元。先判断记账凭证正确，属于账簿登记金额错误，采用划线更正法进行更正。具体方法是：首先将账簿中银行存款贷方的错误数字"3 000"元上画一条红线表示注销；其次在其上方写出正确的数字"3 010"元，并在更正处盖章或签名，以明确责任。注意：红线必须覆盖整个错误数字，错误数字"3 000"必须清晰可见。

（二）红字更正法

红字更正法又称"红字冲销法"，手工账与计算机账都适用，根据错误不同，具体分为两种更正方式。

1. 科目或者方向出现错误，但金额正确

更正方法：首先用红字填制一张与错误记账凭证内容完全相同的记账凭证，在摘要栏写明"注

销某月某日第×号凭证",并据以红字登记入账,冲销原有的错误记录;其次用蓝字重新填写一张正确的记账凭证并且登记入账。

【例7-3】 甲公司的管理人员出差报销差旅费5 000元,用现金支付。这项经济业务编制的会计分录应为借记"管理费用"科目,贷记"库存现金"科目,但会计人员在填制记账凭证时,误将"管理费用"记为"销售费用"并已登记入账。

(1) 错误凭证。

借:销售费用 5 000
　　贷:库存现金 5 000

经判断,属于记账凭证中的会计科目错误,应采用红字更正法进行更正。更正时,先用红字填制一张会计分录与原错误记账凭证中的会计分录相同的记账凭证,并据以红字登记入账,冲销原有错误的账簿记录。

(2) 填写红字凭证,在摘要栏写明"注销某月某日第×号凭证"。

借:销售费用 5 000
　　贷:库存现金 5 000

(3) 用蓝字填制一张正确的记账凭证并据以登记入账。

借:管理费用 5 000
　　贷:库存现金 5 000

2. 科目与方向均没有错误,但是金额多记

更正方法:将多记的金额用红字填制一张与原错误凭证中科目、借贷方向完全相同的记账凭证,并在"摘要"栏内注明"冲销某月某日第×号凭证多记金额",以冲销多记金额并登记入账。

【例7-4】 甲公司购买办公用品3 010元。会计人员在填写凭证时,误将"银行存款"账户贷方的3 010元写成3 100元,并已登记有关账簿。

这个错误属于记账凭证中的金额错误,而且错误的金额大于正确的金额,应采用红字更正法进行更正。更正的具体方法是:用红字编制一张与原错误凭证中科目、方向完全相同的记账凭证,金额为90(3 100-3 010)元,据以用红字登记入账,以冲销多记的金额。

(1) 错误凭证。

借:管理费用 3 100
　　贷:银行存款 3 100

经判断,发现记账凭证中应借、应贷的会计科目、记账方向正确,只是金额发生错误,而且所记金额3 100大于应记的正确金额3 010,采用红字更正法予以更正。

(2) 填写红字凭证,在摘要栏中注明"冲销某月某日第×号凭证多记金额",并据以用红字登记入账。

借:管理费用 90
　　贷:银行存款 90

(三) 补充登记法

适用情况:补充登记法适用于记账后发现记账凭证中应借、应贷的会计科目与方向均正确,但

所填金额小于正确金额的情况。

更正方法：采用补充登记法时，将少填的金额用蓝字填制一张记账凭证，并在"摘要"栏内注明"补记某月某日第×号凭证少记数"，并据以登记入账。这样便将少记的金额补充登记入账簿。

【例7-5】 甲公司购买办公用品3 010元。会计人员在填写凭证时，误将"银行存款"账户贷方的3 010元写成3 000元，并已登记有关账簿。

这个错误属于记账凭证中的金额错误，而且错误的金额小于正确的金额，应采用补充登记法进行更正。更正的具体方法是：用蓝字填制一张会计科目与原错误记账凭证相同，金额为10元的记账凭证，并据以登记入账，以补充少记的金额。

（1）错误凭证。

借：管理费用　　　　　　　　　　　　　　　　　　　　　　　　　　　　　3 000
　　贷：银行存款　　　　　　　　　　　　　　　　　　　　　　　　　　　　　　3 000

经判断，发现记账凭证中应借、应贷的会计科目、记账方向正确，只是金额发生错误，而且所记金额3 000元小于应记的正确金额3 010元，采用补充登记法予以更正。

（2）填写蓝字凭证，在摘要栏中注明"补记某月某日第×号凭证少记数"。

借：管理费用　　　　　　　　　　　　　　　　　　　　　　　　　　　　　　10
　　贷：银行存款　　　　　　　　　　　　　　　　　　　　　　　　　　　　　　　10

【小贴士】

采用红字更正法和补充登记法更正错账时，都要在凭证的摘要栏注明原错误凭证号数、日期和错误原因，便于日后核对。错账更正凭证后，一般没有原始凭证附件。

【敲黑板】

错账更正方法及适用范围如图7-3-2所示。

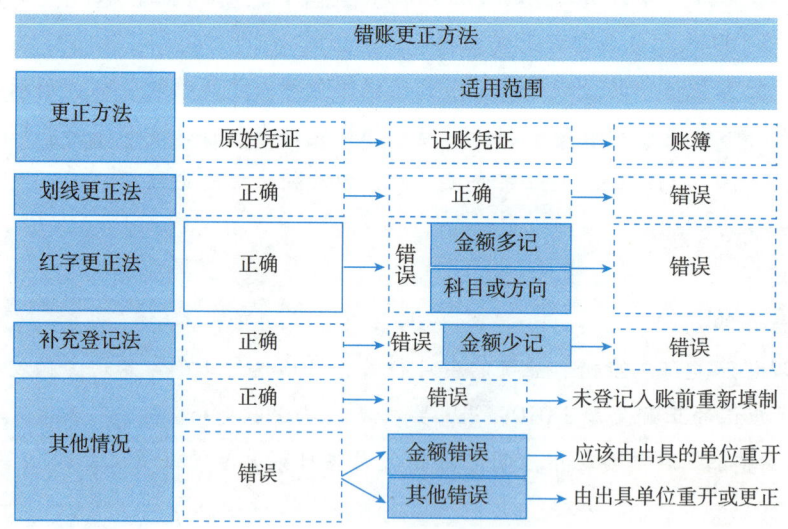

图7-3-2　错账更正方法及适用范围

任务四　更换和保管会计账簿

一、账簿的更换

账簿的更换，是指在会计年度终了时，将上年度的账簿更换为次年度的新账簿。在每个新的会计年度开始时，应按会计制度的规定，更换一次总分类账、日记账和大部分明细分类账。更换账簿时，应将上年度各账户的余额直接记入新年度相应的账簿中，并在旧账簿中各账户年终余额的摘要栏内加盖"结转下年"戳记；同时，在新账簿中相关账户的第一行摘要栏内加盖"上年结转"戳记，并在余额栏内记入上年余额。

二、账簿的保管

会计账簿是各单位重要的经济资料，必须建立管理制度，妥善保管。

（1）各种账簿要分工明确，指定专人管理。账簿经管人员既要负责记账、对账、结账等工作，又要负责保证账簿安全。

（2）未经领导和会计负责人或者有关人员批准，非经管人员不能随意翻阅查看会计账簿。会计账簿除需要与外单位核对外，一般不能携带外出；对携带外出的账簿，一般应由经管人员或会计主管人员指定专人负责。

（3）会计账簿不能随意交与其他人员管理，以保证账簿安全和防止任意涂改账簿等问题发生。

（4）年度终了更换并启用新账后，对更换下来的旧账要整理装订，造册归档。归档前，旧账的整理工作包括：检查和补齐应办的手续，如改错盖章、注销空行及空页、结转额等。页账应撤出未使用的空白账页，再编定页码，装订成册。

旧账装订时，应注意：活页账一般按账户分类装订成册，一个账户装订成一册或数册；某些账户账页较少，也可以合并装订成一册。装订时应检查账簿扉页的内容是否填写齐全。装订后应由经办人员及装订人员、会计主管人员在封口处签名或盖章。旧账装订完毕，应当编制目录和编写移交清单，并按期移交档案部门保管。

（5）实行会计电算化的单位，满足《会计档案管理办法》第八条有关规定的，可仅以电子形式保存会计账簿，无须定期打印会计账簿；确需打印的，打印的会计账簿必须连续编号，经审核无误后装订成册，并由记账人员和会计机构负责人、会计主管人员签字或者盖章。

（6）各种账簿同会计凭证和会计报表一样，都是重要的经济档案，必须按照《会计档案管理办法》规定的保存年限妥善保管，不得丢失和任意销毁。保管期满后，应当按照规定进行鉴定，经鉴定可以销毁的，方可按照审批程序报经批准后销毁。

【思政小课堂】

加强纳税诚信建设——以诚立足、以信立业

一、教学目标

1. 知识目标

(1) 理解税收是国家财政收入的重要组成部分。

(2) 理解依法纳税申报既是业务工作,更是一项社会责任。

(3) 理解避免税务风险是会计人的重要工作。

2. 能力目标

(1) 让学生形成纳税诚信意识。

(2) 让学生懂得掌握税收知识是专业必备技能之一。

(3) 培养学生运用所学专业知识分析案例的能力,加深对及时、足额、准确纳税的重要性的认识。

3. 素质目标

(1) 培养学生依法经营、纳税诚信的职业道德。

(2) 培养学生自觉遵守税法,积极履行纳税义务。

二、案例

2022 年 9 月 23 日,无锡苏亚医疗美容医院有限公司(以下简称"无锡苏亚")收到国家税务总局无锡市税务局第二稽查局出具的《税务行政处罚决定书》(锡税二稽罚〔2022〕156 号)(以下简称《决定书》)。《决定书》显示,无锡苏亚通过快钱支付系统和拉卡拉支付系统收取的部分营业款未入账,合计少申报营业收入 2 511 万元。其中,2013 年少申报营业收入 250 万元,2014 年少申报营业收入 729 万元,2015 年少申报营业收入 1 217 万元,2016 年少申报营业收入 316 万元。

根据《中华人民共和国税收征收管理法》第六十三条第一款规定:"纳税人伪造、变造、隐匿、擅自销毁账簿、记账凭证,或者在账簿上多列支出或者不列、少列收入,或者经税务机关通知申报而拒不申报或者进行虚假的纳税申报,不缴或者少缴应纳税款的,是偷税。对于纳税人偷税的,由税务机关追缴其不缴或者少缴的税款、滞纳金,并处不缴或者少缴税款百分之五十以上五倍以下的罚款……"决定对上述偷税行为处应缴企业所得税 1 倍罚款计 488 万元。本次行政处罚金额及需补缴的税款合计 1 464 万元,其中,应补税款 488 万元、罚款 488 万元、滞纳金 488 万元。

三、案例意义

(1) 理解依法纳税是企业的社会责任。税收作为国家财政的重要组成部分,对于国家的经济发展和社会进步有着至关重要的作用。企业作为市场经济的主体,依法纳税的行为不仅体现了对国家法律法规的尊重,更是对社会责任的担当。

(2) 理解税收风险给企业带来的危害。企业税务风险的危害是多方面的,可能涉及企业财务成本增加,被税务部门勒令补缴所逃税或漏税的款项以及相应的滞纳金、缴纳罚款等;信用评级下降,企业的信誉受损,影响与供应商、客户、投资者及金融机构之间的关系;如果企业行为已触犯刑事法规,那么相关责任人还会被追究刑事责任。

四、启发思考题

如果你是一名会计,在利益和压力面前,会拒绝任何税收违法行为吗?

项目八
账务处理程序

项目导言

会计循环是指一个会计主体在一定的会计期间内,从经济业务(也称"交易"或"事项")发生取得或填制会计凭证起,到登记账簿,编制会计报表为止的一系列处理程序。会计循环是按照划分的会计期间,周而复始进行的会计核算工作的内容。在会计循环中,会计主体采用的会计凭证、会计账簿、会计报表的种类和格式与记账程序有机结合的方法及步骤就是会计核算组织程序。

学习目标

德育目标

1. 培养学生形成会计核算组织程序规范化管理意识。
2. 培养学生的团队精神,主动配合组织流程的运转,提升会计工作效率和质量。

知识目标

1. 了解会计循环与会计核算组织程序的含义及关系。
2. 掌握记账凭证核算组织程序、汇总记账凭证核算组织程序和科目汇总表核算组织程序的基本概念及账务处理的步骤。

技能目标

熟练运用会计核算组织程序,提升会计工作的效率和质量。

任务一 认识账务处理程序

一、会计账务处理程序的概念

会计账务处理程序也称"会计核算组织程序"或者"会计核算形式",是指会计凭证、会计账簿、会计报表相结合的方式。不同的会计主体采用不同种类与格式的会计凭证、会计账簿和会计报表，选择的记账程序不同会形成不同的账务处理程序。

二、设计会计核算组织程序的意义

会计核算组织程序是否科学合理，会影响整个会计核算工作的效率和质量。确定科学合理的会计核算组织程序，对于保证准确、及时地提供系统而完整的会计信息，具有十分重要的意义。

第一，有利于规范会计核算组织工作。规范的会计核算工作秩序，使会计机构和会计人员在进行会计核算过程中有序可循，按照岗位责任不同，按部就班地完成会计核算工作内容。

第二，有利于保证会计核算工作质量。科学合理的会计核算组织程序，有利于提高会计核算工作质量。

第三，有利于提高会计核算工作效率。按照既定的会计核算组织程序进行会计信息的处理，能提高会计核算工作效率，保证会计信息质量的及时性要求。

第四，有利于降低会计核算工作成本。会计核算组织程序安排得科学合理，能够降低会计核算工作的成本，节约会计核算方面的支出。

第五，有利于发挥会计核算工作的作用。规范的会计核算组织程序，在保证会计核算工作质量、提高会计核算工作效率的同时，能够在为会计信息使用者提供相关信息等方面更好地发挥会计核算工作的作用。

三、设计会计核算组织程序的要求

各会计主体在设计会计核算组织程序时，应遵循以下要求：

第一，应从本会计主体的实际情况出发，使会计核算组织程序与本单位会计核算工作的需要相适应；

第二，应以保证会计信息质量为根本立足点；

第三，应力求降低会计核算成本；

第四，应有利于建立会计工作岗位责任制。

四、会计账务处理程序的种类

企业常用的账务处理程序主要有记账凭证账务处理程序、汇总记账凭证账务处理程序和科目汇总表账务处理程序，其主要区别是登记总分类账的依据和方法不同。

（1）记账凭证账务处理程序，是指对发生的经济业务，首先根据原始凭证或汇总原始凭证填制记账凭证，其次根据记账凭证登记总分类账的一种账务处理程序。记账凭证账务处理程序适用于规模较小、经济业务量较少的单位。

（2）汇总记账凭证账务处理程序，是指首先根据原始凭证或汇总原始凭证填制记账凭证，定期根据记账凭证分类编制汇总收款凭证、汇总付款凭证和汇总转账凭证；其次根据汇总记账凭证登记总分类账的一种账务处理程序。汇总记账凭证是指对一段时间内同类记账凭证进行定期汇总编制的记账凭证。汇总记账凭证账务处理程序适合规模较大、经济业务较多的单位。

（3）科目汇总表账务处理程序，又称"记账凭证汇总表账务处理程序"，是指首先根据记账凭证定期编制科目汇总表,其次根据科目汇总表登记总分类账的一种账务处理程序。科目汇总表又称"记账凭证汇总表",是企业定期对全部记账凭证进行汇总后,按照不同的会计科目分别列示各账户借方发生额和贷方发生额的一种汇总凭证。科目汇总表账务处理程序适合经济业务较多的单位。

任务二 运用账务处理程序

一、记账凭证账务处理程序

记账凭证账务处理程序的一般步骤有:①根据原始凭证,填制原始凭证汇总表;②根据原始凭证或原始凭证汇总表,填制收款凭证、付款凭证和转账凭证,也可以填制通用记账凭证;③根据收款凭证和付款凭证,逐笔登记库存现金日记账和银行存款日记账;④根据原始凭证、原始凭证汇总表和记账凭证,登记各种明细分类账;⑤根据记账凭证逐笔登记总分类账;⑥期末,将库存现金日记账、银行存款日记账和明细分类账的余额与有关总分类账的余额核对相符;⑦期末,根据总分类账和明细分类账的记录,编制财务报表。

记账凭证账务处理程序如图 8-2-1 所示。

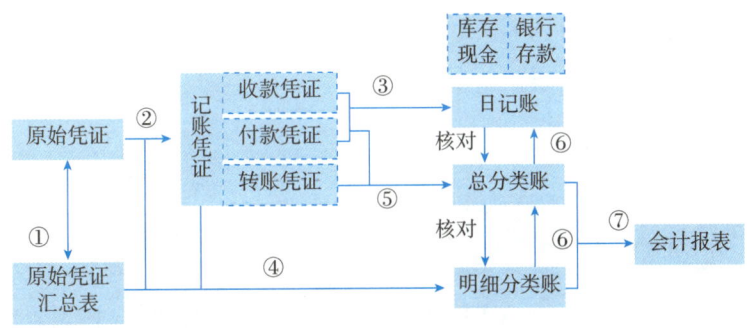

图 8-2-1 记账凭证账务处理程序

记账凭证账务处理程序的主要特点是,直接根据记账凭证逐笔登记总分类账。其优点是简单明了,易于理解,总分类账可以反映经济业务的详细情况;缺点是登记总分类账的工作量较大。

二、汇总记账凭证账务处理程序

汇总记账凭证账务处理程序的一般步骤有:①根据原始凭证填制原始凭证汇总表;②根据原始凭证或原始凭证汇总表,填制收款凭证、付款凭证和转账凭证,也可以填制通用记账凭证;③根据收款凭证、付款凭证逐笔登记库存现金日记账和银行存款日记账;④根据原始凭证、原始凭证汇总表和记账凭证,登记各种明细分类账;⑤根据各种记账凭证编制有关汇总记账凭证;⑥根据各种汇总记账凭证登记总分类账;⑦期末,将库存现金日记账、银行存款日记账和明细分类账的余额与有关总分类账的余额核对相符;⑧期末,根据总分类账和明细分类账的记录,编制财务报表。

汇总记账凭证账务处理程序如图 8-2-2 所示。

汇总记账凭证账务处理程序的主要特点是,首先根据记账凭证编制汇总记账凭证,其次根据汇总记账凭证登记总分类账。其优点是减轻了登记总分类账的工作量;缺点是当转账凭证较多时,编制汇

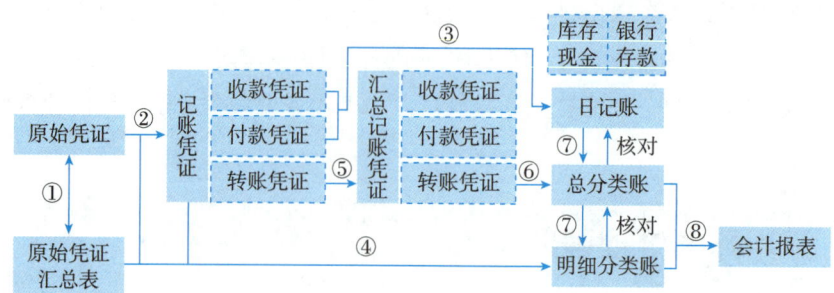

图 8-2-2　汇总记账凭证账务处理程序

总转账凭证的工作量较大,并且按每一贷方账户编制汇总转账凭证,不利于会计核算的日常分工。

三、科目汇总表账务处理程序

科目汇总表账务处理程序的一般步骤有:①根据原始凭证填制原始凭证汇总表;②根据原始凭证或原始凭证汇总表填制记账凭证;③根据收款凭证、付款凭证,逐笔登记库存现金日记账和银行存款日记账;④根据原始凭证、原始凭证汇总表和记账凭证,登记各种明细分类账;⑤根据各种记账凭证编制科目汇总表;⑥根据科目汇总表登记总分类账;⑦期末,将库存现金日记账、银行存款日记账和明细分类账的余额同有关总分类账的余额核对相符;⑧期末,根据总分类账和明细分类账的记录,编制财务报表。

科目汇总表账务处理程序如图 8-2-3 所示。

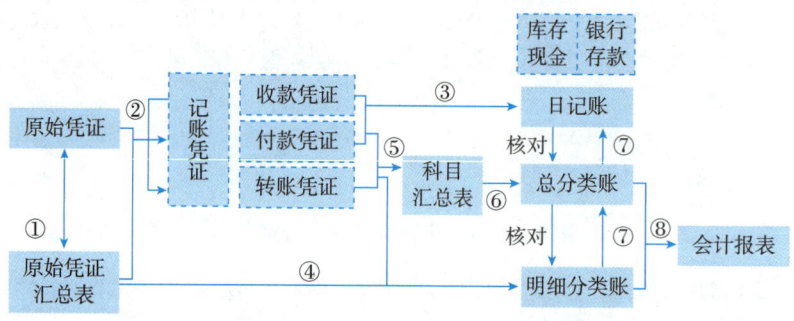

图 8-2-3　科目汇总表账务处理程序

科目汇总表账务处理程序的主要特点是,首先将所有记账凭证汇总编制成科目汇总表,其次根据科目汇总表登记总分类账。其优点是减少了登记总分类账的工作量,并且科目汇总表可以起到试算平衡的作用;缺点是科目汇总表不能反映各个账户之间的对应关系,不利于对账目进行检查。

【思政小课堂】

加强会计诚信建设、完善社会信用体系

一、教学目标

1. 知识目标

(1) 理解会计诚信是经济建设的重要基础。

(2) 理解会计诚信建设是维护市场经济秩序的必然要求。

(3) 理解加强会计诚信建设是发挥会计职能作用的基础保障。

2. 能力目标

（1）让学生形成会计诚信意识。

（2）让学生强化会计职业道德认同，树立道德标准，增强自律性。

（3）培养学生运用所学专业知识分析案例的能力，加深对会计诚信的理解。

3. 素质目标

（1）完善学生道德标准，强化学生对诚信品质的价值认同。

（2）加强对学生的诚信教育和职业道德培养。

二、案例

根据相关法律法规，自2024年1月起，财政部组织检查组对普华永道中天会计师事务所（以下简称"普华永道"）及其广州分所的恒大地产集团有限公司（以下简称"恒大地产"）审计项目执业质量开展专项检查。

9月13日，财政部对普华永道开出"顶格"罚单。在会计师事务所方面，依据《中华人民共和国注册会计师法》，对普华永道涉及恒大地产2018年审计项目的违法行为，给予没收违法所得并处罚款共1.16亿元的行政处罚。同时，对普华永道警告、暂停经营业务6个月，撤销普华永道广州分所的行政处罚。此外，中国证监会对普华永道恒大地产年报及债券发行审计工作未勤勉尽责案做出行政处罚，依据《中华人民共和国证券法》规定，没收普华永道案涉期间全部业务收入2 774万元，并处顶格罚款2.97亿元，合计罚没3.25亿元。据中国证监会公布的信息，此次对于普华永道处罚的原因主要包括以下几个方面：中国证监会调查发现，普华永道在执行恒大地产2019年、2020年年报审计工作中未勤勉尽责，在审计过程中违反多项审计准则，违背多项审计要求，多项审计程序失效，未保持应有的职业怀疑，未做出正确的职业判断，未发现恒大地产大金额、高比例财务造假。

一是审计工作底稿失真，地产项目观察中约88%的记录与实际执行情况不一致，底稿记录内容严重不可靠。二是现场走访程序失效，现场走访认为符合交楼条件的楼盘大部分实际未竣工交付，部分至监管部门实地调查时仍未竣工交付，甚至是"一片空地"。三是样本选取范围失控，任由恒大地产替换样本，将恒大地产标注"不让去"的地产项目排除在走访样本之外。四是文件检查程序失灵，核验无异常的交楼清单，实际上大量业主签字确认日晚于资产负债表日。五是复核程序失守，现场走访程序复核工作流于形式，复核人员基于对走访人员的"信任"出具复核结论。

此次监管部门提及普华永道对恒大地产财务报表审计的"多宗罪"，总结起来包括夸大销售收入、虚增经营成本、虚增企业利润、掩盖现金流真实状况等，在几个重要领域基本上都犯了重大的错误，严重违背职业操守。除了罚款，在注册会计师方面，财政部依据《中华人民共和国注册会计师法》，对恒大地产2018—2020年相关财务报表审计报告的4名签字注册会计师汤振峰、魏泽、朱立为、蔡秀娟，给予吊销注册会计师证书的处罚；依据相关管理办法，对陈耘涛、吴德恩、潘国威、陈智杰、陈君瑜、卢玉捷、金莹7名参与编制恒大地产合并财务报表的注册会计师，给予警告或罚款的行政处罚。

三、案例意义

（1）做德才兼备的会计人。作为会计人，不仅要具备专业能力，更要具备会计人才品德。会计人员的诚实守信、客观公正，是保证会计信息真实、可靠、完整的重要前提。

（2）会计诚信建设是维护市场经济秩序的重要保证。加强会计诚信建设，有利于严格会计人员自我约束，进一步提升会计信息质量，推进国家治理体系和治理能力现代化。

四、启发思考题

如果你是一名会计，在工作中怎样做到会计诚信？

项目九 财产清查

项目导言

会计主体的各项财产物资的增减变动和结存情况都是通过账簿记录如实地加以反映的。为了保证账簿记录的正确性，必须对财产物资进行定期或不定期的清点和审查工作，确保各项财产的实存数与账面结存数相符，为定期编制会计报表提供准确、完整、系统的核算信息。本项目主要讲解财产清查的一般方法及清查结果的会计处理问题。

学习目标

德育目标

1. 培养学生坚持准则，守则敬业，忠于职守，自觉维护国家财经纪律和经济秩序的观念。
2. 学法、知法、守法，公私分明，树立良好的职业形象。

知识目标

1. 了解企业的财产清查意义和种类。
2. 掌握企业财产清查方法和会计处理。

技能目标

熟练运用财产清查方法，对不同的财产物资进行清查。

任务一 财产清查的概念、意义和种类

一、财产清查的概念

财产清查是指对各项财产物资进行实物盘点、账面核对以及对各项往来款项进行查询、核对，

以保证账账、账实相符的一种专门方法。财产清查既是会计核算的一种专门方法，又是财产物资管理的一项重要制度。企业必须有计划、有组织地进行财产清查。

二、财产清查的意义

为了保证会计账簿记录真实和准确，进一步建立健全财产物资的管理制度，确保企业财产完整无损，必须运用财产清查这一行之有效的会计核算方法，对各项财产进行清查，做到账实相符。

财产清查的意义主要表现在以下两个方面。

第一，保证会计信息系统的有效运行。查明各项财产物资的实存数，并与账簿记录相核对，确保会计信息可靠性要求，向财务报告使用者提供真实、客观的会计信息。

第二，保证内部会计监督制度和内部控制的实施。财产清查可以保护企业财产物资的安全与完整，提高会计信息的质量及经营效率。通过财产清查，可以查明各项财产物资的保管、储备和利用情况，以便及时采取措施，堵塞漏洞，加强管理，建立健全有关内部牵制制度。

三、财产清查的种类

企业财产清查可按清查的范围、时间和执行单位等不同标准进行分类。

（1）按照清查的范围不同，财产清查可分为全部清查和局部清查两种。

全部清查，是指对全部财产进行盘点和核对。就制造企业清查对象来说，一般包括货币资金、存货、固定资产、债权资产及对外投资等的清查。

全部清查的范围广、时间长、工作量大、参加的人员多，有时还会影响企业生产经营的正常进行，所以，一般在以下情况下进行全部清查：①年终决算之前，为确保年终决算会计信息的真实和准确，需要进行一次全部清查；②企业关停并转或改变其隶属关系，需要进行全部清查；③中外合资、合营需要进行全部清查；④开展清产核资，需要进行全部清查；⑤单位主要负责人变更，需要进行全部清查。

局部清查，是指根据需要对企业的一部分财产进行的清查。如对库存现金应每日盘点一次；对银行存款至少每月同银行核对一次；对各种材料、在产品和产成品除年度清查外，应有计划地每月重点抽查，尤其对贵重的财产物资应至少每月清查一次；对债权资产，应在会计年度内至少核对1~2次。

（2）按照清查的时间不同，财产清查可分为定期清查和不定期清查两种。

定期清查，是指根据计划安排的时间对财产进行的清查。这种清查一般在财产管理制度中予以规定，通常在年末、季末或月末结账前进行。

不定期清查，是指事前不规定清查日期，而是根据特殊需要临时进行的盘点和核对。不定期清查主要在以下情况下进行：①财产物资、库存现金保管人员更换时，要对有关人员保管的财产物资、库存现金进行清查，以分清经济责任，便于办理交接手续；②发生自然灾害和意外损失时，要对受损失的财产物资进行清查，以查明损失情况；③上级主管、财政、审计等部门对本单位进行会计检查，应按检查的要求和范围对财产物资进行清查，以验证会计资料的可靠性；④开展临时性清产核资时，要对本单位的财产物资进行清查，以便摸清家底。

(3) 按照清查执行单位不同,财产清查可分为内部清查和外部清查。

内部清查,是指由本单位内部自行组织清查工作小组进行的财产清查工作,大多数财产清查是内部清查。

外部清查,是指由上级主管部门、审计机关、司法部门、注册会计师等根据有关规定对本单位进行的财产清查。一般来说,进行外部清查时,应有本单位相关人员参加。

任务二 财产清查的内容和方法

一、货币资金的清查方法

(一)库存现金的清查

库存现金的清查是指采用实地盘点法确定库存现金的实存数,与库存现金日记账的账面余额相核对,确定账实是否相符。库存现金清查一般由主管会计或财务负责人和出纳人员共同清点出各种纸币的张数和硬币的个数,并填制库存现金盘点报告表。

盘点时,要注意:①账实是否相符;②检查现金管理制度的遵守情况,如库存现金有无超过其限额,有无白条抵库、挪用舞弊等情况。库存现金清查注意事项如图9-2-1所示。

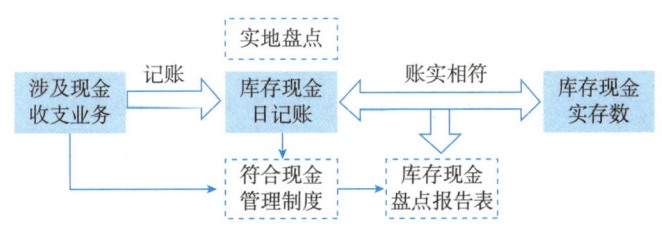

图9-2-1 库存现金清查注意事项

【小贴士】

对库存现金进行盘点时,出纳人员必须在场,有关业务必须在库存现金日记账中全部登记完毕。库存现金盘点报告表(见图9-2-2)是重要的原始凭证,据以进行现金盘盈盘亏账务处理。

单位名称: 年   月   日   单位:元

实存金额	账存金额	实存与账存对比		备注
			盘亏	

盘点人签章: 出纳员签章:

图9-2-2 库存现金盘点报告表

(二)银行存款的清查

银行存款的清查是采用与开户银行核对账目的方法进行的,即将本单位银行存款日记账的账簿记录与开户银行转来的对账单逐笔进行核对,查明银行存款的实有数额。银行存款的清查一般在月末进行。将截止到清查日所有银行存款的收付业务都登记入账后,对发生的错账、漏账应及时查清更正,再与银行的对账单逐笔核对。如果二者余额相符,则说明没有错误;如果二者余额不相符,则可能是企业或银行一方或双方记账过程有错误或者存在未达账项。

所谓未达账项，是指企业与其开户银行之间，一方收到凭证并已入账，另一方未收到凭证因而未能入账的账项。

未达账项一般分为四种情况，见表9-2-1。

表9-2-1 未达账项

企 业	银 行
企业已收款记账，银行未收款未记账的款项。例如，企业已将收到的购货单位开出的转账支票送存银行并且入账，但是因银行尚未办妥转账收款手续而没有入账	银行已收款记账，企业未收款未记账的款项。例如，企业委托银行代收的款项，银行已经办妥收款手续并且入账，但是因收款通知尚未到达企业而使企业没有入账
企业已付款记账，银行未付款未记账的款项。例如，企业开出的转账支票已经入账，但是因收款单位尚未到银行办理转账手续或银行尚未办妥转账付款手续而没有入账	银行已付款记账，企业未付款未记账的款项。例如，企业应付给银行的借款利息，银行已经办妥付款手续并且入账，但是因付款通知尚未到达企业而使企业没有入账

上述任何一种未达账项的存在，都会使企业银行存款日记账的余额与银行对账单的余额不符。所以，在与银行对账时，应先查明是否存在未达账项，如果存在未达账项，就应当编制"银行存款余额调节表"，据以确定企业银行存款实有数。

银行存款的清查步骤见表9-2-2。

表9-2-2 银行存款的清查步骤

步骤	具体内容
① 对账	根据经济业务、结算凭证的种类、金额等信息，逐日逐笔核对银行存款日记账和银行对账单，凡双方都有记录的，用铅笔在金额旁打上记号"√"
② 查找未达账项	找出银行存款日记账和银行对账单中没有打"√"的款项
③ 编制银行存款余额调节表	将日记账和对账单的月末余额及找出的未达账项填入银行存款余额调节表

银行存款余额调节表的编制，以企业银行存款日记账余额和银行对账单余额为基础，各自分别加上对方已收款入账而己方尚未入账的数额，减去对方已付款入账而己方尚未入账的数额。其计算公式如下：

企业银行存款日记账余额＋银行已收企业未收款－银行已付企业未付款＝银行对账单存款余额＋企业已收银行未收款－企业已付银行未付款

【例9-1】甲企业2024年12月31日银行存款日记账的余额为550 000元，银行转来对账单的余额为530 000元。经逐笔核对，发现以下未达账项。

（1）企业送存转账支票60 000元，并已登记银行存款增加，但银行尚未记账。

（2）企业开出转账支票30 000元，并已登记银行存款减少，但持票单位尚未到银行办理转账，银行尚未记账。

（3）企业委托银行代收货款50 000元，银行已收妥并登记入账，但企业未收到收款通知，尚未记账。

（4）银行代企业支付电费40 000元，银行已登记减少企业银行存款，但企业未收到银行付款通知，尚未记账。

根据上述内容编制银行存款余额调节表，如表9-2-3所示。

表 9－2－3　银行存款余额调节表

2024 年 12 月 31 日　　　　　　　　　　　　　　　　　　　　　　　　　　　　　单位：元

项　目	金　额	项　目	金　额
企业银行存款日记账余额	550 000	银行对账单余额	530 000
加：银行已收企业未收	50 000	加：企业已收银行未收	60 000
减：银行已付企业未付	40 000	减：企业已付银行未付	30 000
调节后的存款余额	560 000	调节后的存款余额	560 000

调节后的企业银行存款日记账余额 560 000 元和银行对账单余额 560 000 元相等。

【小贴士】

银行存款余额调节表只是为了核对账目，不能作为调整企业银行存款账面记录的记账依据。银行日记账的登记必须在收到有关原始凭证以后进行。

二、实物资产的清查方法

实物资产主要包括固定资产、存货等。实物资产的清查是指对实物资产数量和质量进行的清查。实物资产通常采用以下两种清查方法。

（一）实地盘点法

实地盘点法是通过点数、过磅、量尺等方法确定实物资产的实有数量。实地盘点法适用范围较广，在多数财产物资清查中都可以采用。

（二）技术推算法

技术推算法是指利用一定的技术方法对财产物资的实存数进行推算，故又称"估推法"。这种方法不是对财产物资逐一清点计数，而是通过量方、计尺等技术推算财产物资的结存数量。技术推算法只适用成堆量大且价值不高、逐一清点难度较大的财产物资的清查。例如，露天堆放的煤炭等。

对于实物的质量，应根据不同实物的性质或特征，采用物理或化学方法来检查。

在实物清查过程中，实物保管人员和盘点人员必须同时在场。对于盘点结果，应如实登记盘存单，并由盘点人和实物保管人签字或盖章，以明确经济责任。盘存单既是记录盘点结果的书面证明，也是反映财产物资实存数的原始凭证。盘存单的一般格式如图 9－2－3 所示。

单位名称：　　　　　　　　　　盘点时间：　　　　　　　　　　编号：
财产类别：　　　　　　　　　　存放地点：

编号	名称	计量单位	数量	单价	金额	备注

盘点人：　　　　　　　　　　　　　　　　　　　　　　　　　　　保管人：

图 9－2－3　盘存单

为了查明实存数与账存数是否一致，确定盘盈或盘亏情况，应根据盘存单和有关账簿记录，编制实存账存对比表。实存账存对比表的一般格式如图 9－2－4 所示。

单位名称：　　　　　　　　　　　　　　　　　　　　　　　年　月　日

编号	类别及名称	计量单位	单价	实存		账存		对比结果				备注
								盘盈		盘亏		
				数量	金额	数量	金额	数量	金额	数量	金额	

负责人：　　　　　　　　　　　复核：　　　　　　　　　　　制表：

图9-2-4　实存账存对比表

【小贴士】

实存账存对比表是用于调整账簿记录的重要原始凭证，也是分析产生差异的原因、明确经济责任的依据。

三、往来款项的清查方法

往来款项主要包括应收、应付款项和预收、预付款项等。往来款项的清查一般采用发函询证的方法进行核对。清查单位应在各种往来款项记录准确的基础上，按每一个经济往来单位填制"往来款项对账单"，一式两联，其中一联送交对方单位核对账目，另一联作为回单联。对方单位经过核对相符后，在回单联上加盖公章退回，表示已核对。如有数字不符，对方单位应在对账单中注明情况退回本单位，本单位进一步查明原因，再行核对。往来款项对账函及回单联格式如图9-2-5所示。

往来款项对账函

_____单位：

　　为核对账目，现将我公司截至20××年×月×日与贵公司的往来列示如下，下表所列数据出自本公司账簿记录，如与贵单位记录相符，请在本函下端"数据证明无误"处签章证明，如有不符，请在"数据不符"的下端列明不符金额。

　　　　　　　　　　　　　　　　　　　　　　发函单位：××有限公司（盖章）
　　　　　　　　　　　　　　　　　　　　　　　　　　年　　月　　日

图9-2-5　往来款项对账函

```
                    往来款项对账函（回单联）
    _____单位：
    你单位的往来款项对账函已收到，数据证明无误。
    如有数据不符，不符金额为_____。


                                    回函单位：××有限公司（盖章）
                                           年    月    日
```

图 9－2－5　往来款项对账函（续）

往来款项清查以后，将清查结果编制成"往来款项清查报告单"，填列各项债权、债务的余额。对于有争执的款项以及无法收回的款项，应在报告单上详细列明情况，并及时采取措施，避免或减少坏账损失。

任务三　财产清查的业务处理

一、财产清查结果的处理步骤

企业对财产清查中发现的盘盈和盘亏等问题，要先查明情况，核实金额，按规定的管理权限和程序报经批准后，进行会计处理。财产清查结果的处理步骤如下。

（1）查明情况，核实金额。应于期末前对清查过程中损益原因进行分析，进一步核实盈亏金额，针对不同原因造成的盈亏提出处理意见，并根据企业的管理权限将处理建议报股东大会或董事会或类似权力机构批准。

（2）进行相应账务处理，账实相符。在查明情况、核实金额的基础上，对财产清查中发现的盘盈或盘亏，进行相应的账务处理，即根据库存现金盘点报告表、实存账存对比表等原始凭证编制记账凭证，并据以调整账簿记录，使账簿记录与实际盘存数相符。

（3）进行批准后的账务处理。对于财产清查产生的损益，企业应于期末前查明原因，并根据企业的管理权限，经股东大会或董事会或类似机构批准后，在期末结账前处理完毕。如果在期末结账前未经批准，则在对外提供财务报表时先按相关规定进行相应账务处理，并在财务报告的附注中做出说明，其后如果批准处理的金额与已处理金额不一致，则调整财务报表相关项目的期初数。

二、财产清查结果的账务处理

（一）账户设置

企业应设置"待处理财产损益"账户。该账户属于资产类账户，用于核算企业在清查财产过程中已经查明的各种财产物资的盘盈、盘亏和毁损。"待处理财产损益"账户借方登记各项财产的盘亏或毁损数额和报经批准后转销的盘盈余额；贷方登记各项财产的盘盈金额和经批准后转销的盘亏或毁损金额；按规定，企业的各项盘盈、盘亏必须于期末结账前处理完毕，所以该账户期末无余额。"待处理财产损益"账户下设"待处理流动资产损益"和"待处理非流动资产损益"两个明细分类账户，以进行明细分类核算。"待处理财产损益"账户结构如图9-3-1所示。

待处理财产损益	
①各项财产的盘亏或毁损金额 ②经批准后转销的盘盈余额	①各项财产的盘盈金额 ②经批准后转销的盘亏或毁损金额

图9-3-1 "待处理财产损益"账户

（二）账务处理

1. 库存现金清查的账务处理

库存现金清查中发现库存现金短缺或盈余时，除了设法查明原因外，还应及时根据库存现金盘点报告表进行会计处理。

库存现金清查账务处理如图9-3-2所示。

项目	账务处理	
	报经批准前	报经批准后
现金短缺 （短款）	借：待处理财产损溢 　贷：库存现金	借：管理费用（无法查明原因） 　　其他应收款（责任人或保险公司赔偿） 　贷：待处理财产损溢
现金盘盈 （长款）	借：库存现金 　贷：待处理财产损溢	借：待处理财产损溢 　贷：其他应付款（应支付给有关单位或个人的金额） 　　营业外收入（无法查明原因）

图9-3-2 库存现金清查账务处理

【例9-2】甲公司在库存现金清查中发现长款200元，其会计处理如下。

(1) 批准前：

借：库存现金　　　　　　　　　　　　　　　　　　　　　　　　　　　　200
　　贷：待处理财产损溢　　　　　　　　　　　　　　　　　　　　　　　　200

(2) 经反复核查，有100元属于张三报销款；有100元未查明原因，报经批准转作营业外收入。

借：待处理财产损溢　　　　　　　　　　　　　　　　　　　　　　　　　200
　　贷：营业外收入　　　　　　　　　　　　　　　　　　　　　　　　　　100
　　　　其他应付款——张三　　　　　　　　　　　　　　　　　　　　　　100

【例9-3】某企业在库存现金清查中发现短款400元，其会计处理如下。

(1) 批准前：

借：待处理财产损溢　　　　　　　　　　　　　　　　　　　　　　　　　400
　　贷：库存现金　　　　　　　　　　　　　　　　　　　　　　　　　　　400

(2) 经查，该短款有300元属于出纳员王明的责任，应由该出纳员赔偿；有100元无法查明原因。

借：其他应收款——王明　　　　　　　　　　　　　　　　　　　　　　　　　300
　　　管理费用　　　　　　　　　　　　　　　　　　　　　　　　　　　　　100
　　　　贷：待处理财产损溢　　　　　　　　　　　　　　　　　　　　　　　400

2. 存货清查结果的账务处理

当存货盘盈时，应根据实存账存对比表，将盘盈存货的价值记入"原材料""库存商品"等账户的借方，同时记入"待处理财产损溢"账户的贷方；报经批准后，冲减管理费用。

当存货盘亏或毁损时，经批准以前应先记入"待处理财产损溢"账户的借方，同时记入有关存货账户的贷方。批准后，再根据造成亏损的原因，分别进行账务处理。

（1）属于自然损耗产生的定额内的合理损耗，经批准后即可计入管理费用。

（2）属于超定额短缺的，能确定过失人的应由过失人负责赔偿；属于保险责任范围的，应向保险公司索赔；扣除过失人或保险公司赔款和残料价值后的余额，应计入管理费用。

（3）属于非常损失造成的存货损失，扣除保险公司赔款和残料价值后，应计入营业外支出。

存货清查账务处理如图9－3－3所示。

项目		账务处理	
		报经批准前	报经批准后
存货盘亏	自然灾害等非常损失	借：待处理财产损溢 　　贷：原材料	借：管理费用（管理不善） 　　原材料（残料回收） 　　营业外支出（自然灾害造成的非常损失） 　　其他应收款（责任人或保险公司的赔偿） 　　　贷：待处理财产损溢
	企业管理不善造成	借：待处理财产损溢 　　贷：原材料 　　　　应交税费——应交增值税（进项税额转出）	
存货盘盈		借：原材料 　　贷：待处理财产损溢	借：待处理财产损溢 　　贷：管理费用（冲减管理费用）

图9－3－3　存货清查账务处理

【例9－4】某企业在财产清查中盘盈A材料300千克。经查明，是收发计量上的错误造成的，按4元/千克入账。其会计处理如下。

（1）批准前：

借：原材料——A材料　　　　　　　　　　　　　　　　　　　　　　　　1 200
　　　贷：待处理财产损溢　　　　　　　　　　　　　　　　　　　　　　1 200

（2）批准后，冲减管理费用：

借：待处理财产损溢　　　　　　　　　　　　　　　　　　　　　　　　　1 200
　　　贷：管理费用　　　　　　　　　　　　　　　　　　　　　　　　　1 200

【例9－5】甲公司为增值税一般纳税人，盘亏A材料200千克，实际成本10 000元，相关增值税发票注明增值税1 300元。经查明，属于库管员保管不善造成的损失，按规定由库管员赔偿4 000元。其会计处理如下。

（1）批准前：

借：待处理财产损溢　　　　　　　　　　　　　　　　　　　　　　　　　11 300
　　　贷：原材料　　　　　　　　　　　　　　　　　　　　　　　　　　10 000

应交税费——应交增值税（进项税额转出）　　　　　　　　　　　　1 300

（2）批准后，计入管理费用：

借：管理费用　　　　　　　　　　　　　　　　　　　　　　　　　7 300

　　其他应收款——库管员　　　　　　　　　　　　　　　　　　　4 000

　　贷：待处理财产损溢　　　　　　　　　　　　　　　　　　　　　　11 300

【例9-6】乙公司为增值税一般纳税人，因台风造成一批库存材料毁损，实际成本为100 000元，相关增值税专用发票上注明的增值税税额为13 000元。根据保险合同约定，应由保险公司赔偿50 000元。甲公司应编制如下会计分录。

（1）批准处理前：

借：待处理财产损溢　　　　　　　　　　　　　　　　　　　　　100 000

　　贷：原材料　　　　　　　　　　　　　　　　　　　　　　　　　100 000

（2）批准处理后：

借：其他应收款——××保险公司　　　　　　　　　　　　　　　50 000

　　营业外支出——非常损失　　　　　　　　　　　　　　　　　　50 000

　　贷：待处理财产损溢　　　　　　　　　　　　　　　　　　　　　100 000

【敲黑板】

非常损失和非正常损失的区别如图9-3-4所示。

项目	发生原因	业务处理
非常损失	自然灾害等不可抗力因素造成的损失	之前购买原材料、库存商品、固定资产抵扣过的进项税额允许抵扣，不需要转出
非正常损失	管理不善造成的被盗、丢失、霉烂变质等损失	之前购买原材料、库存商品、固定资产抵扣过的进项税额不允许抵扣，需要转出

图9-3-4　非常损失和非正常损失的区别

非常损失举例：一家制造厂因遭受地震和洪水袭击等不可抗力导致大量的设备、原材料和库存商品损毁。

非正常损失举例：一家商店因为没有制定防盗规定，店内商品被盗或因为没有妥善保管食品，导致食品变质而无法销售，以上商品损毁均是管理不善原因所致。

（三）固定资产清查结果的会计处理

在固定资产清查过程中，发现有盘亏的固定资产时，应查明原因，填制固定资产盘亏报告表并写出书面报告，报经企业主管领导批准后才能记入"营业外支出"账户。在批准之前，只能作为待处理财产损溢处理。

对于盘亏的固定资产，企业应按盘亏固定资产的净值借记"待处理财产损溢"账户，按已提折旧额借记"累计折旧"账户，按原值贷记"固定资产"账户。按规定程序批准后，应按盘亏固定资产的净值借记"营业外支出"账户，贷记"待处理财产损溢"账户。

固定资产清查的账务处理如图9-3-5所示。

项目		账务处理	
		报经批准前	报经批准后
固定资产盘亏	自然灾害等非常损失	借：待处理财产损溢 　　累计折旧 　　固定资产减值准备 　贷：固定资产	借：营业外支出——盘亏损失 　　其他应收款（责任人或保险公司的赔偿） 　贷：待处理财产损溢 备注：非正常损失造成的固定资产盘亏，该固定资产购入时增值税额中不可从销项税额中抵扣的金额计算方法如下： 不可从销项税额中抵扣的金额 ＝固定资产净值×税率 ＝（原值-累计折旧）×税率
	企业管理不善等非正常损失	借：待处理财产损溢 　　累计折旧 　　固定资产减值准备 　贷：固定资产 　　　应交税费——应交增值税（进项税额转出）	
固定资产盘盈		借：固定资产（重置成本） 　贷：以前年度损益调整	借：以前年度损益调整 　贷：盈余公积 　　　利润分配——未分配利润

图 9-3-5　固定资产清查账务处理

【例 9-7】甲公司为增值税一般纳税人，2024 年 4 月 20 日在财产清查过程中发现，2023 年 11 月购入的一台设备尚未入账，重置成本为 20 000 元。假定甲公司按净利润的 10% 提取法定盈余公积，不考虑相关税费及其他因素的影响。公司应编制如下会计分录。

（1）盘盈固定资产时：

借：固定资产　　　　　　　　　　　　　　　　　　　　　　　　　　　　　　　20 000
　贷：以前年度损益调整　　　　　　　　　　　　　　　　　　　　　　　　　　　20 000

（2）结转为留存收益时：

借：以前年度损益调整　　　　　　　　　　　　　　　　　　　　　　　　　　　　20 000
　贷：盈余公积——法定盈余公积　　　　　　　　　　　　　　　　　　　　　　　 2 000
　　　利润分配——未分配利润　　　　　　　　　　　　　　　　　　　　　　　　18 000

【例 9-8】乙公司为增值税一般纳税人，2024 年 12 月 31 日进行财产清查时，发现短缺一台设备，原价为 20 000 元，已计提折旧 6 000 元，购入时增值税税额为 2 600 元。公司应编制如下会计分录。

（1）盘亏固定资产时：

借：待处理财产损溢　　　　　　　　　　　　　　　　　　　　　　　　　　　　14 000
　　累计折旧　　　　　　　　　　　　　　　　　　　　　　　　　　　　　　　　6 000
　贷：固定资产　　　　　　　　　　　　　　　　　　　　　　　　　　　　　　　20 000

（2）转出不可抵扣的进项税额时：

借：待处理财产损溢　　　　　　　　　　　　　　　　　　　　　　　　　　　　 1 820
　贷：应交税费——应交增值税（进项税额转出）　　　　　　　　　　　　　　　　1 820

（3）报经批准转销时：

借：营业外支出——盘亏损失　　　　　　　　　　　　　　　　　　　　　　　　15 820
　贷：待处理财产损溢　　　　　　　　　　　　　　　　　　　　　　　　　　　　15 820

根据现行增值税制度的规定，购进货物及不动产发生非正常损失，其负担的进项税额不得抵扣，其中，购进货物包括被确认为固定资产的货物。但是，如果盘亏的是固定资产，则应按其账面净值（固定资产原价－已计提折旧）乘以适用税率计算不可以抵扣的进项税额。据此，在【例9-8】中，该设备因盘亏，购入时的增值税进项税额中不可从销项税额中抵扣的金额为1 820 [（20 000－6 000）×13%]元，应借记"待处理财产损溢"科目，贷记"应交税费——应交增值税（进项税额转出）"科目。

（四）往来款项清查结果的会计处理

1. 应收款项的账务处理

在财产清查过程中，如发现长期应收而收不回的款项，即坏账损失，经批准应予以转销。坏账损失不需要通过"待处理财产损溢"账户进行核算，其转销方法通常采用备抵法。备抵法是指按期估计坏账损失，形成坏账准备，当某一应收款项全部或部分被确认为坏账时，应根据其金额冲减坏账准备，同时转销相应的应收款项金额的一种核算方法。估计坏账损失的方法有应收款项余额百分比法、账龄分析法和销货百分比法等，这里主要介绍常用的应收款项余额百分比法。

采用备抵法核算坏账损失，企业需要设置"坏账准备"账户。"坏账准备"账户属于资产类账户，是"应收账款""其他应收款"等科目的备抵账户。其借方登记转回多提的坏账准备以及实际发生的坏账损失；贷方登记当期计提、补提的坏账准备以及确认并转销又重新收回的坏账；期末余额在贷方，反映企业已经计提但尚未转销的坏账准备。该账户可按应收款项的类别进行明细核算。"坏账准备"账户结构如图9-3-6所示。

坏账准备	
转回多提的坏账准备	当期计提、补提的坏账准备
实际发生的坏账损失	确认并转销的坏账又重新收回
	期末余额：已计提但尚未转销的坏账准备

图9-3-6 "坏账准备"账户

企业计提坏账准备时，借记"信用减值损失"账户，贷记"坏账准备"账户；实际发生坏账时，借记"坏账准备"账户，贷记"应收账款"等账户。如果确认并转销的坏账以后又收回，则应按收回的金额，借记"应收账款"等账户，贷记"坏账准备"账户，借记"坏账准备"账户，贷记"信用减值损失"账户，以恢复企业债权、冲回已转销的坏账准备金额，同时，借记"银行存款"账户，贷记"应收账款"等账户，以反映款项收回情况。

应收款项和坏账准备的账务处理如图9-3-7所示。

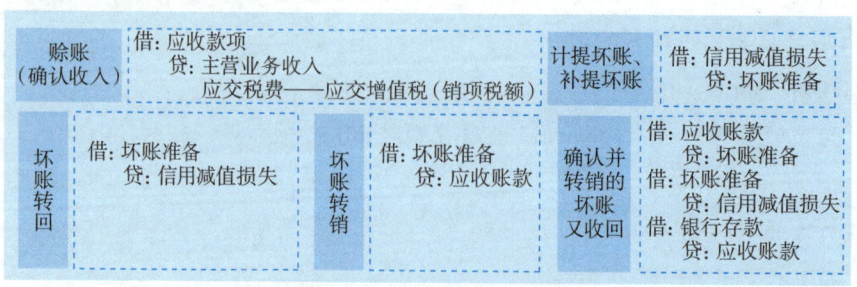

图9-3-7 应收款项和坏账准备的账务处理

【例9-9】甲公司对应收账款的减值处理采用备抵法，年末按5%计提坏账准备。2024年12月初，公司"应收账款"余额为600 000元，"坏账准备"贷方余额为30 000元；12月10日，乙公司确定无法偿还欠款，报经批准，确认坏账损失35 000元；12月15日，收回上年已计提丙公司坏账准备的应收款项20 000元；12月20日，赊销货物一批，价款240 000元，增值税31 200元，年末尚未收回款项。计算当期应计提的坏账准备。解析过程如下。

2024年12月初，公司"应收账款"余额为600 000元，"坏账准备"贷方余额为30 000元；12月10日，乙公司确定无法偿还欠款，报经批准，确认坏账损失35 000元，坏账准备减少35 000。

借：坏账准备　　　　　　　　　　　　　　　　　　　　　　　　　35 000
　　贷：应收账款　　　　　　　　　　　　　　　　　　　　　　　　35 000

12月15日，收回上年已计提丙公司坏账准备的应收款项20 000元。

借：应收账款　　　　　　　　　　　　　　　　　　　　　　　　　20 000
　　贷：坏账准备　　　　　　　　　　　　　　　　　　　　　　　　20 000
借：坏账准备　　　　　　　　　　　　　　　　　　　　　　　　　20 000
　　贷：信用减值损失　　　　　　　　　　　　　　　　　　　　　　20 000
借：银行存款　　　　　　　　　　　　　　　　　　　　　　　　　20 000
　　贷：应收账款　　　　　　　　　　　　　　　　　　　　　　　　20 000

2024年12月末应收账款余额＝600 000－35 000＋271 200＝836 200（元）

2024年12月末坏账准备余额＝836 200×5%＝41 810（元）

2024年12月末应补提坏账准备＝41 810－（30 000－35 000）＝46 810（元）

2. 应付款项的账务处理

在财产清查过程中，对于确实无法支付的应付款项，可经批准予以转销。转销时，不需要通过"待处理财产损溢"账户进行核算，直接按其账面余额记入"营业外收入"账户，会计分录为：

借：应付账款
　　贷：营业外收入

【思政小课堂】

会计的监督职能：财产清查的重要性

一、教学目标

1. 知识目标

（1）强化学生对于会计监督职能的理解。

（2）理解会计核算过程中账实一致的重要性。

（3）理解财产清查的意义。

2. 能力目标

（1）让学生形成主动监督的意识，确保企业资产安全完整。

（2）通过财产清查发现内控管理不足。

（3）培养学生运用所学专业知识分析案例的能力，加深对会计监督职能的理解。

3. 素质目标

（1）帮助学生树立守法奉公的职业道德素养。

（2）帮助学生树立忠于职守、敢于斗争、维护国家财经纪律和经济秩序的职业态度。

二、案例

2021年初，北京鸿锐嘉科技发展有限公司对宁都分厂的生产情况进行盘点，发现材料短少。同年9月3日，北京鸿锐嘉科技发展有限公司派员至宁都县公安局报案。经审理查明，被告人金某为湖北省黄冈市红安县人，系被害单位北京鸿锐嘉科技发展有限公司派驻在宁都分厂的负责人，负责管理该厂的接收原材料、生产、发货和质检。2021年6月至9月，被告人金某为获私利，私自变卖公司生产原料减水剂0.5吨、早强剂0.5吨、消泡剂80千克、铝粉25千克等给天津道众盈新材料科技有限公司宁都分厂，价值2.066万元人民币；私自在北京鸿锐嘉科技发展有限公司宁都分厂生产微膨胀注浆料共36吨，用天津道众盈新材料科技有限公司包装袋包装后，售卖给他人，价值7.2万元。总计侵占公司财物价值9.266万元。近日，江西省宁都县人民法院依法开庭对其进行了审理，一审以职务侵占罪，判处被告人金某有期徒刑10个月，并处罚金1万元人民币，责令被告人金某向被害单位北京鸿锐嘉科技发展有限公司退赔9.266万元人民币。

三、案例意义

（1）定期开展财产清查，能有效保护财产物资的安全、完整。各项财产物资的增减变动和结存情况都是通过账簿记录如实地加以反映的，为了保证账簿记录的正确性，必须对财产物资进行定期或不定期的清点和审查工作，根据账簿记录，对企业的财产物资进行盘点或核对，查明各项财产的实存数与账面结存数是否相符，防止出现被不法分子挪用、贪污或盗窃等情况；还可以分析各项财产物资的储备是否合理、利用是否充分、有无超储积压或闲置等现象。

（2）会计人员承担着主动履行监督职能的责任。为了提高会计信息的质量，反映企业管理层受托责任履行情况，有助于财务报告使用者做出经济决策，必须查明各项财产物资的实存数，并与账簿记录核对，确保企业资产的账面价值和实际价值相等，企业的会计核算如实反映了企业的真实状况，这也是会计人员谨慎性原则的运用。

四、启发思考题

如果你是一名会计，你认为定期盘点资产好还是根据需要不定期盘点资产好？你会是勤快的会计，还是追求省事的会计？

项目十 编制财务报表

项目导言

财务报表是会计主体对外提供的反映会计主体财务状况、经营成果和现金流量的结构性表述。本项目主要介绍财务报表的概念和种类,编制财务报表的基本要求,资产负债表、利润表、现金流量表的概念、结构和编制方法等。

学习目标

德育目标

培养学生的职业道德和责任感,使学生遵守财务法律法规,保持诚信,确保财务报表的准确性和真实性。

知识目标

1. 理解财务报表的概念和种类。
2. 了解财务报表编制的基本要求。
3. 掌握企业资产负债表、利润表的编制方法,了解现金流量表的基本结构。

技能目标

根据会计资料编制简单的资产负债表和利润表。

任务一 认识财务报表

一、财务报表的概念

财务报表是指企业对外提供的某一特定日期财务状况和某一会计期间经营成果、现金流量等会计信息的文件。一份完整的财务报表通常包括资产负债表、利润表、现金流量表、所有者权益变动表和附注。

资产负债表是反映企业在某一特定日期财务状况的财务报表，用于反映经营者在特定日期的资产、负债和股东权益状况。

利润表反映企业在一定会计期间的经营成果。

现金流量表反映企业在一定会计期间的现金及现金等价物流入和流出。

所有者权益变动表反映本期企业所有者权益（股东权益）各部分的增减变动情况和结构变动情况。

附注是对资产负债表、利润表、现金流量表和所有者权益变动表等报表中列示项目的文字描述或明细资料的补充，以及对未能在这些报表中列示项目的说明等，是财务报表不可或缺的组成部分。

二、财务报表的种类

财务报表可以根据会计信息的重要性、编报送的期间、编报的主体进行分类。

（1）按提供会计信息的重要性，财务报表可以分为主表和附表。

主表提供的会计信息比较全面、完整，能基本满足各种信息需要者的不同要求。现行的主表主要有资产负债表、利润表和现金流量表。

附表是对主表难以或不能详细反映的一些重要信息做的补充说明，如利润分配表、分部报表、应交增值税明细表和资产减值准备明细表等。

（2）按编报送的期间，财务报表可以分为中期财务报表和年度财务报表。

中期财务报表主要包括月份、季度、半年度财务报表。

年度财务报表是全面反映企业整个会计年度经营成果、现金流量情况及年末财务状况的财务报表。企业每年底必须编制并报送年度财务报表。

（3）按编报的主体不同，财务报表分为个别报表和合并报表。

个别报表是在母公司和子公司组成的具有控股关系的企业集团中，由母公司和子公司各自为主体分别单独编制的报表，用以分别反映母公司和子公司各自的财务状况与经营成果。

合并报表是以母公司和子公司组成的企业集团为一会计主体，由母公司编制综合反映企业集团经营成果、财务状况及资金变动情况的财务报表。

三、财务报表编制的基本要求

（一）持续经营的编制原则

企业应当以持续经营为基础编制财务报表，当持续经营不再合理时，企业应当采用其他基础编制财务报表，并在附注中披露这一事实。

（二）公允列报原则

企业应当按照实际发生的交易和事项，根据规定和其他会计准则进行确认与计量，真实且公允地反映企业的财务状况、经营成果以及现金流量。

（三）权责发生制原则

企业列报的财务报表，除现金流量表外，应按权责发生制原则编制。

（四）信息列报的一致性原则

财务报表项目的列报应当在各个会计期间保持一致，除会计准则要求改变财务报表项目的列报，或企业经营业务的性质发生重大变化后变更财务报表项目的列报能够提供更可靠、更相关的会计信息外，不得随意变更。

（五）项目列报遵守重要性原则

企业财务报表某项目的省略或错报会影响使用者据此做出经济决策，该项目具有重要性。重要性应当根据企业所处环境，从项目的性质和金额大小两个方面予以判断。

（六）抵销原则

企业财务报表中的资产项目和负债项目的金额、收入项目和费用项目的金额不得相互抵销，但其他会计准则另有规定的除外。

（七）信息列报的可比性原则

企业当期财务报表的列报，至少应当提供所有列报项目与上一可比会计期间的比较数据，以及与理解当期财务报表相关的说明，但其他会计准则另有规定的除外。财务报表项目的列报发生变更的，应当对上期比较数据按照当期的列报要求进行调整，并在附注中披露调整的原因和性质，以及调整的各项目金额。

（八）财务报表列报要求

企业应当在财务报表的显著位置至少披露：编报企业的名称、资产负债表日或财务报表涵盖的会计期间、人民币金额单位；财务报表是合并财务报表的，应当予以标明。

（九）报告期间

企业至少应当按年编制财务报表。年度财务报表涵盖的期间短于1年的，应当披露年度财务报表的涵盖期间，以及短于1年的原因。

任务二　编制资产负债表

一、资产负债表的概念

资产负债表又称"财务状况表"，是表示企业在一定日期（通常为各会计期末）的财务状况（资产、负债和股东权益的状况）的主要会计报表。它是企业经营活动的静态体现，根据"资产＝负债＋所有者权益"这一平衡公式，依照一定的分类标准和次序，将某一特定日期的资产、负债、所有者权益的具体项目予以适当的排列编制而成。

二、资产负债表的结构

资产负债表一般有表首、正表两部分。其中，表首概括地说明报表名称、编制单位、编制日期、报表编号、货币名称、计量单位等。正表是资产负债表的主体，列示了用以说明企业财务状况的各个项目。

资产负债表正表的格式一般有两种：报告式资产负债表和账户式资产负债表。报告式资产负债表是上下结构，上半部列示资产，下半部列示负债和所有者权益。账户式资产负债表是左右结构，左边列示资产，右边列示负债和所有者权益。不管采取什么格式，资产各项目的合计等于负债和所有者权益各项目的合计这一等式都不变。

我国企业的资产负债表采用账户式结构。

账户式资产负债表分左右两方，左方为资产项目，大体按资产的流动性大小排列，流动性大的排在前面，流动性小的排在后面；右方为负债和所有者权益项目，一般按要求清偿期限长短的顺序排列。在企业清算之前不需要偿还的所有者权益项目排在后面。我国一般企业资产负债表格式如表10－2－1 所示。

表 10－2－1　资产负债表　　　　　　　　　　会企 01 表

编制单位　　　　　　　　　　　　年　月　日　　　　　　　　　　　　金额单位：元

资产	期末余额	上年年末余额	负债和所有者权益（或股东权益）	期末余额	上年年末余额
流动资产			流动负债		
货币资金			短期借款		
交易性金融资产			交易性金融负债		
衍生金融资产			衍生金融负债		
应收票据			应付票据		
应收账款			应付账款		
应收款项融资			预收账款		
预付账款			合同负债		
其他应收款			应付职工薪酬		
存货			应交税费		
合同资产			其他应付款		
持有待售资产			持有待售负债		
一年内到期的非流动资产			一年内到期的非流动负债		
其他流动资产			其他流动负债		
流动资产合计			流动负债合计		
非流动资产			非流动负债		
债权投资			长期借款		
其他债权投资			应付债券		
长期应收款			其中：优先股		
长期股权投资			永续债		
其他权益工具投资			租赁负债		
其他非流动金融资产			长期应付款		
投资性房地产			预计负债		
固定资产			递延收益		

续表

资产	期末余额	上年年末余额	负债和所有者权益（或股东权益）	期末余额	上年年末余额
在建工程			递延所得税负债		
生产性生物资产			其他非流动负债		
油气资产			非流动负债合计		
使用权资产			负债合计		
无形资产			所有者权益（或股东权益）		
开发支出			实收资本（或股本）		
商誉			其他权益工具		
长期待摊费用			其中：优先股		
递延所得税资产			永续债		
其他非流动资产			资本公积		
非流动资产合计			减：库存股		
			其他综合收益		
			专项储备		
			盈余公积		
			未分配利润		
			所有者权益（或股东权益）合计		
资产总计			负债和所有者权益（或股东权益）总计		

三、资产负债表的编制

（一）资产负债表的填列方法

资产负债表各项目均需填列"期末余额"和"上年年末余额"两栏。

资产负债表中"上年年末余额"栏内各项目数字应根据上年年末资产负债表"期末余额"栏内所列数字填列。资产负债表"期末余额"栏主要有以下几种填列方法。

1. 根据总账科目的余额填列

（1）根据各总账科目的期末余额直接填列。

如"实收资本（或股本）""资本公积""盈余公积""短期借款""应付票据"等项目，根据各总账科目的期末余额直接填列。

（2）根据几个总账科目的期末余额计算填列。

如"货币资金"项目应根据"库存现金""银行存款""其他货币资金"三个总账科目余额的合计数填列。

2. 根据明细账科目余额计算填列

（1）"应付账款"项目。

"应付账款"项目，需要根据"应付账款"和"预付账款"两个科目所属的相关明细科目的期末贷方余额计算填列。

(2)"应付职工薪酬"项目,需要根据"应付职工薪酬"科目的明细科目期末余额计算填列。

(3)"一年内到期的非流动资产(负债)"项目,需要根据相关非流动资产(负债)项目的明细科目余额计算填列,已计提减值准备的,还应扣减相应的减值准备。

3. 根据总账科目和明细账科目余额分析计算填列

(1)"长期借款"项目,应根据"长期借款"总账科目余额扣除"长期借款"科目所属的明细科目中将在资产负债表日起1年内到期且企业不能自主地将清偿义务展期的长期借款后的金额计算填列。

(2)"其他非流动资产(负债)"项目应根据"其他非流动资产(负债)"总账科目余额减去明细科目中将于1年内(含1年)收回(到期偿还)的金额计算填列。

4. 根据有关科目余额减去其备抵科目余额后的净额填列

如资产负债表中的"应收票据""应收账款""长期股权投资""在建工程"等项目,填列方法如下:

(1)"固定资产"项目=固定资产-累计折旧-固定资产减值准备±固定资产清理(借+贷-);

(2)"在建工程"项目=在建工程-在建工程减值准备+工程物资-工程物资减值准备;

(3)"无形资产"项目=无形资产-累计摊销-无形资产减值准备;

(4)"应收账款"项目=应收账款-坏账准备(应收账款);

(5)"应收票据"项目=应收票据-坏账准备(应收票据);

(6)"长期股权投资"项目=长期股权投资-长期股权投资减值准备。

5. 综合运用上述填列方法分析填列

如"存货"项目,应根据"材料采购""原材料""发出商品""库存商品""周转材料""委托加工物资""生产成本""受托代销商品"等科目期末余额合计,减去"受托代销商品款""存货跌价准备"科目期末余额后的净额填列。

(二)资产负债表主要项目的填列说明

1. 资产项目的填列说明

(1)"货币资金"项目应根据"库存现金""银行存款""其他货币资金"科目的期末余额合计数填列。

(2)"交易性金融资产"项目应根据"交易性金融资产"科目的相关明细科目期末余额填列。

(3)"应收票据"项目应根据"应收票据"科目的期末余额减去"坏账准备"科目中相关坏账准备期末余额后的金额填列。

(4)"应收账款"项目应根据"应收账款"科目的期末余额减去"坏账准备"科目中相关坏账准备期末余额后的金额填列。

(5)"应收款项融资"项目,反映资产负债表日以公允价值计量且其变动计入其他综合收益的应收票据和应收账款等。

（6）"预付账款"项目应根据"预付账款"和"应付账款"科目所属各明细科目的期末借方余额合计减去"坏账准备"科目中有关预付账款计提的坏账准备期末余额后的净额填列。

（7）"其他应收款"项目应根据"应收利息""应收股利"和"其他应收款"科目的期末余额合计数，减去"坏账准备"科目中相关坏账准备期末余额后的金额填列。

（8）"存货"项目应根据"材料采购""原材料""库存商品""周转材料""委托加工物资""生产成本""委托代销商品""受托代销商品""发出商品"等科目的期末余额合计数，减去"受托代销商品""存货跌价准备""合同履约成本减值准备"科目期末余额后的净额填列。材料采用计划成本核算，以及库存商品采用计划成本核算或售价核算的企业，还应按加或减材料成本差异、商品进销差价后的金额填列。

（9）"合同资产"项目应根据"合同资产"科目的相关明细科目期末余额分析填列。同一合同下的合同资产和合同负债应当以净额列示，其中，净额为借方余额的，应当根据其流动性在"合同资产"或"其他非流动资产"项目中填列，已计提减值准备的，还应以减去"合同资产减值准备"科目中相关期末余额后的金额填列；净额为贷方余额的，应当根据其流动性在"合同负债"或"其他非流动负债"项目中填列。

（10）"持有待售资产"项目应根据"持有待售资产"科目的期末余额，减去"持有待售资产减值准备"科目的期末余额后的金额填列。

（11）"一年内到期的非流动资产"项目应根据有关科目的期末余额分析填列。

（12）"债权投资"项目应根据"债权投资"科目的相关明细科目期末余额，减去"债权投资减值准备"科目中相关减值准备的期末余额后的金额分析填列。自资产负债表日起1年内到期的长期债权投资的期末账面价值，在"一年内到期的非流动资产"项目反映。企业购入的以摊余成本计量的1年内到期的债权投资的期末账面价值，在"其他流动资产"项目反映。

（13）"其他债权投资"项目应根据"其他债权投资"科目的相关明细科目期末余额分析填列。自资产负债表日起1年内到期的长期债权投资的期末账面价值，在"一年内到期的非流动资产"项目反映。企业购入的以公允价值计量且其变动计入其他综合收益的一年内到期的债权投资的期末账面价值，在"其他流动资产"项目反映。

（14）"长期应收款"项目应根据"长期应收款"科目的期末余额，减去相应的"未实现融资收益"科目和"坏账准备"科目所属相关明细科目期末余额后的金额填列。

（15）"长期股权投资"项目应根据"长期股权投资"科目的期末余额，减去"长期股权投资减值准备"科目的期末余额后的净额填列。

（16）"其他权益工具投资"项目应根据"其他权益工具投资"科目的期末余额填列。

（17）"固定资产"项目应根据"固定资产"科目的期末余额，减去"累计折旧"和"固定资产减值准备"科目的期末余额后的金额，以及"固定资产清理"科目的期末余额填列。

（18）"在建工程"项目应根据"在建工程"科目的期末余额，减去"在建工程减值准备"科目的期末余额后的金额，以及"工程物资"科目的期末余额减去"工程物资减值准备"科目的期末余额后的金额填列。

（19）"使用权资产"项目应根据"使用权资产"科目的期末余额，减去"使用权资产累计折旧"和"使用权资产减值准备"科目的期末余额后的金额填列。

(20)"无形资产"项目应根据"无形资产"科目的期末余额,减去"累计摊销"和"无形资产减值准备"科目期末余额后的净额填列。

(21)"开发支出"项目应根据"研发支出"科目所属的"资本化支出"明细科目期末余额填列。

(22)"长期待摊费用"项目应根据"长期待摊费用"科目的期末余额,减去将于一年内(含一年)摊销的数额后的金额分析填列。但长期待摊费用的摊销年限只剩一年或不足一年的,或预计在一年内(含一年)进行摊销的部分,不得归类为流动资产,仍在各非流动资产项目中填列,不转入"一年内到期的非流动资产"项目。

(23)"递延所得税资产"项目应根据"递延所得税资产"科目的期末余额填列。

(24)"其他非流动资产"项目应根据有关科目的期末余额填列。

2. 负债项目的填列说明

(1)"短期借款"项目应根据"短期借款"科目的期末余额填列。

(2)"交易性金融负债"项目应根据"交易性金融负债"科目的相关明细科目期末余额填列。

(3)"应付票据"项目应根据"应付票据"科目的期末余额填列。

(4)"应付账款"项目应根据"应付账款"和"预付账款"科目所属的相关明细科目的期末贷方余额合计数填列。

(5)"预收账款"项目应根据"预收账款"科目的期末贷方余额合计数填列。

(6)"合同负债"项目应根据"合同负债"的相关明细科目期末余额分析填列。

(7)"应付职工薪酬"项目应根据"应付职工薪酬"科目所属各明细科目的期末贷方余额分析填列。

(8)"应交税费"项目应根据"应交税费"科目的期末贷方余额填列,如"应交税费"科目期末为借方余额,应以"-"号填列。

【小贴士】

"应交税费"项目反映企业按照税法规定计算应缴纳的各种税费,包括增值税、消费税、资源税、土地增值税、城市维护建设税、房产税、城镇土地使用税、车船税、教育费附加、企业所得税、环境保护税等。企业代扣代缴的个人所得税,也通过"应交税费"项目列示。企业缴纳的税金不需要预计应交数的,如印花税等,不在"应交税费"项目列示。

(9)"其他应付款"项目应根据"应付股利""应付利息"和"其他应付款"科目的期末余额合计数填列。

(10)"持有待售负债"项目应根据"持有待售负债"科目的期末余额填列。

(11)"一年内到期的非流动负债"项目应根据有关科目的期末余额分析填列。

(12)"长期借款"项目应根据"长期借款"科目的期末余额,扣除"长期借款"科目所属的明细科目中将在资产负债表日起一年内到期且企业不能自主地将清偿义务展期的长期借款后的金额计算填列。

(13)"应付债券"项目应根据"应付债券"科目的期末余额分析填列。

(14)"租赁负债"项目应根据"租赁负债"科目的期末余额填列。自资产负债表日起1年内到期应予以清偿的租赁负债的期末账面价值,在"一年内到期的非流动负债"项目反映。

(15)"长期应付款"项目应根据"长期应付款"科目的期末余额,减去相关的"未确认融资费用"科目的期末余额后的金额,以及"专项应付款"科目的期末余额填列。

(16)"预计负债"项目应根据"预计负债"科目的期末余额填列。企业按照金融工具确认和计量的相关规定,对贷款承诺等项目计提的损失准备,应当在本项目中填列。企业按照《企业会计准则第22号——金融工具确认和计量》的相关规定,对贷款承诺等项目计提的损失准备,应当在本项目中填列。

(17)"递延收益"项目应根据"递延收益"科目的期末余额填列。

(18)"递延所得税负债"项目,应根据"递延所得税负债"科目的期末余额填列。

(19)"其他非流动负债"项目,应根据有关科目期末余额,减去将于一年内(含一年)到期偿还数后的余额分析填列。非流动负债各项目中将于一年内(含一年)到期的非流动负债,应在"一年内到期的非流动负债"项目内反映。

3. 所有者权益项目的填列说明

(1)"实收资本(或股本)"项目应根据"实收资本(或股本)"科目的期末余额填列。

(2)"其他权益工具"项目,反映资产负债表日企业发行在外的除普通股以外分类为权益工具的金融工具的期末账面价值,并下设"优先股"和"永续债"两个项目,分别反映企业发行的分类为权益工具的优先股和永续债的账面价值。

(3)"资本公积"项目应根据"资本公积"科目的期末余额填列。

(4)"其他综合收益"项目应根据"其他综合收益"科目的期末余额填列。

(5)"专项储备"项目应根据"专项储备"科目的期末余额填列。

(6)"盈余公积"项目应根据"盈余公积"科目的期末余额填列。

(7)"未分配利润"项目应根据"本年利润"科目和"利润分配"科目的余额计算填列。未弥补的亏损在本项目内以"-"号填列。

任务三 编制利润表

一、利润表的概念

利润表又称"损益表",是反映企业在一定会计期间的经营成果的报表。

二、利润表的结构

利润表主要由表首、表体两部分组成。表首部分应列明报表名称、编制单位名称、编制日期、报表编号和计量单位。表体部分是利润表的主体,列示了形成经营成果的各个项目和计算过程。利润表表体部分的基本结构主要根据"收入-费用=利润"平衡公式,按照各具体项目的性质和功能作为分类标准,依次将某一会计期间的收入、费用和利润的具体项目予以适当的排列编制而成。

利润表的表体结构包括单步式和多步式。单步式格式,是将当期所有收入列在一起、所有费用列在一起,然后将两者相减得出当期净损益。多步式格式,即通过对当期的收入、费用、支出项目按性质加以归类，按利润形成的主要环节列示一些中间性利润指标，分步计算当期净损益，以便财务报表使用者理解企业经营成果的不同来源。我国企业的利润表通常采用多步式格式。

为了使财务报表使用者通过比较不同期间利润的实现情况，判断企业经营成果的未来发展趋势，企业需要提供比较利润表。为此，利润表金额栏分"本期金额"和"上期金额"分别填列。

利润表格式如表 10-3-1 所示。

表 10-3-1　利润表　　　　　　　　　　　　　　　　　　会企02表

编制单位：　　　　　　　　　　　年　月　　　　　　　　　　　　　单位：元

项目	本期金额	上期金额
一、营业收入		
减：营业成本		
税金及附加		
销售费用		
管理费用		
研发费用		
财务费用		
其中：利息费用		
利息收入		
加：其他收益		
投资收益（损失以"-"填列）		
其中：对联营企业和合营企业的投资收益		
以摊余成本计量的金融资产终止确认收益（损失以"-"填列）		
净敞口套期收益（损失以"-"填列）		
公允价值变动收益（损失以"-"填列）		
资产减值损失（损失以"-"填列）		
信用减值损失（损失以"-"填列）		
资产处置收益（损失以"-"填列）		
二、营业利润（亏损以"-"填列）		
加：营业外收入		
减：营业外支出		
三、利润总额（亏损总额以"-"填列）		
减：所得税费用		
四、净利润（净亏损以"-"填列）		
（一）持续经营净利润（净亏损以"-"填列）		
（二）终止经营净利润（净亏损以"-"填列）		
五、其他综合收益的税后净额		
（一）不能重分类进损益的其他综合收益		
1. 重新计量设定受益计划变动额		
2. 权益法下不能转损益的其他综合收益		
3. 其他权益工具投资公允价值变动		
4. 企业自身信用风险公允价值变动		

续表

项目	本期金额	上期金额
（二）将重分类进损益的其他综合收益		
1. 权益法下可转损益的其他综合收益		
2. 其他债权投资公允价值变动		
3. 金融资产重分类计入其他综合收益的金额		
4. 其他债权投资信用减值准备		
5. 现金流量套期储备		
6. 外币财务报表折算差额		
六、综合收益总额		
七、每股收益		
（一）基本每股收益		
（二）稀释每股收益		

三、利润表的编制

（一）"上期金额"栏填列方法

利润表中各项目的"上期金额"栏内各项数据，应根据上年利润表的"本期金额"栏所列数据填列。

（二）"本期金额"栏填列方法

利润表中各项目"本期金额"栏反映本期的实际发生数，各项数字除"每股收益"项目外，应按照相关账户的发生额分析填列。

（三）利润表主要项目的填列方法

（1）"营业收入"项目应根据"主营业务收入"和"其他业务收入"科目的发生额分析填列。

（2）"营业成本"项目应根据"主营业务成本"和"其他业务成本"科目的发生额分析填列。

（3）"税金及附加"项目应根据"税金及附加"科目的发生额分析填列。

【小贴士】

"税金及附加"项目反映企业经营业务应负担的消费税、城市维护建设税、资源税、土地增值税（房地产开发经营企业）、教育费附加、房产税、车船税、城镇土地使用税、印花税、环境保护税等相关税费。

（4）"销售费用"项目应根据"销售费用"科目的发生额分析填列。

（5）"管理费用"项目应根据"管理费用"科目的发生额分析填列。

（6）"研发费用"项目应根据"管理费用"科目下的"研发费用"明细科目的发生额以及"管理费用"科目下"无形资产摊销"明细科目的发生额分析填列。

（7）"财务费用"项目应根据"财务费用"科目的相关明细科目发生额分析填列。其中："利息费用"项目反映企业为筹集生产经营所需资金等而发生的应予费用化的利息支出，本项目应根据"财务费用"科目的相关明细科目的发生额分析填列。"利息收入"项目反映企业应冲减财务费用的利息收入，本项目应根据"财务费用"科目的相关明细科目的发生额分析填列。

（8）"其他收益"项目应根据"其他收益"科目的发生额分析填列。

（9）"投资收益"项目应根据"投资收益"科目的发生额分析填列。如为投资损失，本项目以"－"号填列。

（10）"净敞口套期收益"项目应根据"净敞口套期损益"科目的发生额分析填列，如为套期损失，本项目以"－"号填列。

（11）"公允价值变动收益"项目应根据"公允价值变动损益"科目的发生额分析填列。如为净损失，本项目以"－"号填列。

（12）"信用减值损失"项目应根据"信用减值损失"科目的发生额分析填列。

（13）"资产减值损失"项目应根据"资产减值损失"科目的发生额分析填列。

（14）"资产处置收益"项目应根据"资产处置损益"科目的发生额分析填列。如为处置损失，本项目以"－"号填列。

（15）"营业利润"项目反映企业实现的营业利润。如为亏损，本项目以"－"号填列。

（16）"营业外收入"项目应根据"营业外收入"科目的发生额分析填列。

（17）"营业外支出"项目应根据"营业外支出"科目的发生额分析填列。

（18）"利润总额"项目反映企业实现的利润。如为亏损，本项目以"－"号填列。

（19）"所得税费用"项目应根据"所得税费用"科目的发生额分析填列。

（20）"净利润"项目反映企业实现的净利润。如为亏损，本项目以"－"号填列。

（21）"其他综合收益的税后净额"项目反映企业根据企业会计准则规定未在损益中确认的各项利得和损失扣除所得税影响后的净额。

（22）"综合收益总额"项目反映企业净利润与其他综合收益（税后净额）的合计金额。

（23）"每股收益"项目包括"基本每股收益"与"稀释每股收益"两项指标，反映普通股或潜在普通股已公开交易的企业，以及正处在公开发行普通股或潜在普通股过程中的企业的每股收益信息。

任务四　现金流量表

一、现金流量表的概念

现金流量表是指反映企业在一定会计期间现金和现金等价物流入和流出的报表。现金流量表是以资产负债表和利润表等会计核算资料为依据，按照收付实现制要求对现金流量的结构性表述，揭示企业在一定会计期间获取现金及现金等价物的能力。

现金是指企业库存现金以及可以随时用于支付的存款。现金等价物是指企业持有的期限短、流动性强、易于转换为已知金额现金、价值变动风险很小的投资。

二、现金流量表的内容和结构

现金流量表的基本结构根据"现金流入量－现金流出量＝现金净流量"公式设计。

现金流量包括现金流入量、现金流出量、现金净流量。根据企业业务活动的性质和现金流量的功能，主要现金流量可以分为经营活动产生的现金流量、投资活动产生的现金流量和筹资活动产生的现金流量三类，并在现金流量表中列示。每一项再以流入量、流出量和净流量三部分分项列示。

（1）经营活动产生的现金流量。经营活动产生的现金流量，是指与销售商品、提供劳务有关的活动产生的现金流量，包括企业投资活动和筹资活动以外的所有交易和事项产生的现金流量。主要项目包括销售商品、提供劳务、购买商品、接受劳务、支付工资和缴纳税费等流入和流出现金和现金等价物的活动或事项。

（2）投资活动产生的现金流量。投资活动产生的现金流量，是指与非流动资产的取得或处置有关的活动产生的现金流量。主要项目包括购建固定资产、处置子公司及其他营业单位等流入、流出现金和现金等价物的活动或事项。

（3）筹资活动产生的现金流量。筹资活动产生的现金流量，是指导致企业资本及债务规模和构成发生变化的活动产生的现金流量。主要项目包括吸收投资、发行股票、分配利润、发行债券、偿还债务等流入和流出现金和现金等价物的活动或事项。

我国企业现金流量表的格式如表10-4-1所示。

表10-4-1 现金流量表

编制单位：　　　　　　　　　　　　　　　年　　　　　　　　　　　　　　　单位：元

项目	本期金额	上期金额
一、经营活动产生的现金流量		
销售商品、提供劳务收到的现金		
收到的税费返还		
收到其他与经营活动有关的现金		
经营活动现金流入小计		
购买商品、接受劳务支付的现金		
支付给职工以及为职工支付的现金		
支付的各项税费		
支付的其他与经营活动有关的现金		
经营活动现金流出小计		
经营活动产生的现金流量净额		
二、投资活动产生的现金流量		
收回投资收到的现金		
取得投资收益收到的现金		
处置固定资产、无形资产和其他长期资产收回的现金净额		
处置子公司及其他营业单位收到的现金净额		
收到其他与投资活动有关的现金		
投资活动现金流入小计		
购建固定资产、无形资产和其他长期资产支付的现金		
投资支付的现金		
取得子公司及其他营业单位支付的现金净额		
支付其他与投资活动有关的现金		

续表

项目	本期金额	上期金额
投资活动现金流出小计		
投资活动产生的现金流量净额		
三、筹资活动产生的现金流量		
吸收投资收到的现金		
取得借款收到的现金		
收到其他与筹资活动有关的现金		
筹资活动现金流入小计		
偿还债务支付的现金		
分配股利、利润或偿付利息支付的现金		
支付其他与筹资活动有关的现金		
筹资活动现金流出小计		
筹资活动产生的现金流量净额		
四、汇率变动对现金及现金等价物的影响		
五、现金及现金等价物净增加额		
加：期初现金及现金等价物余额		
六、期末现金及现金等价物余额		

【思政小课堂】

现代企业财务数智化转型

一、教学目标

1. 知识目标

（1）理解会计工作的时代性。

（2）理解财务数智化转型对促进业财融合与管理会计创新的重要性。

（3）理解财务数智化拓展财务职能的作用。

2. 能力目标

（1）让学生形成坚持学习、守正创新意识。

（2）强化会计职业需要不断适应新形势新时代要求，与时俱进。

（3）培养学生运用所学专业知识分析案例的能力，加深对财务共享中心的理解。

3. 素质目标

（1）引导学生持续提高专业能力及专业认知高度。

（2）加强对学生开拓创新的能力培养。

二、案例

海尔财务共享中心聚焦服务、赋能、创新，打造了"1通道+6朵云+2保障"的数智财务共享体系。"1通道"是指海尔自主搭建的商互通平台，统一服务入口、编排财务服务，以组装方式提供数字能力。商互通平台实现了海尔业财对接形式的颠覆。海尔财务共享中心解耦出结算、稽核、记账等通用能力，利用商互通平台进行统一调度和高效复用，实现业财端口对接由过去"多对多"到"多对一"的转变；通过财务规则前置，实现全流程数据追踪及指标运营分析，让企业从单纯依赖账务数据做分析，升级到基于业财一体化数据做决策，构建企业基于"综合数据"的财经能力；商互通采用了"低代码开发平台+财资技术平台"的组合，具有高度的灵活性和扩展性，可以快速响应前端业务需求，为用户提供个性化解决方案，提升用户体验与接入效率。"6朵云"是指海尔财务共享中心基于用户场景，打造以票税云、费用云、结算云、报表云、解析云和审计云为核心的中台体系，实现自驱开票、智能稽核、智慧月结等全流程智能化服务，全面提升用户体验。海尔财务共享中心的"6朵云"为用户提供全生命周期的数智共享服务，实现了财务、运营、产品、行业多维数据聚合，构建了统一的财务大数据池，将财务共享中心由交易处理中心升级成集中体现财务数据价值的数据中心。海尔财务数据赋能体系能做到模型支持决策、数据支持管理、体系支持引领，全面释放财务数据价值，在发票、资产、税务、结算等多维度赋能集团用户，实现海尔集团各领域的全价值链拉通，以数据洞察驱动经营决策，加速推进企业数字化转型。"2保障"是指技术和人才保障体系。这两个基础保障体系为海尔数智财务共享体系的目标落地与高质量运营提供有力支撑。技术保障以智能流程自动化（IPA）应用为例。海尔财务共享中心聚焦发票管理、资产核算、资金结算、成本结算、月结报表五大场景，通过应用IPA技术大幅提升交易处理效率。海尔财务共享中心由过去的业务驱动、流程驱动转变为数据场景驱动，让财务人员制定规则、流程，而不是处理简单的交易事项，将财务人员从重复、繁杂的工作中解放出来，充分挖掘员工的自驱创造力，提升员工的积极主动性。

三、案例意义

（1）财务数智化发展顺应时代发展的要求。随着"大智移云物区"等信息技术的日新月异，财务也朝着数字化、智能化的方向发展，财务共享中心是企业实现数字化、智能化发展的核心基础。

（2）了解企业财务的创新与变革。物联网时代的企业财务必须深度推进数智化转型。这种转型不是传统财务角色或者职责的简单延伸，而是基于组织、战略、业务技术的财务管理模式的创新变革。企业财务要思考如何通过财务数智化转型促进业财融合与管理会计创新，助力财务"管控、共享、赋能"。

四、启发思考题

如果你是一名会计，对未来的财务数智化怎么看？

项目十一

财务大数据

项目导言

大数据是高科技时代的产物,大数据分析的应用对企业管理的提升是深刻且深远的,对财务管理的提升尤为显著。财务大数据是指通过收集、存储和分析大量与财务相关的数据获得洞察和决策支持的一种新型数据处理方法。通过深入探究企业财务会计在大数据时代的发展趋势和挑战,可以帮助企业更好地把握机遇,提高竞争力和发展潜力。

学习目标

德育目标

1. 培养学生主动适应时代发展的能动性。
2. 培养学生的团队协作意识。

知识目标

1. 理解财务大数据的概念。
2. 理解财务大数据分析的内容。
3. 熟悉大数据技术下财务数字化转型的内容。

技能目标

1. 能对大数据技术在财务数据分析中的应用有所认知。
2. 能对大数据背景下财务人员需要具备的能力有所认知。

任务一 财务大数据的介绍

一、财务大数据分析的概念

大数据主要是在数据获取、存储和管理方面，相较于传统数据处理软件功能，具有更强大的数据集合。2009 年，"大数据"成为互联网信息技术行业的流行词汇；2014 年，"大数据"首次出现在《政府工作报告》中，该报告指出，建设新兴业创新平台，在大数据等方面赶超先进，引领未来产业发展；2015 年，大数据上升到国家战略层面，我国政府于 2015 年 8 月通过《关于促进大数据发展的行动纲要》；2016 年 10 月，财政部制定《会计改革与发展"十三五"规划纲要（2016—2020）》，指出各界应密切关注大数据、"互联网＋"发展对管理会计工作的影响。如今，大数据已经深入人们生活的方方面面，如医疗、交通、餐饮、财务分析等多个领域，推动了企业管理向数据治理转型，从而提高决策效率、降低企业成本，在新的时代引领企业新的价值创造。

财务大数据分析利用大数据技术和工具对财务数据进行采集、整理、分析和解释，揭示对企业财务管理和决策有价值的信息，以实现数据赋能财务的目标，推动企业业务和管理发展。财务大数据分析是企业管理中非常重要的一项工作。随着大数据技术的发展，大数据在财务分析中的应用越来越广泛。

二、财务大数据分析的主要内容

财务大数据分析的主要内容包括数据收集与处理、数据分析、数据可视化、数据应用和决策支持等方面。其中，数据收集与处理是基础，数据分析是核心，数据可视化是手段，数据应用和决策支持是目标。

（一）数据收集与处理

数据收集与处理是财务大数据分析的基石。财务数据的来源非常广泛，包括企业内部的销售数据、成本数据、预算数据、人力资源报告等，以及外部的市场数据、行业报告、竞争对手数据、宏观经济数据等。由于原始数据通常存在不完整、不一致、重复等问题，需要对财务数据进行数据清洗、转换和合并等操作，将其整理成结构化的数据，为后续的分析做好准备。这一过程确保了数据的质量，使得后续的分析更具准确性和可靠性。

（二）数据分析

数据分析是大数据分析的核心环节，通过对整理后的数据进行深入分析，揭示数据中的规律和趋势，为企业的决策提供参考，主要包括描述性分析、诊断性分析、预测性分析和规范性分析。描述性分析用于理解数据的基本特征，如平均值、中位数、方差等。诊断性分析采用相关分析、因果分析等方法帮助理解数据背后的原因。预测性分析使用时间序列分析、回归分析等技术，对未来的财务状况进行预测。规范性分析通过线性规划、模拟等方法为企业提供优化决策的建议。

（三）数据可视化

数据可视化是财务大数据分析的一个重要环节。其主要目的是通过帮助分析人员快速创建各种类型的图表，如柱状图、折线图、饼图等，将分析结果以可视化的方式展示出来，方便管理层和决策者理解并做出决策。通过数据可视化，分析人员可以更容易地发现数据中的模式和趋势，从而做出更准确的财务决策。

（四）数据应用和决策支持

数据应用是将数据处理结果应用于企业管理和决策的过程。常见的数据应用场景包括财务报表分析、预算编制、成本控制、风险管理和绩效评估。通过对财务报表的分析，可以了解企业的财务状况，发现潜在的问题。通过预算编制，可以合理规划企业的资源，提高资金的使用效率。通过成本控制，可以降低企业的运营成本，提高利润。通过风险管理，可以识别和控制企业面临的各种风险，确保企业的稳定发展。通过绩效评估，可以评估员工的工作表现，激励员工提高工作效率。总之，通过数据应用，财务部门可以更好地理解企业的财务状况、预测未来的财务表现、发现潜在的风险和机遇，从而为企业的决策制定提供支持和指导。

三、财务大数据分析的重要性

在大数据环境下，企业在组织开展财务分析工作时，可以得到更多的数据支持和分析工具，提高对数据的"加工能力"，通过"加工"实现数据的"增值"，从而帮助业务运营、改进产品以及帮助企业做出更具针对性的决策。

（一）大数据使财务分析的数据来源多样化

大数据财务分析可以通过收集、整理和分析大量的财务数据，从多个维度和角度了解企业的财务状况、经营绩效和风险水平，提供更全面的信息依据。除常见的财务报表数据及公司公开披露的信息，大数据技术使财务分析师可以获取到更广泛的外部数据，如客户数据、市场数据、行业数据、社交媒体数据、政府公开数据等多元数据。这些数据的融入使财务分析更加多维度、立体化，继而建立自己的数据库。通过数据库的建立，可以更好地满足利益相关者的决策需要，有利于企业全面预测和筹划，科学合理配置企业各项财务资源和非财务资源，从而推动企业实现战略目标。

（二）提高财务分析的时效性

以往的财务数据分析主要依靠财务人员从账务处理系统中获取数据、手工整理并进行分析，数据分析质量和效率取决于财务人员的个人素质，差错率相对较高。而大数据时代，财务人员从重复简单的工作中脱离出来，可以利用大数据信息处理工具实现数据自动获取，同时，大数据技术支持实时分析，帮助企业在动态市场环境中更快速地做出反应。决策者可以立即获取最新的财务信息，不需要等待传统报表生成，从而迅速制定战略、调整业务模式，实现财务分析从事后反映、分析和监督转变为事前或事中分析。

（三）有助于企业进行投资和经营决策

用传统的分析技术获取的数据非常有限，财务分析的数据缺乏全面性和准确性，所得结论不能完全支持管理者做出合理的决策。随着大数据技术的不断成熟，可以对相关数据进行横向和纵向比较，通过对目标项目的历史数据、行业数据以及市场数据进行分析，更快捷更有效地分析出数据之间的关联性，更加准确地预测其未来发展趋势及收益水平。同时，在信息化的支持下，财务数据信息资源进一步整合，促进了财务管理部门与其他部门之间的交流以及有效沟通平台的搭建，实现财务数据信息共享，提升财务管理的灵活性以及独特性，进而发挥财务数据最大的作用与价值。

（四）有利于提高风险管理能力

大数据技术应用于财务分析后，可以构建有效的财务预测模型，从而助推企业财务信息预测能力提升，及时发现和解决潜在的风险，包括财务风险、市场风险、信用风险等。而且，通过信息化技术可以保证数据的精准性和共享性，财务管理人员可以及时发现当前存在的风险以及问题，结合目前与未来的经营趋势，提出具有一定风险前瞻性的财务意见，进而提高财务管理的风险管控能力。

大数据技术为企业财务分析提供了极大的便利。合理应用大数据技术，可以有效提升财务分析的质量与效率，为企业的战略决策提供强有力的支持。

四、财务大数据分析工具

财务大数据分析工具的种类比较多，业务场景不同，使用的工具也有所区别，一款好的财务大数据分析工具可以帮助我们提高数据处理效率。目前，常用的财务大数据分析工具如下。

（1）Excel。作为Office家族的重要成员，通用表格处理软件Excel是最基础的数据分析工具。Excel可以满足绝大部分数据分析工作的需求，同时易学易用，但其能够处理的数据量有限，因此，在大数据处理中难当大任。

（2）SQL（Structured Query Language，SQL）。SQL是一种特殊目的的编程语言，也是一种数据库查询和程序设计语言，用于存取数据以及查询、更新和管理关系数据库系统。对于需要与数据库进行交互的财务分析，SQL是必不可少的工具。

（3）Python。Python是一种面向对象、解释型计算机程序设计语言。它的语法简洁清晰，具有强大的编程能力。Python在爬虫、数据分析和数据可视化等方面都表现出色。此外，Python还可以与Excel等工具进行集成，实现数据共享和交换。

（4）商业智能（Business Intelligence，BI）工具。BI工具是按照数据分析流程进行设计的，为数据分析而生。Tableau、FineBI、Power BI、Smartbi都属于BI工具。BI工具采用现代信息技术，包括数据仓库技术、线上分析处理技术、数据挖掘和数据展现技术进行数据分析，以实现商业价值。BI的核心是业务分析和优化。目前，BI应用已经遍及社会生活的各个领域。其中，Tableau的强大之处在于卓越的数据可视化能力，能够帮助用户发现数据中的潜在模式和趋势。FineBI是一款领先的商业智能工具，由国内知名软件公司帆软开发，具备强大的数据处理和分析能力，特别适用于财务大数据分析。Power BI是微软公司推出的一款可视化智能软件，因易获得、易使用得以迅速普及，成为市场占有率最高的BI产品之一。

企业根据实际情况选择合适的大数据工具，可以提高财务分析的工作效率和分析精度。同时，企业要定期更新和使用新的工具和技术，以保持与不断变化的市场和业务需求同步。

任务二　大数据技术下财务数字化转型

转型的内容

数字化能力和数字技术赋予了财务工作新使命,开创了财务价值创造新局面。财务数字化转型以新一代数字化平台为建设基础,以数字技术为支撑,以企业财务数字化转型的组织、人员、角色、制度、标准、流程为建设能力,结合企业业务活动、财务职能、经营管理、企业生态,基于财务思维和数字化本质,实现财务共享、管理会计、业财管融合、生态融合等价值创造,从而赋能和创新企业的可持续发展。

一、财务数字化转型下的财务共享

财务共享是数字技术和共享服务模式在会计核算、资金结算、费用报销、财务报表等基础交易工作领域的深度应用,促使财务相关工作日趋一体化、自动化、智能化、实时化,从而促使从事低附加值财务工作人员的工作方式、工作内容和能力需求发生实质性改变。目前,一部分企业已可以实现95%以上的核算由业务场景触发,借助规则引擎、专家系统、人工智能等数字技术,自动完成记账、稽核、报表出具、纳税申报等传统核算操作,而核算人员的工作重心将向赋能业务和客户转移。

传统财务共享中心将企业分散的、易于标准化和规范化的财务业务进行流程再造与标准化,借助共享中心的数据及流程支撑基础交易工作的集中处理。数字化时代的财务共享在传统共享服务理念的基础上,将数字技术引入财务共享工作,并进一步推动财务组织、人员、流程、职能等工作模式发生本质变化。其基于企业业务活动产生的标准业务事项,借助数字技术,自动化地完成财务基础交易工作智能录入、财务事项智能审核、资金智能支付、会计智能记账、智能清算对账等工作,同时实现发票识别、预算控制、移动支付审批等,提升业务办理的时效性和终端用户体验获得感,实现基础工作处理的智能化。与此同时,企业进一步建立税务中心、资金中心、核算中心、报表中心的多功能一体化大共享,通过人工智能技术实现无人业务中心建立,将企业业务数据、指标数据、交易数据标准化,并通过数据的智能化抽取、转化和加载,实现数据分析及决策的智能化。财务共享借助数字技术全面实现核算交易及账务处理自动化、智能化。传统核算工作更多交给智能财务机器人处理,而财务人员的工作内容将日益转向核算规则管理、异常管理和客户服务等高附加值工作。

二、财务数字化转型下的管理会计

新管理会计的核心思路是通过数据的自动化处理和智能化获取,化解复杂系统的不确定性,资源配置从局部优化和静态优化转变为全局优化和动态优化,以精准应对各种不确定性,在未来"数据+算法"驱动的世界中,管理会计创新应用的着力点聚焦于算法和模型,依托数据、场景、算法发掘业务本质逻辑,依据业务洞见进行预测和决策,"数据+场景+算法"成为数字化时代管理会计的核心特征,并推动企业管理各环节的革新,如推动传统的成本管理转化为基于生产驱动的自动化成本管理体系，推动全面预算方式转变为基于数据驱动的业财融合自动化预算体系等。新商业模式的快速发展使企业内外部数据变得越来越多，数字技术创新迭代和应用落地，为业务决策模型的构建提供了强有力的支撑。因此，数字化时代，企业结合数据资产价值，构建各类业务智能决策模型，基于财务思维将企业交易数据转换为大量分析数据，从而使财务赋能和创新企业经营管理，并不断创造价值。结合财政部管理会计指引及企业大量管理会计应用实践，并考虑数字技术的深度融合，财务数字化转型下的管理会计包括数字化成本管理、数字化资金管理、数字化资源配置与预算管理、数字化绩效管理、数字化分析与决策、数字化风控、价值地图等。

三、财务数字化转型下的业财管融合

在数字化环境下，业财管融合促使企业业务流、资金流、数据流融为一体，实现在业务活动驱动下财务数据的收集、处理与分析。基于价值链本质和财务的职能，业财管融合在企业内部更多是通过业务、财务、管理三个维度体现基于财务思维的价值创造，在企业内部形成一个有效的闭环。业财管融合中的"业"重点关注企业广义的业务部门及其相关的业务活动和业务事项，"财"更多关注财务会计、管理会计和财务。业财管融合的财务会计一般定位为核算和监督，可以对外披露各种报告，而管理会计更多的是对内提供业务分析报告，进行事前预测、事中跟踪、事后决策；财务主要解决投融资决策问题，企业大财务是以投资为核心的财务，现金流量及未来现金流动作为投资决策分析的前提，也需要财务会计提供的财务报表信息。管理会计和财务为业务提供业绩评价、盈利分析、成本分析、绩效考核、差异分析、财务计划、现金流预测、资源配置等职能，为管理提供战略管理、管理决策、经营决策等职能，并指导企业的生产经营活动。财务数字化转型是在"数据+算法"定义的世界中，以业财数据的自动流动，化解复杂财务系统的不确定性，提高财务资源配置效率，构建企业财务新型竞争优势。传统的独立型业务发展和核算型财务已经不适应当前企业发展趋势，业财管融合是突破经营发展的关键，数字化转型势在必行。而业财管融合的实现路径主要包括业财管融合团队建设、财务参与业务项目全过程管理、动态预算助力数字化战略决策。业财管融合的业务层主要包括企业日常采购、生产、经营、销售等活动。一方面，业务层需要实现业务、财务、管理一体化融合，借助数字技术自动、智能接收财务会计和管理会计反馈的预算、计划等监管和业务支持数据，指导业务活动的开展；另一方面，业务层会将各种基础交易活动的数据，自动化地作为财务会计和管理会计的数据输入，智能化地完成财务会计的核算和报告工作，并为管理会计的数字化模型输入数据，通过智能模型结果输出指导和规范业务。业财管融合的管理层基于新一代数字技术构建管理决策、经营决策、对标管理等价值创造活动内容，其数据来源于业务系统、财务系统、管理系统、第三方数据平台等。管理层按照规则标准构建规范模型，按照智能算法构建创新模型，提供业务、财务、管理、税务、监管、风险等方面的数字化分析与决策，发现业务活动、财务管理、生产经营等各类场景内在隐性信息，将管理层的决策结果反馈给业务部门和财务部门，从而实时、智能、准确地指导企业生产、经营和管理。

任务三　大数据背景下财务人员需要具备的能力

随着大数据时代的来临，对于财务人员来说，原本仅仅汇总信息的工作内容已经不适应如今的快速发展，必须转型才会有新的发展。财务人员除了需要掌握专业财务知识，还需要有数据分析能力、沟通协调能力、领导力、风险管理能力及技术应用能力。这些技能相辅相成，助力财务人员解决企业关键问题，提升财务健康度和市场竞争力。

一、积极树立自我转型意识

当前，大多数企业仍处于财务会计信息化管理和传统财务管理相结合的阶段，许多财务人员还没有做好思想准备，在工作中普遍缺乏对大数据时代财务信息化的了解。企业财务管理人员需要充分意识到数字化、信息化是企业财务管理发展的重要趋势，给予大数据分析更多的关注，自上而下地引导财务人员树立财务管理数字化理念，推进财务管理创新。同时，科技时代下，越来越多的数据处理软件被创造出来并替代了财务人员的很多工作，财务人员不应再沿用传统的工作方式和工作模式，应积极面对如今的行业变化与发展，结合大数据时代会计行业的发展趋势及管理要求，主动实现自我转型。

二、提升业财管融合的能力

财务部门日常多侧重于财务核算、财务分析等基础性工作，尚未将财务触角延伸至业务前端进行控制，通常在业务活动开展后才采取措施进行控制，很难做到提前防御，导致财务控制价值发挥不足。在这种情况下，业务部门与财务部门之间存在明显的信息不对称情况，无法为企业生产经营提供可靠的数据参考。企业必须打破财务、业务部门之间的固有壁垒，打造一支跨业务、财务专业的人才队伍。财务人员需要跳出财务报表的框架，深入具体业务，了解企业当前的经营状态、存在的问题及其原因，从基础的会计核算逐步向管理会计方向转变，深入参与企业决策管理层面，利用数字化技术辅助企业经营决策。

三、熟练使用数据分析工具的能力

大数据时代下，数据海量且种类多样，传播速度快，这要求财务人员有效地收集、处理和分析财务数据，从中提取有用的信息，从而为企业提供精准的财务分析和决策支持。如今，财务人员单靠人力无法完成对多而杂的数据的对比分析工作，数据处理软件的出现替代了不少财务处理工作。财务人员应了解数据挖掘、数据可视化和统计分析等技术，从纷繁复杂的大数据中挖掘出企业经营的真实状态、经营业绩增长的关键点，提高数据分析和处理的工作效率，为企业管理者科学决策提供强有力的保障。财务人员可根据实际工作需要选取部分分析工具学习，关键是学通学精、有效运用。

四、提高团队协作能力

企业的长远发展从来不是靠任何人、任何部门单打独斗就能实现的，而是需要各个部门团结协作。企业中的各部门虽说具有一定的独立性，却是密不可分的。在大数据时代下，信息共享使得各个部门之间的沟通加强了不少。财务人员要科学、准确地向企业管理者和决策者提供财务意见与建议，需要与企业管理层以及其他部门进行有效沟通。沟通能力不仅包括语言表达能力，还要能将复杂的财务概念用简单易懂的语言传达给非财务人员。通过良好的沟通，可以让企业各部门更好地理解财务数据和分析结果，促进决策的顺利实施。

五、具有大局意识

在大数据时代，财务人员加入企业的发展决策阵营已成为必然。为了企业的长远发展，了解所在行业的特点和发展趋势，以及宏观经济环境对企业财务的影响，结合企业所处的内外部环境，财务人员势必要站到比以往任何时候都要高的位置思考企业的发展；同时，要具备战略眼光，以及战略思维能力，全面分析企业的生产经营状况和资金使用状况，科学合理地制订财务收支预算、筹资计划及资金使用计划等保障落实与企业价值最大化相匹配的发展战略。

六、持续学习的能力

与时俱进的学习能力必不可少，通过再学习等方式提升自身专业技能是必然出路。财务税务相关法规、标准和技术不断演变，财务人员需要了解最新的行业趋势、政策法规，学习新的思维方式和解决问题的方法，并及时调整自己的知识和技能，以应对大数据时代下日益复杂的财务问题。

总之，大数据时代的到来对财务人员来说既是挑战，更是机遇。未来，财务人员将更多地扮演企业管理者的角色。在大数据时代，财务人员需要重新审视自身在新时代扮演的角色和具有的价值，积极拥抱数字技术驱动下的财务发展机遇，不断提高自身能力，将更多时间和精力用在企业数据分析和决策支持上，推动企业价值创新。

【思政小课堂】

现代企业财务管理：财务共享建设

一、教学目标

1. 知识目标

（1）了解什么是财务共享服务。

（2）理解财务共享服务模式对企业治理现代化水平提升的作用。

（3）了解设立财务共享服务中心已成为大型企业集团的必然发展趋势。

2. 能力目标

（1）拓展学生的知识面，学习现代企业财务管理的发展动态。

（2）培养坚持学习、守正创新的能力。

（3）培养学生运用所学专业知识分析案例的能力，加深对现代企业财务管理发展的了解。

3. 素质目标

（1）帮助学生树立财务服务企业管理需要的意识。

（2）帮助学生树立远大的职业理想。

二、案例

财务共享建设是财务转型的必经之路，推进财务转型契合集团国际化、数智化、生态圈的发展战略。财务共享服务的核心内容是企业依托现代信息技术建立运行财务共享服务中心，通过统一报销流程、会计核算、预算编制等财务标准，将分散于下属分公司重复性高、易于标准化的财会业务进行流程再造，交由财务共享服务中心统一集中核算处理；同时，将财务共享服务中心作为连接前台和后台的中枢管理系统，推动对企业多部门、各业务、全流程的一体化管理。

蒙牛财务共享服务中心成立于2015年11月，是一步建成的全业务流程财务共享服务中心。目前有成员近300人，主要为蒙牛集团在国内外业务范围涉及的200余家法人45000余名员工提供财务交易处理服务，实现了全球化。

财务共享服务中心的建设打通了组织壁垒，使端到端的流程实现了跨组织整合，提升了合规性的管理效率，运营以来达到了核算业务标准化、规范化，通过持续的流程再造优化实现了降本提效，有效提升了公司内部风险管控能力，为管理层提供了更精准的经营分析数据支持。通过RPA、人工智能、BPC等新技术的持续引入及智能应用，整体运营效率累计提升50%，同时培养出一支强有力的运营管理团队，支持共享服务的持续拓展。蒙牛集团通过实施财务共享，理顺了财务管理体系，实现了集团内部财务信息共享，资源得到合理有效配置，提高了财务管理水平和效率。

三、案例意义

（1）财务共享服务模式是现代大型企业集团财务管理发展的必然趋势。改革开放以来，我国社会主义市场经济快速发展，不少大型企业逐渐成长为综合性的企业集团。随着全球化、区域化经营脚步逐渐加快，企业集团规模不断发展壮大，分公司日益增多，分散式的组织形式造成规模不经济、管理成本居高不下、集团管控难度大、政策执行力差、机构员工冗杂等一系列问题。

（2）财务共享服务模式成效显著，有力提升了企业治理现代化水平及内部管理效能。重塑企业内部各项业务管理流程，利用互联网、大数据、人工智能等信息技术，集中产生标准统一的结构化数据，将财务延伸到企业价值链的各个环节，推动业财税深度融合，有效辅助企业开展风险管控、战略决策、融资管理等活动，实现由会计核算向价值管理、由职能管理向协同共享、由事后监督向源头治理的转变，节约了运营成本。集中会计核算和电子化报销入账归档，大大节约了人工、打印、系统等管理运营成本，解决了重复投入和效率低下问题，促进企业释放更多人力、物力投入产品研发、生产制造、决策支持等高附加值工作。

四、启发思考题

如果你是一名会计，能理解财务共享中心是如何提升企业治理现代化水平的吗？